Heinz-Horst Deichmann

Mir gehört nur, was ich verschenke

Christ und Unternehmer

Heinz-Horst Deichmann

Mir gehört nur, was ich verschenke

Christ und Unternehmer

Redaktion: Johannes G. Locher, September 2001
Produktion: TOM Verlag, Dülmen
Umschlaggestaltung: HD Schellnack
Fotografie: Dieter Kohl
Druck: Breklumer Druckerei Manfred Siegel KG
ISBN 3-935170-01-7 (TOM Verlag)
ISBN 3-417-24356-4 (R. Brockhaus Verlag)

Inhalt

Reden

Indische Predigten

Die Texte stammen aus Ansprachen während der Reisen in die indischen Arbeitsgebiete von Wort & Tat in den Jahren 1996, 1997 und 1998

Pressemeldungen

Ich bin aufgewachsen als Sohn eines Schuhmachers, der Schuhhändler wurde und leider schon früh mit 52 Jahren verstarb, 1940, da war ich 13 Jahre alt. Die Liebe zu Schuhen und der vertraute Umgang mit der Kundschaft im kleinen Geschäftsbetrieb ist mir heute noch gegenwärtig. Mein Vater war ein gläubiger Mann, der seinen Glauben an seinen Herrn und Erlöser Jesus Christus bei vielen Gelegenheiten bezeugt hat in Wort und Tat. Er besuchte in der schweren Zeit der Arbeitslosigkeit und danach Menschen in Not und schwerer Krankheit und brachte ihnen Trost durch Bibelwort und Gebet und etwas materielle Hilfe. Er besuchte auch die um uns wohnenden Juden in ihren Verstecken in und nach der »Kristallnacht« 1938, um ihnen beizustehen. Ich hatte großes Vertrauen zu meinem Vater, für den Deutschland schon verloren war trotz des siegreichen Anfangs des Krieges, weil es Sein Volk, Seinen Augapfel, angetastet hat.

Ich habe die Liebe zu den Schuhen und den Umgang mit der Kundschaft auf der Basis des Vertrauens, das gute Ware und gerechte Preise voraussetzt, mir bis heute bewahrt. Dazu gehört auch die Achtung vor den Mitarbeitern, die für unseren Dienst im Einzelhandel («Kundendienst«) so notwendig sind wie die Inhaber selbst. Gerechte Entlohnung, Altersversorgung, Unterstützungskasse, Aufstiegsmöglichkeiten sind das Spektrum, das jeden Mitarbeiter erwartet.

Die Firma Deichmann verfügt heute in verschiedenen Staaten über insgesamt 1.800 Verkaufsstellen, in denen ca. 19.000 Mitarbeiter, einschließlich der Teilzeitkräfte, beschäftigt sind. Es braucht eine Menge Vertrauen, um eine solche Firma in einem guten Führungsstil zu einem guten Betriebsklima zu vereinen, Vertrauen in beiden Richtungen, den Mitarbeitern in ihren verschiedensten Aufgaben und von dort der Geschäftsleitung gegenüber. Gemeinsame Arbeit verbindet, wenn sie gut geschieht, wenn klar ist, dass sie dem Menschen dient.

Die Deichmann-Stiftungen haben weitere Aufgaben übernommen. Den Armen und Hungernden, den Leprakranken zuerst und auch den Tuberkulose-Kranken, den Obdachlosen auch in unserem Lande dürfen wir in verschiedenen Hilfswerken beistehen, besonders durch »Wort und Tat« in Indien und Tansania.

Menschliche Hilfe ist mehr als Geld geben. Glauben und Vertrauen wächst nicht an Äußerungen politischer oder wirtschaftlicher Macht. Glauben und Vertrauen ist Glauben an eine Person, deren Liebe als unwandelbar und persönlich erfahrbar ist. Es ist für mich der Glaube an

Jesus Christus, das heilende und rettende Wort Gottes, der in Tod und Auferstehung die ewige Liebe Gottes zu uns Menschen ist. Wenn wir von Seiner Liebe erzählen, können wir es nur in Seiner Nachfolge. Predigen, heilen, den Hungrigen zu essen geben, das heißt, die Menschen aus Slums, unendlicher Armut und Analphabetismus befreien zu einem neuen Leben voller Hoffnung. Vertrauen ist auch Vertrauen unter uns Menschen, den Hilfe-Suchenden und den sie Vermittelnden, es ist Vertrauen zu Gott, dessen Liebe sich in Jesus Christus offenbart hat.

So bin ich dankbar für ein reiches Leben des von Gott geschenkten Glaubens und Vertrauens. Hoffnung des ewigen Lebens ist Vertrauen auf die Beständigkeit des Lebens, weil der Tod in der Auferstehung Christi überwunden ist. So durfte ich Sinn und Werthaftigkeit erfahren in der Begegnung mit Jesus und vielen Menschen überall auf der Erde.

Zum Schluss möchte ich ein nachgelassenes Wort meines verehrten theologischen Lehrers Karl Barth (1886 – 1968) zitieren, das er kurz vor seinem Tod niedergeschrieben hat.

»Das letzte Wort, das ich als Theologe und auch als Politiker zu sagen habe, ist nicht ein Begriff wie ›Gnade‹, sondern ist ein Name: Jesus Christus. Er ist die Gnade, und er ist das Letzte, jenseits von Welt und Kirche und auch von Theologie. Dort ist auch der Antrieb zur Arbeit, zum Kampf, auch der Antrieb zur Gemeinschaft, zum Mitmenschen. Dort ist alles, was ich in meinem Leben in Schwachheit und Torheit probiert habe. Aber dort ist's.

Großer, heiliger und barmherziger Gott, wir sehnen uns nach deiner letzten Offenbarung, in der es vor aller Augen klar werden wird, dass die ganze geschaffene Welt und ihre Geschichte, dass alle Menschen und ihre Lebensgeschichten in deiner gütigen und strengen Hand waren, sind und sein werden. Wir danken dir auch dafür, dass wir uns auf diese Offenbarung freuen dürfen. Das alles im Namen Jesu Christi, in welchem du uns Menschen von Ewigkeit her geliebt, erwählt und berufen hast.«

Reden

Als Unternehmer sinnvoll leben

Nachschrift einer Rede anlässlich der Tagung »Sinnvoll leben – know-how für Unternehmer« am 12. Mai 1979 in Ehlscheid/Ww.

Meine Damen und Herren,

damit beginnt jetzt schon die erste Frage bei der Anrede. Oder soll ich sagen: »Liebe Knechte Jesu Christi« oder »Diener Jesu Christi« oder »Geliebte Gottes in Jesu Christus« Oder soll ich sagen: »Sehr geehrte Kollegen« oder »Liebe Brüder und Schwestern«? Bei einer Arbeiterversammlung kann man immer noch im Brustton der Überzeugung sagen: »Genossen«. Das haben wir hier auch: »Genossen der himmlischen Berufung«. Wenn man uns so ansieht, ist nicht so ohne weiteres abzulesen, was oder wer wir denn nun eigentlich sind. Und ich glaube, der Ton liegt doch sicher auch hier in diesem Kreis auf »Brüder« und auf »Diener und Knechte Jesu Christi«. Und das gibt mir auch den Mut, bei Ihnen jetzt so offen zu sprechen.

Es war schon so, ich habe in letzter Minute noch versucht, mich davor zu drücken. Ich wäre also lieber nicht gekommen. Ich will Ihnen auch erklären, warum das so ist. Ich hatte die Einladung damals angenommen nach dieser schönen Erfahrung auf dem Weltmissionstag in Essen. Da durfte ich im vorigen Jahr über unsere Tätigkeit in Indien berichten, über die Tätigkeit von Wort & Tat. Ich habe mit Freuden darüber berichtet, und ich muss sagen, wenn ich so daran denke, was mir diese Arbeit in Indien gebracht hat, dann ist es ein neues vertieftes Verständnis von Matthäus 28, 18-20. Heute morgen lasen Sie ja in der Andacht diese Stelle vor, dieses: »Gehet hin und macht zu Jüngern alle Völker, und lehret sie alles halten, was ich euch befohlen habe. Und ich bin bei euch alle Tage.« Was das bedeutet, dieses Hingehen, für uns alle, für jeden Einzelnen, das konnte man dort praktisch sehen. Und das ist so, wenn man in Indien unter diesen Ärmsten der Armen, unter den Kranken, eine Zeitlang verbracht hat, dass einem dann die Bedeutung des ganzen Neuen Testaments, der Evangelien, neu aufgeht. Und wenn ich da nur an diese eine Stelle denke, die auch im Matthäus-Evangelium steht, hundertmal gelesen und allen bekannt: Matth. 9, 35-37, wo davon die Rede ist, dass Jesus umherzog durch Städte und Dörfer, in den Synagogen lehrte, das Evangelium vom Reich predigte und jede Krankheit und jedes Gebrechen heilte. Als er aber die Volksmenge sah, fühlte er Erbarmen mit ihnen, denn sie waren abgequält und erschöpft wie Schafe, die keinen Hirten haben. Dieses »fühlte Erbarmen mit ihnen« – da heißt es im Urtext: »Er war innerlich bewegt, die Eingeweide drehten sich ihm um«.

Wenn man mal in Indien war, vor diesen Kranken, vor diesen Tausenden von Lepra-Kranken, dann merkt man, was das bedeutet, in eine Beziehung zu diesen Menschen einzutreten, die wirklich innerlich und äußerlich, äußerlich und innerlich, verloren sind. Das Äußerliche tut sich am schnellsten kund, das Innerliche begreift man dann, wenn man weiß, wie diese Menschen hingegeben sind an die Wirkungen des Hinduismus, an Karma und Darma, und wie sie nicht los können, wie sie mit der schrecklichen Angst und Furcht leben, und wie dann die Botschaft von Jesus Christus, und zwar die Botschaft seiner Liebe, die Tatsache, dass er die Lepra-Kranken anrührt und heilt, wie sie das frei macht von ihrer Gebundenheit, wie sie das frei macht zu wirklich neuen Menschen in der Liebe Jesu Christi. Da habe ich gelernt, dass man ohne dieses innere Beteiligtsein, ohne die Liebe zu den Menschen, denen man das Evangelium sagen will, besser kein Wort sagt oder gar kein Wort mit Wirkung sagen kann. Wenn wir evangelisieren, gilt das – im Grunde genommen – genauso. Wenn wir unsere Mitarbeiter ansprechen, wenn wir nicht wirklich innerlich bewegt sind über sie, wenn wir nicht dieses Gefühl von Liebe ihnen gegenüber haben, was der Herr Jesus zu jedem Menschen hatte, mit dem er sprach, dann sollten wir das lieber nicht tun. Denn alles, was wir tun können, kann nur kommen aus der Liebe Christi, aus dieser leidenschaftlichen Liebe »compassionate love«. Da waren die Inder voll davon.

»Compassionate love« – man kann das am besten mit »fühlt Erbarmen mit ihnen« übersetzen, kann auch sagen: »leidenschaftliche Liebe«. Und diese leidenschaftliche Liebe, die sollte der Motor für all das sein, was wir überhaupt tun.

Wissen Sie, wir haben diese Dinge in Essen häufiger diskutiert, auch im Weigle-Haus, so dass man sieht, Evangeliumsverkündigung geht Hand in Hand zusammen mit sozialer Verantwortung. Und Sie wissen ja, dass der Herr Jesus uns hinterher fragen wird: »Habt ihr die Hungrigen gesehen und habt ihr die Dürstenden gesehen und die im Gefängnis? Da habt ihr mich dann getroffen.« (Matthäus 25, 31-46) Das steht uns ja bevor. Und da merkt man etwas von der Dimension, die so oft vergessen wird.

Als Sie mich damals fragten, da habe ich gedacht, wenn man an einer solchen Arbeit beteiligt sein kann, dann noch als Unternehmer etwas von dieser Liebe spürt, die einen selbst ergreift, die einem entgegenkommt und etwas von der Gemeinschaft mit diesen Leuten spürt – wissen Sie, wir haben Abendmahl gefeiert mit den Kranken, und wir mussten denen Brot und Wein eingeben – da merken Sie auch etwas von der Herrlichkeit Christi, gerade bei diesem hoch potenzierten Elend, schlimmer geht's ja gar nicht, da merken Sie dann auf einmal, was dahinter steht, da merken Sie etwas von der Gegenwart Christi, da merken Sie Christus in uns, die Hoffnung auf die Herrlichkeit Gottes. Das ist mir an keiner Stelle so deutlich gewesen wie in Indien mit diesen Tausenden von Kranken. Das war in Indien vor zwei Jahren zum ersten Mal. Ich habe gedacht, wenn man als Unternehmer dazu Zeit hat und kann als Unternehmer Einiges an Anregung geben für Dinge, die dann praktisch zu tun sind hinsichtlich der Ausgestaltung des Dienstes und der Heime, dann sollte man das tun. Ich bin ja von Haus aus Arzt. Deshalb konnte ich auch Einiges in dieser Richtung sagen, was den Dienst an den Kranken angeht oder was sonst zur Versorgung allgemein geschehen kann, bei Landwirtschaftsprojekten oder vielleicht kleinen Werkstatteinrichtungen, bei den Schulen usw. Das ist doch eine herrliche Sache. Gott braucht dich als Unternehmer und als Arzt auch noch in Indien. Darüber kann man doch erzählen. Das ist herrlich. Da merkt man sinnvolles Unternehmerdasein. Und da braucht man vielleicht von dem, was man hier in Deutschland tut, gar nicht soviel zu sagen.

Und dann habe ich mich mit dem Thema mehr befasst: »Sinnvoll leben« – das hatte ich zuerst gar nicht so gehört. Ich hatte Ihnen gesagt, ich will über Matthäus 28 reden: hingehen, Lebensgemeinschaft haben mit den Leuten, die die Nachfolge Jesu Christi praktizieren, und dann alles sagen, das ganze Liebeswerk Christi als Aufgabe sehen, dort und hier. Aber diese Frage nach dem sinnvollen Leben eines Unternehmers ergibt oder erschließt sich dann doch nicht so ganz einfach. Und je tiefer und je mehr man sich damit beschäftigt, desto mehr merkt man auf einmal, dass der Sinn des Lebens zumindest nicht in der Kombination des Lebens als Unternehmer zu finden ist, sondern dass er zunächst einmal losgelöst vom Unternehmertum zu sehen ist.

Da merken Sie nämlich ganz schnell, dass dieser vordergründige, der vorige Sinn sich verliert und dass man auf einmal anfängt zu fragen und zu klagen: »Wo ist der Sinn denn eigentlich zu finden?« Und ich habe, als mir das so klar wurde, mich dann in der Osterzeit mit einigen Büchern befasst. Dann habe ich einen Brief geschrieben mit der Bitte, die Einladung rückgängig zu machen und jemand anderen zu wählen, der das viel besser kann, der das mit voller Überzeugung sagen kann.

Nachdem Sie die Einladung also nicht rückgängig gemacht haben, müssen Sie dann schon mit mir den Weg gehen, den ich da geführt wurde. Und ich möchte wirklich den Herrn bitten, dass er uns heute den Sinn finden lässt, indem er in seiner Gnade uns den Sinn neu schenkt. Ich weiß nicht, wie weit ich gehen soll. Ist Ihnen – wenn man so sagt: »Sinnvoll leben« – bewusst, dass da nach dem Sinn des Lebens gefragt ist? Ist das so für jeden gegenwärtig, wenn ich Sie hier fragen würde, den einen oder anderen: »Können Sie mir sagen: Was ist der Sinn des Lebens?«

Fangen wir mal an: »Frau Weber, was fällt Ihnen spontan ein?«

Antwort: »Das Leben so zu leben, dass meine Mitmenschen Christus erkennen können.«

»Bitte schön, Herr Schreiber?«

Antwort: »Es ist eine erschütternde Fragestellung, und in meiner Situation, in der ich mich seit einem dreiviertel Jahr befinde, habe ich festgestellt, dass so, wie ich lebe, es nicht sinnvoll ist, und ich sehe auch den Sinn darin, dass der Christ die Aufgabe hat, auch ohne viel Reden Akzente zu setzen mit dem Hinweis auf Jesus Christus und damit auch ein sinnvolles Leben zu finden. Da suche ich nach dem Schlüssel – und deshalb bin ich heute morgen u. a. auch hier – nach einer Hilfe, nach einer praktischen Hilfe zu suchen«.

Ich fragte jetzt in der Schweiz beim Skilaufen einen jungen Medizinstudenten, einen netten Kerl, den ich lange kenne: »Ja, Sinn des Lebens, sag mal, was denkst du dazu?« Da sagte er: »Dass ich anderen Menschen eine Freude machen kann.« Ich glaube, dies kommt bei Ihnen auch heraus: Man kann den Sinn nicht in sich selbst finden, es geht nach außen, es geht zum Nächsten. Es geht um eine personale Beziehung zu einem anderen Menschen. Und nun ist es so: Wenn sich der Sinn darin erschöpft, dass im Fall des Todes und des Verlustes auf einmal der Sinn des Lebens verloren gehen kann, dann heißt es: »Das Leben hat keinen Sinn mehr für mich.« So geht der Sinn weiter auf eine personale Beziehung, die beständig bleibt.

Und wir wissen, dass wir eine personale Beziehung, die wir suchen, nur finden können bei Gott, weil er sie uns anbietet in Jesus Christus. Da kommt er uns nah. Gott schenkt uns gewissermaßen den Sinn des Lebens. Wir können uns diesen Sinn nicht herstellen. Und alle Versuche des Menschen, diesen Sinn selbst herzustellen, gehen in die Leere, führen letztlich zum Sinnverlust.

Wenn Sie wollen, kann ich Ihnen ein paar Zitate zu diesem Thema vorlesen. Es gibt ein Buch von Gollwitzer – Untertitel: »Zur Frage nach dem Sinn des Lebens« – Haupttitel: »Krummes Holz, aufrechter Gang« [1] Das ist ein Buch über die Auseinandersetzung mit der studentischen Generation, mit marxistischen Studenten vor allem. Und bei allem, was man Gollwitzer ja nachsagen muss, was man auch hier drin findet, man spürt bei ihm doch eine gewisse Liebe im Umgang mit diesen Leuten, die nach seiner Meinung den Sinn des Lebens verfehlt haben. Er versucht, ihnen den Sinn des Lebens im Evangelium nahe zu bringen. Er tut das auf eine Art und Weise, die für viele Ältere unter uns vielleicht schon nicht mehr angängig ist. Es ist auch einiges Jugendbewegtes da drin, fast ein bisschen Romantisches. Ich sage das, und trotzdem gibt es Hinweise für uns, die wir wirklich nicht verachten sollten.

Nun ein paar Zitate, damit Sie wissen, um was es dabei gehen kann.

Da wird also im Anfang davon gesprochen, dass das Evangelium eben für diese Sinnfrage in besonderer Weise zur Verfügung steht. Dann heißt es: »Ist es euangelion, freude-machende Botschaft, so gilt es also Leuten, die freudlos sind oder sich mit anderen Freuden trösten, und will bessere Freude bringen. Ob die Freudlosigkeit und Selbsttröstung des Menschen in metaphysischem Bedürfnis oder in metaphysischer Bedürfnislosigkeit sich äußert – beides ist nur Ausdruck des Elends derer, ›die durch die Furcht des Todes ihr ganzes Leben einer Knechtschaft‹ verfallen sind (Hebräer 2,15).« [2]

Heute fragt kaum einer nach metaphysischen Begründungen. Die meisten Leute sehen es ja nur vordergründig. Wir kommen später noch darauf. Jeder Mensch ›lebt doch eine Existenz‹ – das ist jetzt ein Zitat von Karl Barth aus der kirchlichen Dogmatik – »in der er real schuldig wird, in der er real auf seine Grenzen stößt, die höchst real mit dem Tode endigt. Er kann real zweifeln am Sinn seiner Existenz. Er kann sich real fürchten. Er kann real verzweifeln. Und in irgend einer Tiefe ist er offen oder heimlich dieser Möglichkeit real bewußt und real darauf anzusprechen. Er ist also ebenso real auch der Gnade Gottes bedürftig«[3]

Dann geht es darum, dass neben dem Sinn eines Lebens auch nach einem »Wofür«, einem Nutzen, gefragt wird. Wofür? Eine allein sachliche Beziehung – auch zu einem Unternehmen oder zu einer Leistung – erschöpft sich ja irgendwann einmal, geht zugrunde oder verändert sich. Also: Dieses »Wofür« ist das Entscheidende. Da heißt es bei Gollwitzer: »Das Wofür ,nach dem gefragt wird, ist nicht das Wofür eines dinglichen ruhenden Seins, sondern das Wofür eines tätigen Lebens. Sinngewährung ist *Gewährung eines Wofür für tätiges Leben,* als Gewährung einer *Aufgabe* zum Dienen und einer Gelegenheit, sich zu opfern und aufzuopfern. Im Sinnverlust sagt der Mensch: ›Ich bin für nichts mehr da, mein Leben *dient* zu nichts mehr, es ist deshalb niemandem mehr wichtig. Wofür könnte ich es noch opfern‹?« [4]

»Wir fassen unsere, durch einen Augenblick auf ihre gesellschaftskritische Implikation ergänzte Analyse zusammen: ›Sinn‹ in der uns hier interessierenden besonderen, neuzeitlich-neuartigen Bedeutung des Wortes meint Antwort auf die Frage nach einem Wofür des menschlichen Lebens. Mit ihm ist dieses Leben charakterisiert als Leben in Beziehung, das die Möglichkeit der Bejahung, also sein Recht und seinen Wert, von der Beziehung her bekommt. Diejenige Beziehung, durch die solche Bejahung möglich ist, muss das Einzelleben partizipieren lassen an einem Sein, das ihm überlegen ist an Wert und Dauer, das er zugleich in Anspruch nehmen und ihm Bedeutung zusprechen kann; es muss also eine persönliche, sprachliche *Beziehung in Liebe und Dienst* sein, in der dieses Einzelleben persönlich gemeint und mit seinem Opfer und Dienst persönlich in Anspruch genommen wird. Herausfallen aus solcher Beziehung bedeutet radikale Existenznot, Leben in dieser Beziehung dagegen Geborgenheit in Bejahung.«[5]

Und jetzt wird von dem ursprünglichen Sinnzusammenhang erzählt, den wir alle dadurch gewinnen, dass wir als Kind diese Bejahung von der Mutter, von den Eltern, von den liebenden Anverwandten in der uns zugewandten Liebe erfahren. »In der Bejahung, die uns als Kind und die uns in der persönlich sich auf uns als Person richtenden Liebe zuteil wird, leben wir in Sinngebung, die unser Dasein als solches betrifft, und die wir eben deshalb uns nicht verdienen, sondern die wir nur als Gnade empfangen können. Die gleiche Art des Bejahtwerdens sagt der christliche Glaube, wie später noch ausführlicher dargelegt werden wird, uns zu von einer dritten Seite her, von Gott her.« [6]

Und dann spricht Gollwitzer von der Liebe Gottes, die uns zuteil wird: »Die Liebe Gottes findet das für sie Liebenswerte nicht vor, sondern schafft es‹.[7] Paulus radikalisiert das noch, indem er diese von uns nicht erwerbbare, sondern nur zu empfangende Liebe Gottes als Feindesliebe charakterisiert: »Als wir noch Feinde waren«, hat Gott seine Liebe »bewiesen«, indem er sich selbst in Christus für uns opferte.« (Römer 5, 8-10).[8]

Wir empfangen also den Sinn unseres Lebens durch diese gnädige unverdiente Zuwendung der Liebe Gottes an uns. Ich meine, man kann sich ja nicht so ganz leicht diesen Text vornehmen. Ich will es nur mal vorbeigehen lassen, damit es Sie auch berührt: »An Gott glauben heißt sehen, dass das Leben einen Sinn hat.« [9] »Die Zuwendung des ewig ihm gegenüberseienden Gottes in menschliche Gemeinschaft herein gibt dem Menschen als dem gegenüberseienden Wesen die sinnvolle Gemeinschaft, für die alle zwischenmenschliche Gemeinschaft Abbild, Verheißung – und dann wieder auch Frucht und Folge ist, Hoffnungsanreiz und Feld zur dankbaren Wiederholung. Das Du Gottes gibt den Menschen Recht und Sinn, Ich zu sagen«. [10]

Wir sind also angewiesen auf eine Sinngebung von außen her. In der Natur, in uns selbst können wir den Sinn nicht finden, diesen beständigen Sinn. Und jetzt redet Gollwitzer von diesem »Außerhalb«. »Dieses Außerhalb bedeutet aber Angewiesensein und Abhängigsein, und zwar von Gott als dem überlegenen und freien Gegenüber, weil es ja Gegenüber in persönlicher Gemeinschaft ist, in Gemeinschaft von Personen. Das heißt: Sinngebung ist freie Gnade; sie kann von Menschen her nicht bewerkstelligt, nicht durch Beschwörung, durch Beeinflussung herbeigeführt, sie kann nur *empfangen* werden. Sie ist *zufällig;* uns zufallend und dadurch unsere zufällige Existenz ins Sinnhafte hebend.«[11] Also auch schon die Schöpfung selbst, die Tatsache, dass wir geschaffen sind, ist ein Beweis der Gnade und Liebe Gottes.

»Freie Gnade heißt auch: sie kann nie ›gehabt‹ werden wie ein fester Besitz, immer nur empfangen werden, nur im ›Empfangen‹ haben wir sie, d.h. wir haben sie so, dass wir sie immer neu *erhalten.* Wir haben sie so, dass sie immer neu auf uns zukommt, auf uns zukommt, – *wir haben* sie also immer in Gestalt von *Verheißung*: Sinn-Gebung ist Sinn-Verheißung, ist Versprechen: *Ich werde für euch da sein* – eben dies, aus der Ewigkeit, als Wort der Ewigkeit, ist der alte Gottesname, den Israel gesagt bekommt (2. Mose 3,14).«[12] Dieses JHWH heißt ja:

»Ich bin der, als der ich für euch da sein werde«. Das ist der Bundesgott der Verheißung Israels.

Vielleicht jetzt noch ein kleines Schlusszitat, in dem also die Dimension der Hoffnung, die Zukunft, das kommende Reich, das Sehen, das Einswerden mit Gott in dem »neuen Himmel, der neuen Erde« – Gott wohnt bei den Menschen, die Hütte Gottes ist bei den Menschen – ausgesagt wird; das ist dann also das Ziel, dem wir entgegengehen: »Wir sehen, dass nichts sinnlos war, was Gott tat und geschehen ließ, und vor allem anderen dass wir selbst nicht zur Sinnlosigkeit verdammt sind. Wir sehen den, der unser Sinn ist, zu dem aufzusehen, den zu loben und dem zu dienen der Sinn unseres Daseins ist, der das Wofür unseres Lebens ist, und der sich gnädig uns zur Gemeinschaft, zum ewigen Sinn-Verhältnis gegeben hat.«[13]

Soweit also Gollwitzer. Wer sich interessiert und dieser Frage weiter nachgehen will, dem sei dieses Buch empfohlen. Er kann ja über das, was ihm nicht passt, hinweg lesen. Ich wollte das mal an den Anfang stellen, um Ihnen darzutun, wo man dann hinkommt, wenn man sich weiter mit der Frage befasst.

*

Ich habe dann nach einem biblischen Text für heute morgen gesucht. Ich glaube, wir wollen nach dieser Einleitung einmal gemeinsam darüber nachsinnen, was Epheser 5, Vers 15 uns zu sagen hat: »So seht nun zu, wie ihr vorsichtig wandelt, nicht als Unweise, sondern als Weise, indem ihr die Zeit auskauft, denn die Tage sind böse.«

Zunächst muss ich zum Text noch eine Anmerkung machen. Durch den Umgang mit meinem Freund Spiros Zodhiates, einem Griechen, bin ich jetzt gewohnt, immer wieder mal ins griechische Neue Testament zu gucken. Ein bisschen Griechisch kann ich noch von früher her. Dann nehme ich ein großes Lexikon zur Hand, und dann geht einem auf einmal etwas auf. Und da steht in dem Text , und die englische Bibel folgt auch diesem Text, da steht also nicht: »Sehet zu, wie ihr vorsichtig wandelt«, sondern da steht ganz deutlich: »Sehet sorgfältig zu, wie ihr wandelt.« Das ist keine Spitzfindigkeit. Ich halte das für außerordentlich wesentlich. Da steht: »Sehet ganz genau hin.« Da steht das Wort »akribos«, akribisch, »guckt doch mal genau hin, wie ihr wandelt«. Es heißt nicht: Passt also auf, dass ihr vorsichtig wandelt.

Dabei sind die Pietisten unter uns – und wir sind's ja alle – gleich an diese herrliche Produktion unserer Heiligkeit erinnert, die wir uns so vorgegeben haben in verschiedenen Umständen durch eine Menge von Gesetzen, die allen Außenstehenden gegenüber außerordentlich schwer verständlich sind und deren Sinn bei vielen verloren gegangen ist. Um das geht's also hier nicht. Ich muss also ganz deutlich sagen, dieses »akribos«, dieses Akribische, dieses »mit Sorgfalt« gehört zu dem Sehen: »Schaut mal ganz genau hin.« Dieses Sehen kommt von dem vorhergehenden Vers: »Sehen kann man nur im Lichte«, und da steht der Vers: »Wach auf, der du schläfst, und steh auf von den Toten, so wird Christus dich erleuchten« (Epheser 5,14). Da sind wir gemeint. Wir sollen aufwachen und sollen aufstehen von den Toten. Da sind nicht nur die Anderen gemeint, die Welt um uns herum. Wir sind das, die dabei sind. Es wird uns dann gesagt, von diesem Lichte her, das Jesus Christus uns bringt, das er uns zur Auferstehung von den Toten bringt, dass er uns also zu diesem neuen Leben führt. Von daher wird uns gesagt, dass wir als Weise wandeln sollen. Wir sollen darin weise sein, dass wir die Zeit auskaufen, deren Tage böse sind (Epheser 5,16). Wir müssen uns erst einmal – glaube ich – mit dem beschäftigen, was da steht, mit dieser Aussage: »denn die Tage sind böse«. Und in diesen Tagen, den bösen Tagen, sollen wir von den Toten auferstehen? Wir sind aufgerufen aufzuwachen, wir als Christen. Das Böse, was hier steht, das ist also in seiner ursprünglichen Bedeutung krank und krankmachend, böse auch im moralischen Sinne; für die neutestamentlichen Christen war das natürlich der Ausdruck für Sündhaftigkeit.

Und wie kommt es zu diesen bösen Tagen? Was ist geschehen, damals wie heute? Was sind denn die Werke der Ungerechtigkeit? All die Werke ohne Gott? Wir müssen uns heute fragen: »Was macht heute unsere Tage so böse?« Natürlich, dass die Menschen mehr und mehr Gott verlassen haben, ihn nicht mehr kennen. Wie gestern hier der Bruder sagte: »Deutschland ist schon lange kein christliches Land mehr. Und die Welt ist schlecht.« Das habe ich mir notiert. Wo ist sie schlecht? Das sagen die Leute, das sagen die Mitarbeiter in den großen Firmen, und das übernehmen sie auch bei uns, den Unternehmern. Jeder sorgt für sich selbst. Ich sorge für mich, was ist denn dabei?

Wissen Sie, ohne Gott zu sein, das macht die Tage böse, und wenn wir ohne Gott sind, sind wir auch ohne den Nächsten. Und das macht dieses Leben aus, das letztlich in Mord und Totschlag endet. Das ist das

Leben. Leben ohne Liebe ist tot. »Wenn wir nicht lieben, sind wir im Tode«, heißt es im 1. Johannesbrief. Und da ist all unser Streben nach Position und Besitz, nach irdischer Sicherheit, all das Sorgen und Warten, und zwar in beiden Gesellschaftssystemen, überall, so dass man dem Geschöpf mehr Bedeutung darbringt als dem Schöpfer. Deshalb hat Gott sie dahingegeben. Und weil wir uns von Gott entfernen, verlieren wir den ursprünglichen Sinn. Diese Geborgenheit, die wir in Gott haben, geht den Menschen verloren. Dazu war im Grunde der Mensch ursprünglich geschaffen.

Lassen Sie mich noch einmal ein Buch zitieren von einem Autoren, den Sie vielleicht kennen oder auch nicht kennen. Er gehört leider auch zu denen, die wohl zu den linken Theologen zählen. Und ich meine, wir als Christen, die wir ja keine Position – links oder rechts – beziehen sollten, sollten uns ruhig einmal anhören, was von daher von der Bibel gesagt werden kann. Es geht hier ein bisschen auch um Kapitalismus-Kritik. Hier wird noch ein Satz von Marx zitiert: »Die besitzende Klasse und die Klasse des Proletariats stellen dieselbe menschliche Selbstentfremdung dar.« Max Weber hat jenen Geisteskapitalismus in seiner religiösen Wurzel ausführlich beschrieben. Das Buch ist von Jürgen Moltmann, Ordinarius für Systematische Theologie in Tübingen.[14]

Die Selbstentfremdung des Bürgertums liegt in der religiösen Vergötzung von Beruf, Arbeit, Leistung, Erfolg und Eigentum und in der Selbstaufopferung eines jeden. Sie liegt in der modernen Werkgerechtigkeit dieser innerweltlichen Asketen. Wer unter den Zwang dieser Werkgerechtigkeit gerät, wird zum Unmensch ohne Rast und Ruh, und er weiß nichts davon, von diesem Schwanken – wie Luther sagt – zwischen Superbia und Desperatio, zwischen Hochmut und Verzweiflung, die auch einen so in Anspruch genommenen Kapitalisten ab und zu einmal befallen kann. Der bürgerliche Individualismus ist seit dem 17. Jahrhundert ein possessiver Individualismus; das Subjekt wird als Eigentümer, nicht mehr als Glied seiner Gemeinschaft aufgefasst. Soziale Sicherheit gründet da nicht mehr in der Gemeinschaft, an der einer teilnimmt, sondern auf dem Privateigentum, das einer besitzt. Lange vor Marx und Weber hat Martin Luther in seinem großen Katechismus den Kapitalismus als einen besonders abscheulichen Götzendienst, nämlich als Mammonismus, kritisiert. Luther geht von der anthropologischen Grundstruktur des Glaubens aus:

»Einen Gott haben ist nichts anderes, denn ihm von Herzen trauen und glauben, wie ich oft gesagt habe. Das allein, das Trauen und Glauben des Herzens, machet beide: Gott und Abgott. Man kann also auch den anderen Dingen glauben. Ist der Glaube im Vertrauen recht, so ist auch dein Gott recht; und wo das Vertrauen falsch und unrecht ist, da ist auch der rechte Gott nicht. Denn die zwei gehören zusammen, Glaube und Gott. Worauf du nun dein Herz hängest und worauf du dich verlässest, das ist eigentlich dein Gott.«

Es ist mancher, der meint, er habe Gott und alles genug, wenn er Geld und Gut hat. Verlässt und brüstet sich darauf so steif und sicher, dass er auf niemanden nichts gibt. Siehe, auch dieser hat einen Gott, der heißt Mammon. Das ist Geld und Gut, darauf er all sein Herz setzet, welches ist der allergemeinste Abgott auf Erden. Wer unter den Zwang des Mammonismus, Kapitalismus gerät, wird in mehrfacher Hinsicht von seinem Selbst entfremdet. Er wird gezwungen, sich selbst durch Arbeit, Leistung, Profit und Fortschritt ständig zu rechtfertigen. Der Mensch ist das, was er leistet. Er produziert nicht mehr, um seine Bedürfnisse zu befriedigen, sondern befriedigt seine Bedürfnisse, um immer mehr zu produzieren. Er wird nach seiner Leistung und seinem Besitz beurteilt und bewertet, von der Schule bis zur Rente. Dieser Zwang zur ständigen Selbstrechtfertigung durch Werke zerstört jedes Vertrauen auf menschliches Sein. Angehäufter Reichtum ist potentielles, aber unverbrauchtes Leben. Diese Anhäufung von Möglichkeiten stellt uns den Schein menschlicher Existenz dar, aber nicht ihre Wirklichkeit. Weil diese Möglichkeiten nur auf Kosten der Wirklichkeit angehäuft werden können, darum betrügt der gesammelte Reichtum den Menschen um das gelebte Leben. Reichtum isoliert. Sofern die besitzenden Klassen sich nur auf Kosten der arbeitenden Klassen behaupten und bereichern können, zerstört der Kapitalismus die Gemeinschaft der Menschen untereinander. Die Gesellschaft wird in Klassen aufgespalten. Die herrschenden Klassen leben im permanenten Bürgerkrieg gegen die unterworfenen und zur Lohnarbeit gezwungenen Klassen. Selbst in den herrschenden Klassen spaltet das Konkurrenzprinzip die Menschen voneinander und erregt sie gegeneinander. Reichtum isoliert die Gruppen und vereinsamt zuletzt das Individuum, das sich dann gegen eine prinzipiell feindliche Welt behaupten muss. Diese Ökonomie der Angst hat niemals für alle genug. Der Zwang zum Wachstum produziert ständig Mangel. Kapitalismus ist die unbegrenzte permanente Steigerung von Macht und darum auch der unablässige Kampf um die Herrschaft. Die Aggressivität, die er freisetzt, um seine Welt zu bauen, muss, folgt man der Aggressionsangst-These, ihre Quelle in einer bodenlosen Angst haben, die er voraussetzt und verbreitet. Der so genannte real existierende Sozialismus in Ostdeutschland stellt keine Alternative dar, denn sein Leistungsethos und sein Machtstreben sind nicht anders. Ist es so, dann muss die moderne Produktionsweise als eine vermutliche letzte Gestalt des menschlichen Selbsthasses angesehen werden, denn zum ersten Mal in der Geschichte liegt das Potential der Selbstzerstörung und der Zerstörung der Erde in der Hand des entfremdeten verunglückten Menschen. Das macht die Situation so gefährlich. Woher dieser Selbsthass? Noch ein paar Worte darüber: In der christlichen Lehre von der ursprünglichen Sünde finden sich vier Dimensionen, die nicht übersehen werden dürfen. Der Mensch hat nicht nur Sünden, er ist ein Sünder. Sünde ist kein moralischer Fehler, sondern ein Zwang, eine Knechtung des Willens. Dies verfehlte Dasein ist universal. Die Lehre von dem Bösen als Sünde ist eine Lehre der Hoffnung. Sünde ist nicht des Menschen Schicksal, sondern seine Geschichte. Sie ist darum überwindbar. Sünde gehört weder in die Moral noch in die Tragödie. Wohin aber gehört sie dann?

Ursprüngliche Sünde ist verunglückte Liebe zu Gott. Diese Antwort Augustins ist theologisch und psychologisch zutreffend. Sie bedeutet theologisch: Der Mensch ist auf Gott hin geschaffen. Sein ganzes Wesen ist leidenschaftliche Sehnsucht. Gott ist das Glück des Menschen, und die grenzenlose Liebe des Menschen ist die Freude Gottes. Wird diese Liebe von Gott abgezogen und auf nichtgöttliche Wesen oder Dinge gerichtet, dann entsteht das Unglück. Endliche Dinge können seine unendliche Liebe nicht befriedigen. Seine unendliche Liebe zerstört die endliche Schönheit der Dinge. Aus der Liebe, die Gott verlor, wird eine unstillbare und darum alles zerstörende Sucht, Herrschsucht und Besitzgier. Liebe, die keine Erfüllung finden kann, verkehrt sich in Angst. Liebe, die in ihrer Erwartung enttäuscht wird, verkehrt sich in Zerstörungswut. Darin kommt der Zorn Gottes, das ist die verschmähte Liebe Gottes, zum Ausdruck, nicht als moralische Bestrafung, sondern als Verlassenheit. »Und Gott gibt sie dahin an ihren verkehrten Sinn« (Römer 1, 24, 26, 28). Schuld und Gericht fallen in der Geschichte zusammen. Menschen, die Gott verlassen, werden von Gott verlassen; und der verlassene Gott macht sich durch seine Abwesenheit schrecklich bemerkbar. Darum wird die verunglückte Gottesliebe in der Welt zur unglücklichen Gier, die Tod verbreitet. Verunglückte Liebe ist der Terrorismus der Geschichte. Daraus folgt psychologisch, dass das Wesen des geschichtlichen Menschen eine Leidenschaft nach Liebe ist. In den Augen aller Menschen wohnt eine unstillbare Sehnsucht. Angst und Aggression, die des Menschen Geschichte beherrschen, sind Formen dieser Liebe. Um dieser Liebe willen werden alle Verbrechen begangen und alle Kriege gekämpft, ihretwillen lieben und hassen die Menschen. Der unstillbare Hunger der Diktatoren nach Macht und Geld und Besitz ist in Wahrheit Liebe zu Gott, verkehrte Liebe zu Gott. Sünde ist nichts anderes als die Perversion der Gottesliebe. Darum ist der Hunger nach Macht unstillbar. Darum ist der Wille zur Erniedrigung anderer grenzenlos. Verlassene Liebe wirkt tödlich. Man muss diese religiöse Dimension in den Phänomenen der Unmenschlichkeit erkennen, sonst versteht man die gewalttätige Leidenschaft nicht, die in ihnen steckt.

»Denn die Tage sind böse.« Mir scheint in dem Zusammenhang wichtig, dass wir nicht nur in diesen Tagen leben, sondern dass wir selbst solche sind, die diese bösen Tage herbeiführen und tun. Wir sollen nicht sagen: Da ist die Welt, da sind wir. Wir sind die Welt, wir tun sie. Wir sollen wandeln als Weise, die in diesen bösen Tagen den Kairos Gottes sehen. Das steht hier: »indem ihr die Zeit auskauft«. Diese Zeit ist also das griechische Wort »kairos«. Kairos, das heißt: ein bestimmter Zeitabschnitt, die gelegene Zeit, aber auch die Endzeit.

Wie sind weise die Menschen, die vom Tod auferstehen, die aufwachen, denen Christus leuchtet, die diese bösen Tage als Herausforderung ansehen und nicht entfliehen, die die Gelegenheit der Zeit, diese Zeit, die Zeit Gottes, mit allen Fasern ihres Herzens ergreifen, d.h. nämlich auskaufen, die sich zu eigen machen diese Zeit, die Verlegenheit der Welt, ihre d.h. Gottes Gelegenheit sein lassen, gerade in dieser Zeit, angesichts der Bosheit dieser Tage, in die wir verwoben sind, auch in unserem Tun verwoben sind – Gott sei Dank, dass wir Vergebung in Jesus Christus haben! Aber wir sollen uns fragen, wie weit wir heute daran noch beteiligt sind, auch mit unserem Dasein als Unternehmer. Es ist jetzt an der Zeit, dass wir uns fragen nach dieser Weisheit Gottes, die uns hier vorgestellt wird. Denn dass der Apostel hier nicht meint, dass wir weise sein sollen im Sinne dieser Welt, das ist ja wohl offenkundig. Denn diese Weisheit der Welt ist Torheit bei Gott.

Was für eine Weisheit kann hier gemeint sein? Weshalb werden wir aufgefordert, weise zu sein? Da fällt mir zunächst ein Spruch ein, den ich als Kind in der Sonntagsschule gehört habe – wir stammen ja aus der Versammlung, und da haben wir gelernt: »Die Furcht Jehovas ist der Weisheit Anfang.« In der alten Elberfelder Bibel steht dieser Name Gottes anstelle des hebräischen Tetragramms, IHJW, heute meistens mit Jahwe wiedergegeben. Der Name spielt insofern eine ganz große Rolle, dass Gott sich als solcher zu erkennen gibt mit seinem Namen. Das ist eben Jahwe, das ist der Bundesgott der Verheißung, der in seiner Liebe und seinem Erbarmen uns überhaupt geschaffen hat, in dem wir die ursprüngliche Geborgenheit und die Gemeinschaft haben und den Sinn finden, weil Gott ihn uns schenkt, um seiner freien Gnade auch nach dem Sinnverlust, nach der Sünde, durch die Versöhnung in Christus uns wiedergeschenkt hat. In Christus haben wir wieder neuen Sinn bekommen in diesem neuen Leben. Das ist der Gott, der von sich sagt: »Ich bin der als der ich für euch da sein werde, der Gott der Verheißungen.« Diesen Gott fürchten. In dieser Furcht ist Liebe enthalten. Aber in dieser Furcht steckt auch drin, dass wir auf das achten, was er uns zu sagen hat. Gott fürchten heißt, seine Stimme hören und seinen Worten folgen. Und wir wissen, wie Gott uns an sich teilnehmen lässt, auch an seinem Regiment. Die drei ersten Bitten des »Vaterunser«: Geheiligt werde dein Name – Dein Reich komme – Dein Wille geschehe im Himmel, also auch auf Erden – das ist etwas, woran Gott uns beteiligt sein lässt. Das gibt er uns ins Herz, dass wir so bitten. Denn das ist doch das, was die Welt braucht. Die Welt braucht diese Furcht Gottes. Diese bösen Tage brauchen die Weisheit, die anfängt mit der Furcht Gottes.

Wenn wir in unser Kapitel des Epheserbriefes noch einmal hineinschauen, heißt es: »Was ist das für ein Gott?« Da ist die Rede davon, dass wir Gottes Weise nachahmen sollen als geliebte Kinder und dass wir in der Liebe wandeln sollen, wie auch Christus uns geliebt und sich für uns hingegeben hat, als Gabe und Opfer für Gott zu einem lieblichen Duft. »Wandelt in der Liebe!« Weise sein heißt: in dieser uns geschenkten Liebe Gottes wandeln, die nichts anderes kann, als diese Liebe weiterzugeben, wenn anders wir unseren Sinn nicht verlieren wollen. Es gibt da keine Trennung – hier Geschäft, Unternehmertum und da Gemeinde und da häusliche Andacht und alles andere. Da sind wir in jeder Minute unserer ganzen Existenz. Es gibt keine Zwei-Reiche-Lehre. Es ist jedenfalls falsch, ist biblisch nicht haltbar, auch nicht in diesem Sinne.

Das Zweite, das mir bei Weisheit einfällt, das ist das andere: dass das Leben hier nicht ewig währt. Obwohl wir wissen, dass wir alt sind und älter werden und gebrechlich und weggehen werden, ist es merkwürdigerweise meist so, dass das nicht in unseren Sinn kommt. »Lehre uns bedenken, dass wir sterben müssen«, d.h. lehre uns unsere Tage zählen, zeige unsere Vergänglichkeit auf, dass wir ein weises Herz erlangen, dass wir weise werden, lesen wir in Psalm 90. In 1. Korinther 7, 29-32, ist die Rede von der Vergänglichkeit dieser Welt, aber dann auch davon, dass dieser Kairos, diese uns gegebene Zeit Gottes, Gottes gute gelegene Zeit, in der wir wirken sollen, kurz ist. Da heißt es: »Die Zeit ist kurz.« Da ist auch von dem Kairos die Rede. Die Zeit ist kurz, damit fortan auch die, welche Frauen haben, so sind, als hätten sie keine, und die Weinenden, als weinten sie nicht, und die Fröhlichen, als freuten sie sich nicht, und die Kaufenden, als behielten sie es nicht, und die, die die Dinge der Welt benutzen, als nutzten sie sie nicht aus, denn die Gestalt dieser Welt vergeht.

Wissen Sie, über diesen Text könnte man sicher eine Stunde füllen. Ich kann es hier nur einmal mit vor ihre Ohren bringen oder vor Sie stellen und möchte vielleicht nur darauf hinweisen, dass es weise ist, weise im Sinne Gottes ist, die Vergänglichkeit dieser Welt wirklich im Auge zu halten und daran zu denken, dass die Zeit, die uns gegeben ist, unsere Gelegenheit, die wir wirklich mit all unseren Fasern unseres Herzens ergreifen sollen, nämlich den Kairos Gottes, dass diese Zeit kurz ist. Die Aufgabe der Kaufleute, der Händler, ist natürlich, dass sie die Ware, die sie kaufen, schnell wieder loswerden, je schneller umso besser, und dann neue kaufen usw. Aber trotzdem, der Sinn des Unternehmers – es sind Volkswirtschaftler da, ich bin keiner, ich bin nur Mediziner – soll ja doch in der Profitmaximierung liegen. Wir reden lieber vom betriebsnotwendigen Gewinn.

Sehen Sie, so kann man sich selbst etwas vormachen. Kaufen, als behielten sie es nicht. Die Dinge dieser Welt benutzen, das ja, aber doch nicht die Dinge dieser Welt an sich reißen. Und wir müssen uns fragen, wie weit das bei uns Ernsthaftigkeit ist, wie weit wir das wirklich so ins Auge fassen. Auch der Mammon, mit dem wir umgehen, der der ungerechte Mammon genannt wird, dass wir also doch mit dem in der Weise umgehen, dass wir damit anderen Freude machen, dass wir da dem

Haushalter gleichen – nach diesem bekannten Gleichnis aus Lukas 16, der noch eben alle seine Schuldner, die Schuldner seines Herrn, so befriedigt hat, bevor er nun gehen musste. Er hat sich also mit diesem Handeln, mit diesem freundlichen Umgang mit dem Mammon, eine gute Zukunft verschafft. Ich meine, der Herr sagt uns das ja. Er sagt allerdings, wir sollen treu sein als Haushalter, nicht dass wir nun die Untreue des Haushalters annehmen sollen. Aber der Umgang mit dem Geld sollte also ins Auge fassen, dass alles hier vergänglich ist und dass es im Grunde genommen um das Beständige geht, das, was bleibt, das Reich Gottes und seine Gerechtigkeit, das kommende Reich Gottes. Und dass es viel wichtiger ist, hier auf der Erde den Menschen mit diesen Dingen zu dienen, als Geld und Besitz aufzuhäufen um ihrer selbst willen. Wissen Sie, wenn wir uns sagen lassen müssen, dass wir sterben müssen, dass unsere Tage kurz sind, dass wir darüber weise werden sollen im Umgang mit all diesen irdischen Dingen, dann werden wir daran erinnert, dass an sich der Sinn Bestand und Ewigkeit haben will. Alle Lust will Ewigkeit, will tiefe, tiefe Ewigkeit. Der Sinn ist auch ein Teil dieses Lustgefühls. Aber diese Ewigkeit, diesen Bestand finden wir nur in der Liebe. Nur die Liebe bleibt. Angesichts des kurzen Kairos und der Kürze unserer Tage sollen wir uns wirklich fragen, wie wir die Liebe in unserem Leben verwirklichen, diese Liebe, die wir empfangen haben. Trachten nach dem Reich Gottes und seiner Gerechtigkeit. Die Verheißung des neuen Himmels und der neuen Erde will hier geglaubt werden. Das »noch nicht« soll ein »schon jetzt« des Glaubens haben. Das Reich Gottes – heißt es – ist mitten unter euch. Es ist also nicht nur erst später da. Heute, mit Jesus Christus, ist es hier mitten unter uns und auch die Gerechtigkeit des Reiches Gottes, an die wir hier unbedingt denken müssen. Das Reich Gottes ist das, was bleibt, dem wir entgegengehen, das heute schon da ist, dem wir jetzt schon angehören. Das lässt uns denken an die Gerechtigkeit hier auf der Erde.

Gestern Abend behandelte ja der Vortrag auch etwas von dieser Gerechtigkeit, die wir speziell als Unternehmer zu tun haben. Wir denken vielleicht gar nicht daran, wie sehr wir verstrickt sind in alle möglichen Dinge. Da hat mir ein Freund neulich einen Brief geschrieben, aus dem ich hier vorlesen möchte. Er redet von der strukturellen Gerechtigkeit und der strukturellen Sünde. »In einer gefallenen Welt hat die persönliche Sünde und Ungerechtigkeit die Tendenz, zur strukturellen Sünde zu werden, z.B. wenn der Reichtum der einen die Armut der anderen bedingt, wenn der Reichtum durch Unterdrückung von Menschen und Einschränkung ihrer elementaren Menschenrechte gesichert wird. Scheinbar gerechte Strukturen, scheinbare Vergesellschaftung des Eigentums werden durch den Egoismus des Menschen pervertiert. An die Stelle des freien Unternehmers tritt der selbstherrliche Bürokrat und der unmenschliche schlampige Apparatschik. Solange wir in der Welt das schon angebrochene, aber noch nicht vollendete Reich Gottes leben, muss es uns Christen um die Verwirklichung von relativ mehr Gerechtigkeit gehen. Die Welt der absoluten Gerechtigkeit wird Jesus schaffen, wenn er wiederkommt. Wir haben in der Zeit bis dahin zeichenhaft und hoffnungsvoll im Gehorsam zu leben. Absolute Utopien führen offensichtlich immer dazu, dass unter dem Vorwand der Verwirklichung der Utopie massiv ungerechte Mittel eingesetzt und gerechtfertigt werden. Wie jeder Christ muss auch der Unternehmer dauernd fragen, ob er durch sein Verhalten die strukturelle Sünde fördert oder durch zeichenhaften Gehorsam relativ mehr Gerechtigkeit bewirkt«.

*

Es gibt eine fast gleich lautende Stelle im Kolosser-Brief, Kapitel 4, Vers 5. Da heißt es: »Wandelt in Weisheit gegenüber denen, die draußen sind, indem ihr die geeignete Zeit auskauft.« Sehen Sie, da ist in dem Fall in der Züricher Bibel der Kairos mit »geeigneter Zeit« übersetzt. »Wandelt in Weisheit gegenüber denen, die draußen sind.« »Draußen sind«, das heißt im Sinne dieses Textes, das sind Leute, die nicht Christen sind, also eigentlich genau die, die uns so gewöhnlich begegnen draußen, wo wir uns bewegen. Und gerade den Leuten gegenüber haben wir also diese Weisheit, von der wir vorhin Einiges gehört haben hinsichtlich dessen, dass sie Gottes Furcht zuallererst ist und dass sie sich bewusst wird, dass unser Leben ein Ende hat und dass auch der Kairos Gottes gerade hier nur eine begrenzte Zeitspanne ist, vorzuleben. So gewinnt diese Weisheit, die unseren Wandel prägt, doch eine ganz besondere Bedeutung gegenüber denen, die draußen sind. Wir Unternehmer-Christen werden natürlich in unserem Wandel vor allen Dingen gefragt von unseren Mitarbeitern, und zwar Tag für Tag, von unseren Kunden, von unseren Lieferanten, zuallererst, denn die Berührungspunkte haben wir ja immer wieder.

Mir fiel auf, dass über das, was das Verhältnis zu unseren Mitarbeitern angeht, in den Versen vorher so Einiges gesagt wird, am Ende des dritten Kapitels und dann bis zum Anfang des vierten Kapitels. Da ist von den Sklaven die Rede. Ich glaube, das lesen wir immer wieder sehr gerne, es gibt da eine ähnliche Stelle noch im Epheser-Brief. Sklaven, das sind die Leute, die eben damals die Arbeit gemacht haben. Das waren natürlich nicht nur geschundene Knechte, sondern es gab auch Haussklaven, z. B. als Haushalter, als »oikonomos« beschrieben, zum anderen aber auch als »dulos«, als der Sklave. Der Sklave – das war durchaus so, dass zu den Zeiten des Hellenismus die Verwaltung eines Hauses einem Sklaven, einem Unfreien, übertragen wurde.

So gilt also das, was hier gesagt wird, genau auch für unsere heutigen Mitarbeiter. Und das ist ja sehr schön, was den Mitarbeitern gesagt wird, wie sie ihren leiblichen Herren, den Unternehmern, gehorsam sein und in Aufrichtigkeit des Herzens arbeiten sollen. »Was immer ihr tut« – heißt es da – »arbeitet von Herzen, als dem Herrn, nicht für Menschen.« Wir hören natürlich aus all dem heraus: dem Herrn Christus dienen, dass damit selbstverständlich doch nicht nur die Sklaven gemeint sein können, dass es uns doch auch angeht.

Im Epheser-Brief heißt es auch: »Ihr Herren tut dasselbe gegen sie.« Wenn man das hier sieht, dann gilt alles das, was hier steht, natürlich auch für unseren Dienst. Ich komme noch einmal darauf zurück. Nur das Besondere, was hier noch steht, das ist etwas, was wir nicht überhören dürfen: »Ihr Herren, gewähret euren Sklaven, was recht ist.« Und dann: »Stellt sie euch gleich. Ihr wisst, dass auch ihr einen Herrn im Himmel habt.« »Stellt sie euch gleich.« Jeder von uns kennt doch die Stelle aus dem Galater-Brief, Kapitel 3, Vers 28: »Da ist nicht Jude noch Grieche, da ist nicht Sklave noch Freier, da ist nicht Mann und Weib, denn ihr alle seid einer in Christus Jesus.« »Stellet sie euch gleich«, heißt es hier. Hier ist von der Gleichheit die Rede. Eine ganz schreckliche Parole. Wir wissen ja, wo die Parole ihren Ursprung genommen hat, aber sie ist ja viel älter. Auch auf die Gefahr hin, dass es ein bisschen länger dauert – ich habe eine grundlegende Äußerung über diese Gleichheit gefunden in dem Buch »Ethik« von Karl Barth[15] und das kann ich Ihnen nicht vorenthalten. Das ist so grundlegend wichtig, dass wir das in diesem Zusammenhang einmal lesen wollen. Da ist also von den Schöpfungsordnungen Gottes die Rede, und dann redet er an dieser Stelle von dem Zusammenleben der Menschen als Schöpfungsordnung Gottes: »Das Zusammenleben der Menschen gründet sich von Hause aus auf ihre Gleichheit. Wo sie in Frage gestellt ist, da ist auch das Zusammenleben in Frage gestellt und, wenn Leben immer Zusammenleben ist, das Leben selber. Um die Gleichheit im Verhältnis zu Gott dem Schöpfer handelt es sich und damit auch (um) die Gleichberechtigung des Anspruchs auf das Leben und Alles, was das bedeutet.«[16]

»Gewährt, was recht ist, und stellet sie euch gleich«, haben wir hier gelesen.

»Unser aller Recht in dieser Beziehung ist dadurch bedingt und beschränkt, aber auch dadurch gesetzt und aufgerichtet, dass wir unser Leben nicht aus uns selbst, sondern aus Gott haben, von Gott jeden Augenblick aufs Neue empfangen müssen, um es zu haben!

In der Erkenntnis dieser meiner Abhängigkeit erkenne ich mich als Mensch – das macht mich zum Menschen, dass ich diese Abhängigkeit erkenne und durch mein Tun bejahe. Und indem ich mich in dieser Erkenntnis mit dem Andern treffe, erkenne ich ihn als *Mit*menschen, das macht ihn zu meinem Mit*menschen,* dass er mir zum Spiegel meiner eigenen Selbsterkenntnis als Gottes Geschöpf wird, dass ich ihn als solchen wiederum durch mein Tun bejahe. Humanität heißt also einerseits Wissen um unsere durch keinen Unterschied aufzuhebende Gleichheit vor Gott«.[17]

»Sinnvoll ist auch die feinste und gerechtfertigste Gliederung der Gesellschaft nicht in sich, sondern nur unter der Voraussetzung der wesentlichen, eben auf Gleichheit beruhenden Kontinuität aller ihrer Glieder. Wo diese bedroht ist, da ist vom Naturrecht aus mit Recht zu fragen, ob die vermeintliche Ordnung nicht heimliche Unordnung sei. Denn Führung an sich,« – jetzt kommen wir zu einer Sache, die wir doch alle als Unternehmer beanspruchen – »Führung der Einen durch die Anderen, ist ein rohes Stück aus dem Kampf ums Dasein. Leithammel und Führerelefanten gibt es auch in der Tierwelt. Führung wird sinnvoll auf dem Hintergrund der Gleichheit, sofern Alle dasselbe Anliegen haben. Das Recht im Recht, das richtige Recht ist das für Alle gültige, das von Allen zu respektierende, aber auch Alle schützende Recht.

Das Kriterium allen Handelns, bei dem ich irgendwie führend, also scheinbar mit mehr Recht als die Anderen, aus ihrer Reihe hervortrete, liegt darin, dass ich nichts tue, als dass ich das Recht Aller aufrichte und wahre. Unter dieser Ordnung steht also der Wille zum Leben, steht aber auch die Ehrfurcht vor dem fremden Leben, durch sie unterscheidet sich das Gebot des Lebens von einem bloßen Instinkt: Es gibt keinen Anspruch des Lebens, ob es nun mein eigenes oder ein fremdes ist, das sich nicht legitimieren müsste vor der Erkenntnis, dass der Anspruch Aller grundsätzlich mit Recht derselbe ist. Wo diese Erkenntnis unterschlagen wäre, da wäre die Erkenntnis Gottes unterschlagen, denn vor Gott müssen wir uns Alle als im gleichen Sinn zum Leben berufen erkennen. Aber nun ist dieses Leben, zu dem wir berufen sind, ja ein besonders bestimmtes für jeden einzelnen Menschen. Und das muss uns allerdings hindern, diese schöpfungsmäßige Gleichheit als eine mechanische Einerleiheit zu verstehen. Nicht dass jetzt die Ungleichheit, in der wir nebeneinander existieren, doch noch einen höheren Anspruch des Einen vor dem Anderen begründete. …Wohl aber bedeutet diese Ungleichheit, dass nicht Allen im Zusammenleben Aller dieselbe Stellung im Verhältnis zu den Anderen zukommen kann, dass es immer Einigen auf Grund ihres besonderen Berufes zukommen wird zu führen, Anderen aber nachzufolgen. Eben damit das Anliegen Aller zur Geltung komme, können nicht Alle führen, nicht Alle folgen, muss sich unser Zusammenleben jetzt in dieser, jetzt in jener Hinsicht gliedern und differenzieren, ganz anders in politischer, ganz anders in wirtschaftlicher, ganz anders in wissenschaftlicher, wieder ganz anders in kirchlicher Hinsicht. Die Gesellschaft trägt die Möglichkeit solcher Gliederung und Differenzierung von Hause aus in sich, so gut wie die Gleichheit ihrer einzelnen Subjekte. Humanität heißt also andererseits: Wissen um diese Möglichkeit.«[18]

Also, Humanität heißt einerseits: Wissen um unsere durch keinen Unterschied aufzuhebende Gleichheit vor Gott, und andererseits: Wissen um die Möglichkeit dieser Differenzierung.

»Wo sie verkannt oder geleugnet wird, da ist wieder das Zusammenleben der Menschen und damit ihr Leben überhaupt in Frage gestellt. Unser Anspruch, mit bloß gleicher Pflicht neben dem Anderen zu stehen, wird sich also legitimieren müssen vor dem Anspruch der Frage, ob wir nicht in dieser oder jener Hinsicht die außerordentliche Pflicht der Führung haben, und unser Anspruch auf gleiches Recht mit allen Anderen vor dem Anspruch der Frage, ob da nicht Andere sind, die uns gegenüber das außerordentliche Recht der Führung geltend zu machen haben. Nicht erst damit, dass wir Sünder sind, die durch Gottes Gnade unter dem Gesetz stehen, sondern nur damit, dass wir als Menschen leben, kommt solche Überordnung und Unterordnung beständig in Frage, nicht in Aufhebung, sondern in Bestätigung unserer

Gleichheit vor Gott. Weil sie Gleichheit vor Gott ist, darum kann sie in concreto jeden Augenblick Ungleichheit unter den Menschen bedeuten. Und wieder müssten wir Gottes vergessen, wenn wir vergessen wollten, dass die Frage nach dem Sinn unseres Tuns auch in dieser Hinsicht gestellt ist.«[19]

Es wäre sicher gut, bei diesem noch etwas stehen zu bleiben. Aber ich glaube, das ist in sich so kompakt und auch so selbst auslegend, dass es auch genügen sollte.

In einem ähnlichen Text im Epheserbrief ist von den Herren die Rede, da heißt es, sie sollen dasselbe gegen sie (die Sklaven) tun, was in den Versen 5 – 7 steht. Epheser 6 müssen wir dann mal lesen von Vers 5 an: »Ihr Sklaven, seid euren leiblichen Herren gehorsam mit Furcht und Zittern, in Aufrichtigkeit eures Herzens, wie dem Herrn Christus, nicht mit Augendienerei wie Leute, die den Menschen gefallen wollen, sondern wie Knechte Christi, die den Willen Gottes von Herzen tun, die mit Willigkeit dienen, als gelte es dem Herrn und nicht Menschen, da ihr wisst, dass jeder, wenn er etwas Gutes vollbringt, die Vergeltung vom Herrn empfangen wird, er sei Sklave oder Freier.« Da wird der Unterschied schon aufgehoben. Jetzt werden wir aber, da nun nicht alle freie Herren sind – ich will jetzt einmal »Herren« – in einem gewissen Sinn stimmt das auch – mit »Unternehmer« identifizieren.

In Vers 9 heißt es dann von den Herren: »Tut dasselbe gegen sie und lasset das Drohen, da ihr wisst, dass sowohl ihr Herr als auch euer Herr im Himmel ist und dass es bei ihm kein Ansehen der Person gibt.« Wenn man jetzt einmal die Verse 5 und 6 für die Herren lesen würde, dann müsste das vielleicht so klingen: Es wird gesagt von den Herren, dass wir dasselbe, was die Sklaven, die Mitarbeiter uns gegenüber tun sollen, dass wir dasselbe gegen sie vollbringen sollen. Und wenn da steht: »Seid dem Herrn gehorsam mit Furcht und Zittern«, dann müsste es vielleicht umgekehrt heißen: Ihr Herren, tut dasselbe gegen sie. Ihr Herren, dienet euren Mitarbeitern und Kunden und Lieferanten mit Furcht und Zittern und in Aufrichtigkeit eures Herzens, als dem Herrn Christus, nicht mit Augendienerei usw.

*

Haben wir einmal überlegt, was das auf dem Hintergrund des Rechtes und der Gleichheit, der schöpfungsmäßigen Gleichheit, zu bedeuten hat? Und erst recht, ob vor dem Hintergrund dessen, dass wir in Christus wirklich eins sind, dieser Unterschied längst aufgehoben ist? Da sind wir Brüder und Schwestern, nicht Herren und Knechte. Und alle sind wir Knechte und Diener Jesu Christi. Es steht noch ein Satz dabei: »Lasset das Drohen gegen sie.« Jeder, der Unternehmer ist und der in einer Position steht, wo er auch seinen Willen durchzusetzen hat, sonst kann das Unternehmen ja nicht bestehen, kennt die Anspannung seines Willens, kennt das Flackern vielleicht der Augen derer, die Befehle gegeben haben, und die Furcht und das Zittern der Leute, die das sehen, die sich entweder auflehnen oder zu Boden kriechen. Nicht so wir. Lassen wir das Drohen gegen sie, kein Machtmissbrauch; auch wenn wir das Beste wollen für den Betrieb, rechtfertigt das nicht unser Handeln, dass wir andere Leute kaputt machen, zerstören.

Wir haben gestern hier ein Wort gehört von der Art und Weise, wie man zu führen hat. Kooperativer Führungsstil! Wir haben bei uns im Unternehmen schon mindestens zehn Seminare darüber abgehalten. Sie glauben nicht, wie schwer das durchzuführen ist, wie auch gerade auf den unteren Ebenen der Befehlsgewalt immer wieder dieser ursprüngliche alte Machtmissbrauch betrieben und Kadavergehorsam gefordert wird, wobei es doch viel schöner ist und mit viel mehr Freude der Wille durchgesetzt werden kann und wird von den Leuten, wenn man ihnen auf kooperative, sozialintegrative Weise begegnet. Die Absicht, so zu führen, genügt noch nicht, um das Ziel wirklich zu erreichen. Das werden Sie aus Ihren großen Firmen wissen, das weiß ich aus unserem Unternehmen auch, und das wird auch jeder wissen, der vielleicht noch alleine im Laden steht und einige Verkäuferinnen und einige Lehrmädchen vor sich hat. Das war gerade im so genannten mittelständischen Einzelhandel doch ein Charakteristikum, dass der Chef unter Umständen sehr zornig und sehr drohend sein konnte und dass man ihn fürchtete. Das ist für uns Christen, für christliche Unternehmer, nicht die rechte Verhaltensweise, die der Herr von uns erwartet. Soviel nur möchte ich dazu sagen.

»Jeder von uns lebe dem Nächsten zu Gefallen für das Gute zu seiner Auferbauung. Denn auch Christus hat sich nicht selbst zu Gefallen gelebt, sondern wie geschrieben steht: ›Die Schmähungen derer, die dich schmähen, sind auf mich gefallen‹. Auch das können wir hier gelten lassen: Römer 15, Vers 1: »Wir aber, die Starken, sind verpflichtet, die Schwachheit der Ungefestigten zu tragen und nicht uns selbst zu

Gefallen zu leben«, wir als Unternehmer. Ich muss also die anderen Dinge über diese Weisheit, die unseren Wandel prägen soll, hier jetzt nicht mehr erwähnen. Wir können sie nur anführen. Im Jakobusbrief ist von der Weisheit von oben die Rede, vor allem Jakobus 17. Uns ist als Unternehmern eine Menge gesagt; ich meine, es ist ja alles nur eine Auslegung dessen, was von dieser Weisheit Gottes, die unser Leben prägen soll, kommt: Wie unser Leben, unser praktischer Wandel dann aussehen soll, immer wieder angesichts des Endes aller Dinge, angesichts der Kürze der Zeit, angesichts der Bosheit dieser Tage, dieser Bosheit, an deren Zustandekommen wir selbst immer wieder ursprünglich mitbeteiligt sind. Wir Christen sind da nicht außerhalb, sondern wir sind da mitten drin. Das ist ganz wichtig, dass wir das erkennen.

Über die Freiheit möchte ich noch etwas sagen. Unternehmerische Freiheit ist ein ganz großes Wort. Davon leben wir, und davon lebt auch unsere Welt. Dadurch ist die Welt sicherer, auch zum Teil besser, in unserem Teil des Vaterlandes, und darüber hinaus, wo man eben so leben kann, Gott sei Dank! Jeder von uns kennt die Stelle aus dem Galaterbrief 5, Vers 13. Da ist von unserem Berufensein zur Freiheit die Rede: »Ihr seid zur Freiheit berufen, ihr Brüder. Nur lasset die Freiheit nicht zu einem Anlass für das Fleisch werden, sondern dienet einander durch die Liebe, denn das ganze Gesetz ist mit einem Wort erfüllt: nämlich du sollst deinen Nächsten lieben wie dich selbst.« Wehe also, wenn wir uns als Unternehmer nur die Freiheit, die relative mehr äußerliche Freiheit, die wir immerhin noch haben, auch wenn wir vielleicht mehr und länger arbeiten, wir haben mehr Freiheit als alle unsere Mitarbeiter, verspielen. Das hat Frau Weber gesagt, die in ihrem eigenen Geschäft tätig ist. Sie kann zu ihren Kindern gehen, wenn sie will, wann immer es notwendig ist. Das könnte sie nicht, wenn sie in einem fremden Geschäft angestellt wäre. Da sehen wir, was Freiheit dann auch praktisch bedeuten kann. Nur diese Freiheit ist uns nicht dazu gegeben, dass wir sie für uns ausschlachten, und zwar auf Kosten anderer, die wir dann vielleicht in Knechtschaft halten. Das ist also nicht die Art der Freiheit, wie Gott sie uns schenkt, sondern es ist immer eine »Freiheit Wofür«, eine Freiheit dafür, dass wir durch die Liebe einander dienen können, dass wir auch diese Nächstenliebe betätigen können. Dafür sind wir frei gemacht worden. Wir sind eben nicht mehr gebunden in dem Egoismus, nur für uns selbst tätig sein zu wollen, nur unser eigenes Recht aufzurichten. Uns interessiert vielmehr, weil wir von Gottes Recht und Gerechtigkeit wissen, auch das Recht der anderen, weil wir von Gott frei gemacht sind von der Gewalt der Sünde und der Gewalt des Todes. Mögen wir auch unsere Freiheit jetzt für dieses neue Leben, das Gott uns geschenkt hat, benutzen in einem Leben der freudigen Zuwendung anderen gegenüber. Dass wir den anderen das vermitteln, was unser Leben ausmacht. Ich will das auch nur erwähnen: 1. Petrus 4, Vers 10, dieser Vers, der mir auf meinen Reisen in Missionsgebieten so wichtig geworden ist. Da ist die Rede davon, dass angesichts des Endes aller Dinge wir verständig und weise sein sollen. Immer wieder derselbe Sinn. 1. Petrus 4, Vers 7 und dann die folgenden Verse. Da ist die Rede von unserer Haushalterschaft und von der Gastfreiheit, die wir haben sollen, wir, die wir Häuser haben, dass wir in unseren eigenen Häusern bereit sind, Leute aufzunehmen oder anderen Häuser zu bauen, die keine haben. Das gehört unmittelbar dazu. Wir können es ja. Und alle unsere Gaben, wie jeder eine Gnadengabe empfangen hat, auch die Berufung zu unserem Beruf und unserem Unternehmertum haben wir dazu, dass wir damit dienen sollen als gute Haushalter der mannigfaltigen Gnade Gottes.

Wenn wir in dieser Weisheit leben, die durch den Geist Gottes in uns lebendig sein kann, dann wird es ja wahr werden, dass nicht mehr ich lebe, sondern Christus in mir lebt. Da heißt es vorher: »Ich bin mit Christus gekreuzigt. Nicht mehr lebe ich, sondern Christus lebt in mir«. (Galaterbrief 2, 19-20). Sind wir so wirklich mit unserem alten Leben im Tode Jesu Christi, dass wir jetzt durch ihn das neue Leben verwirklichen, dass wir mit ihm auferstanden sind? Ich will jetzt sagen: »Brüder und Schwestern« oder »Schwestern und Brüder« oder »Knechte, Mitknechte Jesu Christi«. Wir wollen unser unternehmerisches Tun unter sein Licht bringen, damit wir den Kairos, die Gelegenheit Gottes, auskaufen mit einer leidenschaftlichen inbrünstigen Liebe, den neuen Sinn erlangen in der Gemeinschaft Gottes und Jesu Christi, des Auferstandenen von den Toten. Lasst uns vor ihm unsere Sünden bekennen, dass wir unter seine Vergebung kommen und einen neuen Anfang in seiner Gnade geschenkt bekommen. Denn hinsichtlich all dessen, was uns hier vorgezeichnet ist, hinsichtlich all dessen, was uns geschenkt ist in Jesus Christus, aber auch an praktischen Dingen, kann ich nur immer wieder sagen, dass ich selbst dem nicht gerecht werde und ich auch für mein Unternehmertum wirklich jeden Tag der Vergebung unseres Herrn bedarf.

Unser Leben als Unternehmer soll eben Gottesdienst sein, das bedeutet eine Hingabe an Gott. Unser vernünftiger Gottesdienst soll ja Opfer-Hingabe sein. Wir müssen mal sehen, wie weit wir davon entfernt sind. Wir machen alle möglichen frommen Zusammenkünfte. »Ich ermahne euch nun, Brüder, beim Erbarmen Gottes eure Leiber als ein lebendiges, heiliges, Gott wohlgefälliges Opfer hinzugeben. Das sei euer vernunftgemäßer Gottesdienst. Und richtet euch nicht nach dieser Welt, sondern wandelt euch um durch die Erneuerung eures Sinnes, damit ihr zu prüfen vermögt, was der Wille Gottes ist, nämlich das Gute und Wohlgefällige und Vollkommene.« [20] Das hat eine eminent praktische Bedeutung. Dass wir doch wirklich unser Leben leben für Gott, für den Nächsten in der Nachfolge Jesu Christi, dass wir als solche, die herrschen, die Unternehmer sind, so tun, wie der Herr das vorgelebt hat und wie er es uns und seinen Jüngern gesagt hat. Es gibt mehrere Stellen. Ich will nur die eine Stelle aus dem Matthäusbrief lesen, damit das deutlich wird: Matthäus 20, 25-28. Wir wissen ja alle, wie weit wir in der Praxis davon entfernt sind. Da heißt es: »Ihr wisst, dass die Fürsten Völker knechten und die Großen über sie Gewalt üben. Unter euch soll es nicht so sein, sondern wer unter euch groß sein will, sei euer Diener, und wer unter euch der Erste sein will, sei euer Knecht. Wie der Sohn des Menschen nicht gekommen ist, damit ihm gedienet werde, sondern damit er diene und sein Leben gäbe als Lösegeld für viele.« Es gibt in den anderen Evangelien noch ähnliche Stellen dafür. Ist unser Sehnen wirklich nach oben gerichtet oder hängt unser Herz doch mehr hier an unserem Besitz und vielleicht an der selbstgewählten, schönen Aufgabe, die wir nun haben und die wir vielleicht geerbt , übernommen haben? Hängt unser Sinn daran? Was geschieht, wenn das mal von uns weggenommen wird? Ich bin nicht so sicher, ob wir die Gesellschaftsform, die wir haben, für alle Zeit haben werden. Hängt daran unsere Glückseligkeit, dass die gesellschaftliche Form, in der wir als Unternehmer doch relativ mehr besitzen und mehr darstellen, mal von uns genommen wird? Oder wird dann wirklich deutlich in unserem Leben, unserem Verhalten, dass wir als Christen davon gar nicht abhängen, dass wir uns von Gott so gebrauchen lassen, wie er uns gebrauchen will, als seine Diener?

Ja, ich hätte in diesem Zusammenhang noch etwas über Gottes Führung zu sagen. Aber es sind noch mal zwei Seiten. Ich bin ganz sicher, wenn ich Ihnen mein Leben erzählen würde… Ich habe ja Medizin studiert. Ich bin zu Hause groß geworden in einem Schuhhandelsgeschäft. Das war ganz klein. Mein Vater war ursprünglich Schuhmacher. Er starb 1940. Da musste ich mich also auch um das Geschäft kümmern. Und dann habe ich mein Abitur nachmachen müssen und habe dann studieren wollen. Und wie das so kam, ich wurde verwundet an der Oder als Achtzehnjähriger. Da habe ich wirklich empfunden: Gott schenkt dir dieses Leben neu. Was das im Einzelnen bedeuten sollte und wozu er mich benutzen wollte, war mir damals noch nicht klar. Und dann war ich also Arzt und Schuhhändler. Und ich merkte, dass tatsächlich Gottes Führung sich ereignet, Gottes Führung in dem Sinne, dass es einmal eine geschichtliche Bestimmtheit unseres Lebens gibt, geschichtliche Bestimmtheit im Sinne des Elternhauses und der ganzen Umgebung, Vererbung und vor allem aber auch eben in dem Sinne, dass wir alle eine bestimmte Begabung bekommen haben, im ganz umfassenden Sinne eine physiologische und eine psychologische Begabung. Und dass Gott den einen so und den andern so führt, und dass wir dann einfach das, wie wir geführt sind, auch richtig vor ihm auszufüllen haben.

Lassen Sie mich dazu – das ist zu wichtig – noch das Eine sagen: Entspricht unser Tun und das Gottes der geschichtlichen Bestimmtheit und der physiologisch-psychologischen Bestimmtheit? Also sind wir wirklich ausgefüllt, tun wir das, was Gott von uns erwartet? Sind wir mit dem ganzen Einsatz unserer Persönlichkeit dabei?

»Bin ich immer ganz bei der Sache? Oder umgekehrt gefragt: Ist die Sache eine solche, bei der ich als der, der ich bin, grundsätzlich ganz dabei ein kann, darf, muss? An diesem Kanon ist unser Tun in dieser Hinsicht vor Allem zu messen. Wobei es also keine Bedeutung hat, ob das, was ich durch göttliche Führung und Begabung bin, viel oder wenig ist, ob ich oder ob Andere es für wertvoll oder wertlos oder gar für gefährlich oder schädlich halten. Das Gleichnis von den anvertrauten Talenten greift hier ein mit seiner Warnung vor dem Verscharren des einen einzigen Talentes, das jener Knecht empfangen hat (vgl. Matthäus 25, 14-30; Lukas 19, 12-27), ob uns viel oder wenig anvertraut ist und was es auch sein möge, was uns anvertraut ist (also inbegriffen auch die Anlagen und Möglichkeiten, die wir für weniger gute oder schlechte halten) – einerlei: Das bin ich nun einmal, das ist mir anvertraut und das eben, d. h. ich, wie ich bin, bin durch Gottes Gebot gefordert.

Was wissen wir denn darüber, ob das, was aus uns geworden ist, viel oder wenig ist, gut oder böse? Auch die scheinbar sonnenklarsten derartigen Wertungen sind menschliche, nicht göttliche, vorletzte und nicht letzte Wertungen. Gott wird sein Urteil schon sprechen, und dann vielleicht ganz anders, als wir selbst es tun würden, als unsere menschliche Umwelt es tut.

Erste können Letzte, und Letzte können dann Erste sein (vgl. Markus. 10, 31), haben wir bereits früher festgestellt. Was von uns gefordert ist, ist nicht, dass wir Vieles, Schönes, Außerordentliches herbeibringen, sondern dass wir bringen, was wir haben und sind, dass wir unseren wirklichen Bestand nicht verschleiern, weil er ja unser schöpfungsmäßiger Bestand ist, dass wir grundsätzlich nichts von dem, was wir sind und haben, dem gerechten Urteil Gottes entziehen, dass wir in unserem Tun das jedes Mal *ganz* sind – nicht um der Ganzheit unseres Wesens und Werkes, sondern um der Ganzheit des Gebotes willen. Mehr wird von den Knechten nicht gefordert, als dass sie treu erfunden werden (vgl. 1. Korinther 4,2). Das aber *wird* von ihnen gefordert. Und Treue gegen das Gebot bedeutet dann Wahrheit gegen uns selber. Das ist immer die Unwahrheit, die Lüge gegen uns selbst, dass wir uns Großes oder Kleines, Gutes oder Böses, das nun mal im Kreise unserer Möglichkeiten liegt, verschleiern, dass wir aus irgendwelchen Gründen nicht zu dem stehen wollen, was wir nun einmal sind und haben. Und das ist die Untreue, der Ungehorsam gegen Gott, dass wir in dieser unvollständigen Wirklichkeit, die dann doch eine ganz andere, nicht unsere eigene, ist, unter Fälschung der uns zukommenden Ortsbestimmung nun auch noch vor sein Angesicht treten zu können meinen. Die Wahrheit gegen uns selbst besteht darin, dass wir uns getrauen, uns hüllenlos zu sehen. Und die Treue, der Gehorsam gegen Gott darin, dass wir eben so: hüllenlos auch vor ihm uns einfinden, in dem Beruf, in dem er uns geschaffen hat.« [21]

Jetzt geht es also noch um eine zweite Möglichkeit. Dies ist die Frage: »Entspricht unser Tun dem, dass es Gottes Gebot ist?« [22] Oder täuschen wir uns über uns selbst?

»Es kann ja sein, dass wir mit unserem Meinen das Richtige treffen, dass wir genau da hingestellt sind vor Gott, wo wir uns selbst innerhalb unserer Grenzen stehen sehen, und dass dann auch sein Gebot nicht mehr oder weniger von uns will, als dass wir getreulich daselbst stehen bleiben sollen. Es kann aber durchaus das Andere sein, dass Gottes

Gebot eine Erniedrigung oder eine Erhöhung gegenüber dem uns bekannten Stande der Dinge bedeutet, und zwar darum, weil eben ein ganz anderer Stand der Dinge als der uns bekannte der wahre ist. Und weil wir nie wissen können, ob nicht der zweite Fall zutrifft, weil das Bejahen des ersten Falles allzu leicht ein bloßer Sophismus unseres Herzens sein, unser Nicht-Können ein Deckmantel unseres Nicht-Wollens sein könnte, darum muss jetzt der zweite Kanon auf alle Fälle lauten: unser Handeln muss in Bezug auf die Wirklichkeit unseres Berufes ein jederzeit und nach allen Seiten offenes Handeln sein, ein Handeln in der Bereitschaft, anders zu handeln, als wir jetzt auf Grund unserer Kenntnis unserer Möglichkeiten meinen handeln zu dürfen und zu sollen. Es geht auch bei der zweiten Frage, wenn auch in einem etwas anderen Sinn, um die Treue gegen Gott und die Wahrheit gegen uns selbst. Wahrheit gegen uns selbst heißt jetzt ehrliches Dazustehen, dass wir das Letzte unserer Existenz und ihrer Bestimmtheit so wenig wissen, wie wir es in unserer Macht haben. D. h. also noch nicht wahr sein gegen sich selbst, wenn man sich, und wäre es in der schonungslosesten Offenheit, sagt: ja, so bin ich nun einmal, und dazu stehe ich auch!, sondern das hieße, wahr sein gegen sich selbst, wenn wir diesen Satz überbieten und zu kontrapunktieren uns getrauten durch den ganz anderen: Ja, so finde ich mich zwar vor, dazu kann ich aber jeden Augenblick nur dann stehen, wenn Gottes Gebot mich in diesem meinen Beruf bestätigt, wenn er mir also sagt, dass er dazu steht. Tut er das nicht, ja, dann kann ich auch nicht mehr dazu stehen, sondern muss anders werden und handeln, ich *muss* es, weil ich dann, wenn Gott sich zu einem anderen als nach dem von mir vermeinten Sein bekennt, sicher auch *kann,* und weil es eben auch damit unerbittlich von mir gefordert ist. Diese Wahrheit gegen uns selbst ist dann eo ipso auch Treue gegen Gottes Gebot. Treue, Gehorsam gegen Gott heißt schutzlos, ungesichert, unverschanzt, unverbarrikadiert vor ihm stehen, bereit zu der Einsicht, dass unser wirklicher Ort ein anderer ist als der, den wir uns erträumt hatten und ein wenig trotzig gegen Gott selbst behaupten zu können meinen.«[23]

Soviel über Führung, Führung Gottes. Würde Gott uns bereit finden, wenn es im Verlauf der Geschichte dieser Welt und unseres Landes so kommen wird, dass dann etwa ein anderer Platz für uns gefordert sein könnte als der, den wir jetzt einnehmen? Ich wünsche mir, dass meine Kinder, mein Sohn oder meine dritte Tochter, die jetzt auch ausgebildet werden, einmal in meinem Unternehmen meinen Platz einnehmen. Ich weiß nicht, ob das geschieht. Und wir sollen darüber nicht verzweifeln. Das wird von uns nicht gefordert, sondern Gott wird von uns Treue fordern an dem Platz, wo er uns hingestellt hat. Und wir sollen die Tage auch deshalb nicht böse allein schelten, weil sie vielleicht nicht mehr unternehmerfreundlich sind. In Wirklichkeit sind sie ja noch unternehmerfreundlich. Aber was so gegen uns tönt, müssen wir vielleicht, das ist auch mir ein großes Anliegen heute, echt vernehmen, was dort eventuell gegen uns vorgebracht wird, ob berechtigt oder unberechtigt. Das haben wir eben zu prüfen, und zwar vor dem Angesicht Gottes und vor dem, was die Bibel uns darüber sagt, angesichts dessen, ob unser Leben, unser Eigentum Dienst für Gott ist und damit für den Nächsten oder ob es eine vielleicht fromme Selbstdarstellung ist, dass wir so an dem Sinn unseres Lebens immer wieder vorbeieilen oder den Sinn finden in der Liebe für den Nächsten. Wissen Sie, das Verhältnis zu unserem Eigentum ist doch der einzige haltbare Standpunkt, den wir nach der Bibel haben können. Wir sind doch wirklich nur wie Geschäftsführer in unser Eigentum eingesetzt worden, von Gott aus als Haushalter. Und wie identifizieren wir uns doch mit dem Eigentum! Wenn wir viel haben, sind wir was. Wenn wir ein großes Auto haben, sind wir was. Na schön, ich meine, wir können uns das heute erlauben, dass wir auch mit dem kleinen Auto fahren oder wirklich einen großen Wagen nur aus Bequemlichkeit fahren. So geht's mir, sehen Sie, wenn man große Strecken fahren muss – ich fahre ja von einem Laden zum andern, bin ja Monate im Jahr unterwegs, besuche Filialen. Aber ich kann ja dem Anderen, der bei mir arbeitet und mitarbeitet, nicht verbieten, dass er auch ein großes Auto haben will. Durch mein ganzes Verhalten rege ich doch diese Begehrlichkeit nur an.

Die, die weniger haben, möchten das Äußere auch besitzen. Und dann soll ich ihnen klar machen: »Suche Jesus und sein Licht. Alles Andere hilft dir nicht«? Wenn ich dieses jetzt in dem Zusammenhang sage, klingt das ganze ein bisschen komisch. Ebenso komisch klingt es, wenn wir anderen Leuten solche Botschaft bringen. Ich meine, was ich jetzt sage, sage ich zuallererst mir selbst: Wir sollten uns aufrütteln lassen, wir sollten wirklich eine Neubesinnung finden, damit Gott unser Unternehmertum nicht von uns nimmt.

Ich wurde schon danach gefragt, ich muss noch etwas sagen über die Expansion. Ich bin ja der schlimmste Expansionist hier in diesem Kreise. Da gibt es selbstverständlich Begründungen der besseren Wirtschaftlichkeit. Man muss sich also fragen, wie weit das also als Motiv zugrunde liegt für die Expansion. Die bessere Wirtschaftlichkeit soll dem Wohl der Mitarbeiter dienen, auch dem Vorwärtskommen der Mitarbeiter. Und ich möchte also nicht so ein absterbendes Unternehmen leiten müssen, wo dann die Mitarbeiter, die guten, die aufwärts wollen, so nach und nach verschwinden. Das haben wir ja erlebt. Davon leben wir dann, wenn wir solche Leute bei uns aufnehmen und die freuen sich dann riesig, wenn sie sehen, da ist ein Betrieb, der lebt, da geht's aufwärts, und ihnen geht's da besser.

Es gibt viele Begründungen für eine Expansion, die nicht an den Haaren herbeigezogen sind. Und wir, die wir Kunden bedienen wollen, wir wollen ihnen ja auch immer etwas Besseres bieten, das ist ja das Einzige, sonst könnten wir ja gar nicht Einzelhändler sein, wenn wir nicht wirklich das Beste für unsere Kunden herausholen wollten. Lieferanten wollen wir eine bessere Voraussetzung für ihre Arbeit geben usw. Und ich kann Ihnen sagen, bei jeder neuen Filiale, die wir eröffnen, bete ich wirklich von Herzen, dass das auch zum Segen sei für alle Beteiligten, Mitarbeiter, Kunden, auch Lieferanten und dass es auch dem Reiche Gottes dienen möchte. Das tue ich wirklich. Wissen Sie, das andere müssen wir gegen uns gelten lassen.

Dann bin ich mit der Vorlesung also wirklich fertig. Aber das hat mich getroffen. Ich muss das noch aus dem Ethik-Buch von Kreck[24] – das andere war »Ethik« von Barth – zitieren. Da will ich nur einen Absatz noch über Expansionismus lesen. Zuerst redet er also von dem Profitstreben: »Man darf dieses Profitstreben nicht so verstehen, als ginge es nur um bessere Lebensweise, um Essen und Trinken oder allerlei Luxusgüter. So konnte die Theorie von der Ausbeutung bei Marx verstanden werden. Aber mit Recht weist E. Heimann darauf hin, dass dem eine Grenze gesetzt ist. Viel stärker als das plumpe Streben nach Wohlleben ist das nach wirtschaftlicher Macht. Der Gewinn wird wieder investiert und so zum Ausbau des Unternehmens, zur Ausdehnung der Verfügungsgewalt über Dinge und Menschen benutzt. Hier liegt wohl das eigentliche Geheimnis des Kapitalismus, auch seines Erfolges. Nicht die rationale Struktur des Wirtschaftens, sondern die Faszination dieses Weges zur Macht in Gestaltung eines unersättlichen Expansionsdranges ist wohl entscheidend. Heimann sagt: ›Es sind nicht einfach Vernunft, Intelligenz, Geist, die die ungeheure Struktur der Industrie aufbauen, sondern Macht, Trieb und Vitalität hinter der Vernunft und gelenkt durch die Vernunft. Der Kapitalismus unterscheidet sich von jedem anderen bekannten System der Macht durch die Schaffung eines Privatweges zur Macht (Sombart). Der unabhängige Mann kann durch Fähigkeiten, Fleiß, Phantasie, Initiative, Schlauheit oder Rücksichtslosigkeit oder durch irgendeine Kombination dieser Eigenschaften seinen Weg bis zur Spitze machen‹.[25] Deshalb kann auch heute das private Eigentum bei den eigentlichen Akteuren, den Managern, zurücktreten, der Aktienbesitz kann sehr zerstreut sein, ohne dass deshalb die spezifische Form kapitalistischer Macht verschwunden wäre.«

Und wir müssen das alle tun, wenn wir unser Unternehmen als Aufgabe betrachten, wir müssen also Expansion betreiben. Aber wir sollten uns prüfen in dieser Kritik, die unüberhörbar an uns gestellt wird, und nicht erst seit gestern oder seit heute. Wenn ich unter Indern bin und habe dieses beglückende Gefühl der Gemeinschaft mit den Brüdern und Schwestern, dann sagt man mir oft: »Wir beten, dass du noch mehr Schuhe verkaufst, dann kannst du uns ja noch mehr helfen.« Die Amerikaner sind darin ja ganz frei. »Mach noch mehr Geschäfte auf, dann kannst du noch mehr tun, da und da und überall brauchen wir Gelder für die Armen und die Mission.« Das ist ja auch richtig. Ich verstehe diese Naivität der Inder und Amerikaner. So war es auch bei den Calvinisten, zumindest ursprünglich auch bei den Puritanern, dass die sagten: »Alles, was im Geschäft nicht gebraucht wird, bringen wir ein in die Reich-Gottes-Arbeit. Aber das ist ja doch dann sehr schnell hinter dem, was für Expansion notwendig wurde, zurückgegangen. Wie weit wir unsere Expansionen im Geschäft wirklich betreiben würden im Hinblick darauf, dass wir dem Reich Gottes weiter Geld zur Verfügung stellen wollen, das müssen wir uns wirklich ernsthaft fragen. Die Naivität der Inder und Amerikaner habe ich jedenfalls nicht mehr.

Ich glaube, ich habe eine Menge jetzt vor uns hier ausgebreitet. Entscheidend wird doch sein, ob wir in unserem Leben freigemacht werden für andere in der Liebe. Sind wir wirklich alle frei in dieser Liebe, betätigen wir dieses »Eins in Christus«? Was ist unsere Kraft und unsere Hoffnung, unser Besitz, unsere Unabhängigkeit? Die Herrschaftsstrukturen, die zufälliger Natur sein können. Oder leben wir wirklich von Gottes Kraft zur Rettung, d.h. aber von der Torheit der Welt, von dem Wort, vom Kreuz, das denen, die verloren gehen, Torheit, uns aber

Gottes Kraft zur Rettung ist. Setzen wir unsere Hoffnung auf den Reichtum, der vergeht oder – wie es im Timotheusbrief heißt – das soll dann das letzte Zitat sein –, setzen wir alle unsere Hoffnung auf Gott, der uns alles reichlich darbietet zum Genuss, dass wir Gutes tun?

Wir müssen von diesem Possessionismus, von dem Besitztumsgedanken, wegkommen. Und das ist ja das Schöne, dass wir wirklich unsere Hoffnung auf Gott setzen und unsere ganze Zuversicht auf seine Verheißung setzen können, nicht auf irgendeinen zufälligen Besitzstand, den wir in diesem Leben errungen haben, auch nicht auf einen geistigen Besitzstand, dass wir wirklich abhängen, von der Hand und in der Hand von Gott gehalten, leben von seiner Gnade, und zwar Tag für Tag. Dann werden wir anders sein, dann werden wir uns genau anschauen, wie wir wandeln, und wenn wir Christus hier erkennen, werden wir die Kraft haben aufzuwachen, aufzustehen vom Tode der Sünde, die er durch sein vergossenes Blut vergibt. Wir können weise sein, bereit in diesen bösen Tagen, die Gelegenheit Gottes als des Retters, der will, dass alle Menschen gerettet werden, zu begreifen und zu bezeugen.

Wie das durch unseren Beruf geschehen kann, möge der Herr uns neu schenken.

Anmerkungen

[1] Helmut Gollwitzer »Krummes Holz – aufrechter Gang. Zur Frage nach dem Sinn des Lebens«, 5. Aufl. München 1972

[2] Gollwitzer, a.a.O., S. 31 f

[3] Karl Barth, Kirchliche Dogmatik II/1, 146) nach Gollwitzer, a.a.O., S. 32

[4] Gollwitzer, a.a.O., S. 62

[5] Gollwitzer, a.a.O., S. 47 f

[6] Gollwitzer, a. a. O , S. 80

[7] Gollwitzer nach Luther WA I, 365, S. 81)

[8] Gollwitzer, a. a. O., S. 81

[9] L. Wittgenstein, Schriften, 1960, S. 167, zitiert nach Gollwitzer, a. a. O., S. 302)

[10] Gollwitzer, a. a. O., S. 302
[11] Gollwitzer, a. a. O., S. 303
[12] Gollwitzer, a.a.O., S. 303
[13] Gollwitzer, a.a.O., S. 342
[14] Jürgen Moltmann: Theologie der Hoffnung, 4. Auflage. München 1965
[15] Karl Barth: Ethik I. Hg. von Dietrich Braun. Gesamtausgabe – II. Akademische Werke 1928, Zürich 1973
[16] K. Barth, a. a. O., S. 415
[17] K. Barth, a. a. O., S. 415 f.
[18] K. Barth, a. a. O., S. 416 f.
[19] K. Barth, a. a. O., S. 417
[20] Römer 12, 1+2
[21] K. Barth, a.a.O., S. 347
[22] K. Barth, a.a.O., S. 348
[23] K. Barth: a. a. O., S. 350 f.
[24] Walter Kreck: Grundfragen christlicher Ethik. Einführung in die evangelische Theologie, Band 5. München 1975
[25] W. Kreck, a. a. O., S. 229 f

Verkaufsstellenleitertagung

DEICHMANN-Verkaufsstellenleitertagung am 24. Januar 1981 in Dortmund

Liebe Mitarbeiter!

Herzlich willkommen zu unserer Jahrestagung, zu unserem verspäteten Neujahrsempfang.

Ich bin in den letzten Tagen schon wieder in mehreren Verkaufsstellen gewesen. Ich habe vor Weihnachten ja nichts anderes getan, als mit Ihnen dort zusammen zu sein, wo Sie Tag für Tag Ihrer Arbeit nachgehen. Sowohl von meinem Besuch im Dezember als auch von den Besuchen jetzt in dieser Woche kann ich nur sagen: Das ist etwas, was man braucht, was einem gut tut, draußen mit Ihnen, wo der Verkauf stattfindet, dort mit Ihnen diesen direkten Kontakt zu haben. Da spürt man etwas von dem wunderbaren Geist, der Sie beseelt, der unsere ganze Firma beseelt, etwas von diesem DEICHMANN-Geist, was auch die Neuankömmlinge bei uns alle sehr bald begriffen haben. Ich meine diesen guten Geist der Zusammenarbeit, diesen guten Geist, der nicht abwägt und abrechnet, der beinhaltet, dass wir nicht für Stunden arbeiten und nur für einen bestimmten Lohn für die Stunde oder für die Woche oder für den Monat, sondern der etwas mehr im Auge hat: eben das gemeinsame Unternehmensziel, die Gemeinsamkeit bei der Arbeit.

Ich sage das nicht ohne Grund. Es ist nicht selbstverständlich, dass man sich für seine Firma, das heißt aber auch für seine Mitarbeiter, einsetzt, dass man sein Leben und seine Arbeit auch als Hingabe begreift; nicht nur als etwas, wo man etwas in Empfang nimmt, sondern wo man selbst etwas einzubringen hat. Dass wir dies gemeinsam begreifen, das macht das Besondere bei uns aus.

Ich habe viel gesehen im vergangenen Jahr, und ich könnte Ihnen erzählen von der Not in Indien, denn Sie wissen, wie mich das besonders betroffen gemacht hat und wie wir dort versuchen zu helfen. Ich könnte Ihnen von dem Flüchtlingselend in Afrika erzählen oder vom fernen Osten, von dem Asylantentum, das auch bei uns stattfindet. Dort ist krasser Hunger, bei uns ist Wohlstand. Dort gibt es Terror durch Diktaturen, hier erfreuen wir uns einer gewissen Freiheit, einer sehr großen Freiheit sogar, und dennoch erleben wir heute um uns herum einen Zerfall der Gesellschaftsstruktur und des Staates…

Ich will hier nicht Politik machen, das steht mir nicht an. Ich will Ihnen nur sagen, was Sie selbst ja auch alle wissen, dass unsere Freiheit missbraucht wird, dass es Auswüchse gibt. Viele Leute benutzen die Freiheit doch nur dazu, um aus der Bundesrepublik oder aus ihrem persönlichen Bereich eine Art Selbstbedienungsladen zu machen, wo man einfach einkauft, ohne zu bezahlen, ohne etwas einzubringen. Daran gehen Staat und Gesellschaft zugrunde. An diesem persönlichen krassen Gruppenegoismus würde auch eine Firma zugrunde gehen. Freiheit ist wirklich das schönste Gut, Wohlstand eine wunderbare Sache. Aber bei beidem muss ich fragen, wozu. Denn Freiheit an sich, Freiheit, die einer für sich missbräuchlich in Anspruch nimmt und alle seine Träume umsetzen möchte auf Kosten der anderen, diese Freiheit schlägt sofort um in das Gegenteil, nämlich in Ausbeutung, in Diktatur, in Terror.

Glauben Sie nicht, dass wir vor diesen Dingen gefeit sind: weder in der Familie noch im Betrieb, noch in unserem Staat. Wir haben zu arbeiten bei der Firma DEICHMANN, und wir arbeiten, aber wir arbeiten *gemeinsam*. Wir haben ein gemeinsames Ziel. Jeder, der bei uns arbeitet, arbeitet nicht nur für sich, für seinen Geldbeutel, für seinen Job.

Wenn wir im »Vaterunser« beten: »Unser tägliches Brot gib uns heute«, ist das die Bitte auch um tägliche Arbeit, um eine tägliche Arbeit, die wir gemeinsam tun. Und dabei gemeinsam Arbeit und Gott im Blick haben oder dabei den Nächsten im Blick haben, das ist der Anfang von Kultur. Und vergessen wir das nicht, damit nicht allmählich hier, wo früher Kultur war, Steppe entsteht um uns herum. Steppenlandschaft ist keine Kulturlandschaft. Wir sind darauf angewiesen hier in Westdeutschland, dass wir weiterhin in einem Kulturland leben. Lassen Sie uns anfangen in der Familie, lassen Sie uns anfangen hier bei der Firma DEICHMANN. Im Unterschied von den Betrieben um uns herum ist das sehr, sehr deutlich zu begreifen. Lasst uns unsere Freiheit auch benutzen, um füreinander da zu sein. Nehmen Sie Ihre Firma ernst, geben Sie ruhig auch einen Teil Ihres Lebens für Ihre tägliche Arbeit, für Ihre täglichen Mitarbeiter, für Ihre Firma, für Ihre Aufgabe, für Ihre Kunden her.

Das macht Sie glücklich und reicher. Und das gibt Ihrem ganzen Leben eine gewisse menschliche Würde, die Sie nicht haben, die Sie nicht bekommen, wenn Sie nur egoistisch danach trachten: »Ich arbeite 40 Stunden. Wo kann ich für diese Stunden irgendwo 3,50 DM mehr bekommen? Dann verlasse ich sofort die Firma DEICHMANN.«

Ich weiß, dass niemand von Ihnen dabei ist, Sie alle sind – wenn auch nicht im Sinne des Betriebsverfassungsgesetzes – leitende Angestellte, aber Ihrer Funktion nach und von mir aus gesehen, von der Firma aus gesehen und von der Struktur aus gesehen, sind Sie alle, die Sie hier sind, leitende Angestellte, denn Sie haben ja Leute unter sich, die Sie zu motivieren haben, die Sie zu führen haben durch Ihr persönliches Beispiel. Und fassen Sie Ihre Freiheit und Möglichkeit in Ihrem Beruf, auch Ihren höheren Standard, auch Ihre Möglichkeit, wirklich Vorschriften zu geben, anzuführen, Aufgaben zu erteilen, immer so auf, dass wir den Nächsten im Auge haben und dass er spürt, dass er ernst genommen wird. Er sorgt für mich, er ist um mich besorgt, er hat etwas für mich übrig. Indem wir gemeinsam an derselben Sache arbeiten, entsteht etwas, von dem langfristig auch die nach uns Kommenden profitieren werden…

Es wird immer wieder deutlich, was gemeinsame Arbeit vermag und welch ein Geist im Unternehmen steckt. Und mit welcher Freude und Hingabe sind diese Aufgaben von allen Betroffenen gelöst worden! Das ist die eigentliche Stärke der Firma DEICHMANN, dass eben auch Sonderbelastungen und Sonderaufgaben möglich und durchführbar sind, und zwar ohne jede Störung.

Ich möchte mich an dieser Stelle bei Ihnen allen für Ihre Mitarbeit im vergangenen Jahr bedanken, ganz herzlich bedanken. Ich möchte niemanden ausschließen, auch nicht Ihre Mitarbeiter, die ja heute nicht hier dabei sein können, die in den Geschäften oder in der Verwaltung oder im Lager sind. Oder die Dekorateure, die nicht hier sind. Es ist wirklich Außerordentliches geleistet worden. Es hat mich sehr beeindruckt, und das macht mir auch Hoffnung und Mut für das neue Jahr, dessen Aussichten ja genauso und noch finsterer sind als vor einem Jahr. Fürchten wir uns nicht vor den schlechten Aussichten, vor all dem, was heute durch die Tageszeitungen geht. Es gibt auch da und hier vernünftige Regungen, auch seitens der Regierung. Man weiß, dass also Wohlstand nicht einfach fortgeschrieben werden kann, sondern dass eine gewisse Leistung damit zusammenhängt. Für uns ist es eine Selbstverständlichkeit. Ich habe wirklich viel Mut für das neue Jahr und möchte Sie weiterhin um Ihre treue Mitarbeit bitten für das neue Jahr.

Ich bin sicher, dass das allein schon einen Wert in sich selbst darstellt, dass darüber hinaus die Firma DEICHMANN für Sie mehr bedeutet als ein x-beliebiger Arbeitgeber. Noch einmal herzlichen Dank für Ihre Mitarbeit. Ich wünsche Ihnen viel Freude und Mut für das Jahr 1981…

Ich sagte schon, die Firma DEICHMANN ist nicht irgendeine Firma. Hier gibt es den ganzen Bereich der vielen persönlichen Kontakte noch. Sie haben noch das Gefühl, dass die Firma – und ganz besonders ich – für Sie da sind und dass auch hier etwas geschehen ist für Sie, für Ihre Altersversorgung zum Beispiel. Ich will das hier einmal kurz erwähnen. Hier gibt es also einmal die Pensionsrückstellungen für Sie und für die leitenden Mitarbeiter der Verwaltung. Und dann gibt es die Unterstützungskasse. Sie wissen gar nicht, wie viel Mittel für Sie in der Firma gebunden werden. Sie müssen also zu dem, was Sie an Gehalt und Tantieme bekommen, alle diese riesigen Rückstellungen bzw. Zuwendungen aus der Unterstützungskasse dazu addieren…

Ich möchte noch zu sprechen kommen auf eine Einrichtung, die von vielen von Ihnen noch nicht in ihrer vollen Bedeutung wahrgenommen wird. Von Gais möchte ich reden. In Gais gibt es den Dr. Ufer. Darf ich einmal fragen, wie viele von Ihnen schon in Gais waren und an dieser einen Gesundheitswoche mitgemacht haben? Sie können eine Woche dorthin fahren, Sie haben lediglich Ihre Fahrt zu bezahlen, alles andere dort, ärztliche Betreuung, Unterkunft und Verpflegung geschieht auf Kosten der Unterstützungskasse. Ich habe vor 18 Jahren dort eine Kur in Gais mitgemacht und dort erlebt, wie man durch eine aktive Bewegungstherapie den Kreislauf der Managerkrankheit durchbrechen und wieder zu einem vernünftigen Lebensstil zurückfinden kann. Das Schlüsselerlebnis dazu ist das Wieder finden der eigenen Natürlichkeit, das Wieder entdecken der eigenen Muskulatur, dass man Muskeln hat, mit denen man Arme und Beine, eventuell auch den Kopf bewegen kann. Glauben Sie, ich sage das jetzt so, das ist wirklich etwas, das ist ein Wieder finden von etwas, das verloren gegangen ist. Und dann auf einmal entsteht ein etwas harmonischeres Leben, in dem man also auch die ganzen körperlichen Funktionen wieder einbezieht in das ganze Leben, und nicht nur vom Betrieb zum Sessel, zum Fernsehsessel läuft und dort eine Zigarette nach der anderen raucht und Bier und Schnaps und Tranquilizer »frisst«…

Ich möchte Sie bitten – auch auf die Gefahr hin, dass Sie ein paar

Mitarbeiter einige Wochen mal nicht zur Verfügung haben – :Hindern Sie niemanden, der nach Gais gehen will. Es ist ja nicht nur für Sie, für die leitenden Mitarbeiter da, sondern für alle. Und ich möchte, dass wir diese Einrichtung, solange es möglich ist, wirklich so stark benutzen, wie es nur eben geht.

Ich bin sehr interessiert, dass Sie von dieser einmaligen Einrichtung, die die Firma DEICHMANN hat, Gebrauch machen. Das gibt es nur bei DEICHMANN. So etwas Ähnliches gibt es vielleicht heute bei Ciba Geigy in Basel. Sie fangen so ganz verschämt damit an, was bei uns schon als Einrichtung funktioniert. Also bitte: Machen Sie davon Gebrauch, lassen Sie sich das einfach schenken, was Ihnen da zuteil wird. Probieren Sie es einmal aus, auch wenn Sie skeptisch sind. Ich glaube, dass die Daten für diese Gesundheitswochen schon bekannt gegeben sind. Sorgen Sie bitte dafür, dass die Anmeldungen zurückkommen, damit das Ganze planmäßig ablaufen kann. ...

Wir heißen die Neuankömmlinge bei der Firma DEICHMANN – sowohl der neuen Verkaufsstellen, die ja wirklich hier nur ideell vertreten sind, als auch die neuen Mitarbeiter, die leitenden Mitarbeiter, die hier zugegen sind – herzlich willkommen. Ich muss sagen, wir, die wir schon länger bei der Firma DEICHMANN sind, nehmen gemeinsam die Verpflichtung und die Verantwortung auf uns, dass Ihnen alle Fürsorge zuteil wird und dass Sie sich vor allen Dingen bei der Firma DEICHMANN wohl fühlen. Dass Sie etwas von diesem speziellen Teamgeist bei der Firma DEICHMANN, dieses wirklich echte Mitarbeiten, etwas von der Mitmenschlichkeit bei uns kennen lernen. Das wünsche ich Ihnen von ganzem Herzen...

Die Firma DEICHMANN als solche ist nicht Selbstzweck Nicht die Größe als Absolutum bedeutet für uns etwas, sondern der einzelne Mitarbeiter, der Lieferant und dass wir eine Leistung erbringen für alle diese Betroffenen, dass wir eine Leistung zu erbringen haben für mehr Menschlichkeit...

Unsere Aufgabe besteht heute auch bei wachsenden Unternehmensgrößen gerade darin, dass menschliche Anliegen sichtbar werden. Das ist schwierig. Ich sage Ihnen das, ich weiß, was ich sage. Nur würde ich sagen, wenn das bei uns nicht mehr der Fall ist, wenn diese Menschlichkeit und dieses Ziel, dieser Sinn des Unternehmens, nicht darin bestände, dem Menschen zu dienen, dann würde ich allerdings sagen, dann werden die Grenzen schon überschritten. Und dass das nie soweit kommen darf, dazu möchte ich Sie alle auffordern. Es ist so, wie für Ihr persönliches Leben, für Sinngebung Ihres Lebens, die müssen Sie auch finden. Die finden Sie nicht damit, dass Sie sich einfach alles leisten, was Sie wollen. Je mehr Sie anhäufen, werden sie damit – das sagt man ja – nicht glücklicher. Sie finden den Sinn doch nur in Ihrer geschöpflichen Bestimmung als Geschöpf Gottes. Sie finden den Sinn des Lebens doch nur, wenn Sie Gott begegnen. Und Weihnachten war ja wieder so ein Hinweis darauf, wenn Sie da Gottes Gnade und Güte und Liebe begreifen und Gottes Barmherzigkeit. Und wenn Ihnen das persönlich begegnet in Jesus Christus, und wenn Sie das dann so Ihrem Mitmenschen weitergeben, ist das Sinn für Ihr Leben. Aber diesen Sinn gibt es auch für ein Unternehmen. Und schauen Sie sich doch an, wo das nicht ist, wo Unternehmen nur ihre Größe werten oder nur den hohen Anspruch der Manager. Jeder in egoistischer Verkehrung der eigentlichen Unternehmensziele. Was geschieht denn dort? Im Osten wie im Westen? Auch diese ganzen staatskapitalistischen Betriebe zeigen, dass es gar nicht darauf ankommt, ob da ein Eigentümer ist oder ob da keiner ist. Unmenschlich sind sie allemal. Der Mensch ist versklavt. Er wird in das Gegenteil gekehrt.

Als Eigentümer sage ich ganz deutlich: Sowohl mit meinem Besitz wie auch mit meiner Aufgabe im Unternehmen bin ich wirklich verantwortlich für alle, die mit mir zusammenarbeiten. Und das gilt für Sie genauso, für alle die, die mit Ihnen arbeiten. Wenn Sie das wegstreichen würden, würde Ihr Leben arm und leer werden. Da würde das Licht dann wirklich ausgehen. Dann würde es ganz, ganz dunkel. Und so dunkel ist es ja doch nun, und deshalb sprechen wir ja Weihnachten von dem Licht. Ich darf das noch einmal in Ihre Erinnerung zurückrufen, damit Sie wissen, was mich wirklich bewegt. Ich möchte auch – und das will ich Ihnen auch sagen und den Neuankömmlingen und den Alten – dafür sorgen, dass die Firma DEICHMANN diese Struktur behält, dass da jemand ist, der wirklich lebendig mit Ihnen fühlt und Ihnen Dank sagt für Ihre Mitarbeit. Sie sollen wissen, für wen Sie arbeiten: für sich selbst, für die Mitarbeiter, für die Kunden, für die Firma. Sie können sich auch alle selbst vorstellen, Sie arbeiten für mich, und ich sage Ihnen »danke«.

Verstehen Sie, das ist Menschlichkeit. Ich bin jetzt 54 Jahre alt, und ich weiß nicht, wie lange ich lebe. Ich fühle mich sehr wohl. Nicht zuletzt dank Gais und der vielen sportlichen Dinge, die ich betreibe.

Aber dass es schon lange nicht mehr darum geht, dass ich für mich persönlich mehr auszugeben habe, das können Sie sich ja vorstellen. Ich glaube, das brauche ich Ihnen nicht zu erklären. Ich bin glücklich, dass man mit der Firma und mit den Ergebnissen noch anderswo zum Segen wirken kann. Und Sie sollten sich das alles auch an Ihre eigene Fahne schreiben, dass Sie auch bei diesen sozialen Hilfen, die wir ja in alle Welt, vor allen Dingen in Indien den Leprakranken geben, mithelfen. Dies wird ermöglicht durch Ihre Mitarbeit. Ich habe keine Scheu, Ihnen das zu sagen. Ich danke Ihnen also auch dafür. Und glauben Sie mir, für die Zukunft werde ich, soweit es in meinen Kräften steht, dafür sorgen, dass auch die Firma in dieser Form, in dieser Entscheidungsfreiheit für Sie, in einer wohlverstandenen Freiheit, weiter erhalten bleibt. Die Strukturen werden so gelegt werden, ich hoffe auch durch Weiterführung des familiären Gedankens. Es sind Kinder da von mir, meine Frau ist da, zur Weiterführung des familiären Gedankens, im weiteren Sinne durch Sie alle, durch die leitenden Mitarbeiter, die ja da sind; diese Unternehmensstruktur soll für die Zukunft erhalten bleiben, auch wenn ich einmal nicht mehr da sein sollte. Vielleicht beruhigt Sie das alle. Aber solche Überlegungen habe ich als Unternehmer zu führen, zu Ihrer aller Wohl. Sie dürfen das mit in Ihr Kalkül einbeziehen, was die Firma DEICHMANN für Sie dann bedeuten könnte…

Ich will jetzt schließen. Sie sehen, wie sehr es auf Sie ankommt. In jedem Jahr, auch jetzt in 1981. Ich bin dankbar, dass ich Sie als Mitarbeiter habe. Wir kennen uns ja schon über Jahrzehnte, viele von uns kennen sich schon über Jahrzehnte, aber die neu zu uns kommen, sollen um den Geist der Gemeinsamkeit bei DEICHMANN, um die gemeinsame Leistung, um das Ziel des Unternehmens wissen. Und ich möchte Sie bitten, alle Kräfte auch im neuen Jahr zusammenzunehmen, damit uns am Ende des Jahres ein Erfolg beschieden sein wird.

Christ und Unternehmer

Vortrag vor der IVCG (Internationale Vereinigung Christlicher Geschäftsleute) – 1. Auflage 1995

Wenn ich mich hier zum Thema »Christ und Unternehmer" äußere, dann tue ich das als Christ und Unternehmer. Es sind also nicht Zwei, die sich hier zur Wort melden, sondern ein Mensch, und zwar der eine Mensch, der von Gott geschaffen ist: »Zum Bilde Gottes geschaffen.« Durch Gottes Gnade bin ich, was ich bin: Christ und Unternehmer.

Wer ist ein Unternehmer?

Die Vorstellungen über einen Unternehmer sind sehr unterschiedlich. In einem betriebswirtschaftlichen Lehrbuch las ich: »Vereinigen sich Eigentum am Betrieb und Geschäftsführung in einer Person, dann sind diese Personen Unternehmer in der ursprünglichen Bedeutung dieses Wortes.« Es gibt also Eigentümerunternehmen und – im Gegensatz dazu – Geschäftsführer- oder Managerunternehmen. Die Firma Deichmann ist ein Eigentümerunternehmen und ich selbst bin in der ursprünglichen Bedeutung Unternehmer.

Doktor der Medizin

Als ich bei Kriegsende als 18jähriger zurückkehrte von der Oder, sah ich es als meinen Weg und meine Verpflichtung an, für die Familie und das Schuhgeschäft der Eltern in Essen-Borbeck zu sorgen. Gleichzeitig musste ich das nun nicht mehr gültige »Kriegs-Abitur« wiederholen. Danach studierte ich in Düsseldorf und Bonn und wurde Arzt. Das Unternehmen führte ich zusammen mit meiner Mutter weiter. Mein Vater war 1940 gestorben.

Als ich mein Staatsexamen machte und in Düsseldorf medizinischer Doktor wurde, bestanden schon zwei weitere Filialen in Düsseldorf. Bevor ich morgens zu den Vorlesungen ging, lieferte ich die Schuhe von Borbeck nach Düsseldorf. Ich war von morgens früh bis abends spät immerzu beschäftigt, was mich nicht belastet hat.

Im Jahre 1950 heiratete ich. Meine Frau Ruth war mir auf diesem

Wege eine große Stütze. Etwa zehn Jahre lang war sie in dem Borbecker Geschäft tätig, sozusagen als meine Mitunternehmerin.

Die Entscheidung, Unternehmer zu werden

1956 entschied ich mich, die Firma Deichmann mit der Eröffnung eines vierten großen Geschäftes ganz zu übernehmen.

Wie wird man also Unternehmer? Durch eine eigene Entscheidung. Man kann natürlich ein Unternehmen auch erben. Aber trotzdem muss man sich entscheiden.

Außerdem muss man die Begabung haben, ein Unternehmen zu führen. Es sollte niemand ein Unternehmen führen wollen, niemand Unternehmer werden, der nicht die Begabung dafür hat.

Man muss diese Aufgabe als Dienst ansehen: in meinem Fall als Dienst an der Familie, aber auch als Dienst an dem Unternehmen selbst. Man muss die Bereitschaft mitbringen, als Unternehmer mehr zu arbeiten als andere. Das darf einen nicht belasten. Es muss einem eine Freude sein.

Dies sind für mich die Kriterien für einen Unternehmer.

Was ist ein Christ?

Christ ist man nicht durch Geburt. Man ist zwar durch die Eltern, wie die Bibel sagt, geheiligt. Man kommt in Kontakt mit dem Worte Gottes, mit der Botschaft von Jesus Christus. Bei mir war das so. Wenn ich an meine Kindheit zurückdenke, dann wurde da jeden Tag im Hause die Bibel gelesen, bei jeder Mahlzeit wurde gebetet.

Das Vorbild des Vaters

Mein Vater nahm uns mit zu den Gottesdiensten. Er sprach mit uns über den Glauben. Aber er tat das nicht nur mit uns. Er sprach darüber im Laden mit Kunden, die er besser kannte, mit den Angestellten, mit den Lieferanten und mit den Vertretern, die ins Haus kamen.

Mein Vater ging hinaus und besuchte Alte und Kranke. Uns Kinder nahm er dabei häufig mit, vor allem an Weihnachten. Und dann hat er mit diesen Leuten, die durch Armut oder Krankheit in Not waren, gebetet und ihnen aus der Bibel vorgelesen. Reich waren wir nicht, aber er hat ihnen immer etwas geholfen, etwas mitgebracht. Weihnachten mussten wir Kinder von unserem Weihnachtsteller etwas dazu legen. So etwas vergißt man nicht.

Die Umkehr

Das, was mein Vater jeden Tag aus der Bibel vorlas, von der Liebe Christi, von der Liebe Gottes, wurde praktisch ausgeübt im täglichen Umgang mit anderen Menschen. Bin ich dadurch Christ geworden? Das hat sicherlich dazu beigetragen.

Christ wurde ich nach einer Veranstaltung in der Gemeinde. Da wurde das Evangelium verkündigt. Es wird ja immer, wenn in der Bibel gelesen und das Wort Gottes gesagt wird, das Evangelium verkündigt, das Evangelium, die frohe Botschaft von Jesus Christus. Aber da wurde ich eben besonders angesprochen. 11 Jahre war ich alt.

Wenn man so von Bekehrung redet, dann lächeln viele Leute, sie wissen nichts damit anzufangen. Dabei heißt das »Tut Buße«, das in der Bibel immer wieder gesagt wird, richtig übersetzt: »Kehrt um, denkt um, bekehrt euch.« Ich würde das »Tut Buße« streichen. Ich weiß gar nicht, warum sich das auch in all den neuen Bibelübersetzungen immer noch so hält. Metanoia heißt umkehren, heißt umdenken. Gemeint ist: »Bitte, kehrt euch um, ihr seid jetzt mit dem Rücken zu Gott. Kehrt euch um, geht nach vorne, geht auf Gott zu, Gott ist da.« Die frohe Botschaft liegt darin: Gott ist euch nah gekommen. Gott hat seinen Sohn auf die Erde gesandt.

Gott ist bei uns

Gott ist nicht der Ferne im Himmel, den man nicht kennen kann, den die Philosophen das Unbegreifliche nennen. Das stimmt nicht, das ist nicht der Gott, den wir verkündigen. Gott ist derjenige, der sich in Jesus Christus bei uns, für jeden bekannt gemacht hat.

Gott ist hier gegenwärtig in Jesus Christus, der Geist Gottes ist hier. Er redet zu uns. Er redete auch zu diesem Jungen, der ich damals war.

Was weiß man da von Sünde? Man weiß aber etwas von Befremdung, man weiß, dass man gerne in Beziehung zu Gott stehen möchte. Es ist schwer zu beschreiben. Es gibt ein Bekenntnis, es gibt auch ein Sündenbekenntnis. Auch schon von einem Kind.

Nachfolge

Ich weiß nur, dass ich damals irgendwie nach der Versammlung gebetet habe, dass Jesus seinen Platz in mir einnehmen möchte, dass ich Jesus nachfolgen möchte. Ich kann das so wörtlich gar nicht mehr sagen. Aber wenn man es ernsthaft tut und Jesus annimmt als seinen

Heiland, als den, der für einen gestorben ist und der einem ein neues Leben schenken will, dann geschieht etwas in einem, das sich auch ganz subjektiv bemerkbar machen kann als etwas sehr Angenehmes.

Wesley, der Gründer der Methodistenkirche in England, beschrieb das so, dass eine gewisse Wärme in sein Herz ging, als er sich bewußt Gott auslieferte. Er war vorher ein ganz frommer Mann. Aber als ihm bewußt wurde, was Jesus Christus alles für ihn tat, dass er für ihn gestorben ist, ihm seine Sünden vergeben sind, dass er gerecht gesprochen und ein Kind Gottes ist, dass er zu Gott ohne Angst und ohne Furcht aufblicken kann, beschreibt er diese Erfahrung als etwas wie Wärme, die durch ihn gezogen ist.

Licht in der Finsternis

Das ist etwas, was man heute noch erleben kann. Es ist aber nicht entscheidend. Entscheidend ist etwas ganz anderes. Entscheidend ist, dass einem ein Licht angeht.

Wie Gott aus der Finsternis das Licht hat aufstrahlen lassen bei der Schöpfung, so geht im Innern eines Menschen auf einmal etwas vor. Da geht ein Licht an, dass wir die Herrlichkeit Gottes (2. Korintherbrief, Kapitel 4) auf dem Angesicht Jesu Christi erkennen können. Der Mann, der am Kreuze hängt, das ist der Sohn Gottes. Die Herrlichkeit Gottes ist da. Da wurde Gott verherrlicht, als Jesus für die Sünden der Welt, für deine und für meine Sünden gestorben ist. Er nahm den Fluch auf sich, damit wir frei würden. Er starb, damit wir leben.

Ich möchte, dass dieses Erlebnis, diese Erfahrung, diese Erkenntnis losbricht in uns und damit auch das Vertrauen wächst, dass Gott unser Geschick in die Hand genommen hat.

Die Finsternis der Welt ist nicht von Dauer. Es ist eine von Menschen gemachte Finsternis. Ich meine die Finsternis, die wir um uns verbreiten. Immer wieder ist Krieg, und es gibt keinen Frieden. Es gibt Menschen, die machen Gott dafür verantwortlich. Dabei ist das unser Tun. Gott gebietet Einhalt und redet zu uns und führt Menschen aus dieser Finsternis heraus, beruft sie aus der Finsternis zu seinem wunderbaren Licht. Es geht um eine Glaubensentscheidung.

Gottes Entscheidung – meine Entscheidung

Wie wird man Christ? Indem ich dem Worte Gottes Glauben schenke, dem Zeugnis, das mir gesagt wird von anderen Christen oder das ich in der Bibel gelesen habe. Christ wird man, indem man Gott Glauben schenkt, ihm folgt und annimmt, was für uns geschehen ist.

Aber der Unterschied zur Entscheidung, Unternehmer zu werden, die ich ja selbst frei fällen kann, ist der, dass wenn einer Christ wird, dies nur auf die Berufung Gottes zurückzuführen ist. Es ist das Werk Gottes und das Werk des Heiligen Geistes, das diese Veränderung in einem Menschen herbeiführt.

Ich kann niemanden bekehren, aber Gott kann das, indem er durch seinen Geist redet und Veränderungen schafft.

Ruf und Berufung

Als Schüler hört ich den Ruf Gottes. Später dann war ich Arzt und arbeitete noch fünf Jahre im Krankenhaus und in der Praxis. Ich war und bin Unternehmer. Immer wieder durch eigene Entscheidungen. Aber einmal wurde ich durch Gottes Gnade Christ, weil Gottes Geist in mir gewirkt hat.

Wenn die Bibel von Berufung spricht, dann sollte man wissen, dass es immer um Gottes Ruf und um Gottes Berufung geht. Wer die spürt, der zweifelt nicht daran, dass es einen Gott gibt. Wenn Gott so zu ihm redet, dann ist er angesprochen. Wir können Gott nicht erklären, wir können das nur erfahren, dass Gott in der Welt und zu jedem einzelnen von uns redet.

Dieser eine Vers aus dem 2. Thimotheus-Brief macht den Unterschied zur irdischen Berufung ganz klar: »Der uns errettet hat und mit heiliger Berufung berufen, nicht aufgrund unserer Werke, sondern aufgrund seiner eigenen zuvor getroffenen Entscheidung und der Gnade, die uns in Jesus Christus verliehen worden ist vor ewigen Zeiten.«

Es ist Gottes Entscheidung, uns zu berufen. Es ist Gottes Entscheidung, die Menschen in Jesus Christus zu erwählen vor Grundlegung der Welt. In Jesus Christus ist Heilung nach dem Sündenfall. In Jesus Christus ist Rettung, weil Gott selbst durch ihn auf den Plan tritt.

Vergebung in Israel

Vor ein paar Jahren erlebte ich in Israel, was es bedeutet, dass Gott uns liebt, uns aus Liebe seinen Sohn gegeben hat und uns nur aus Liebe nicht allein läßt in unserem Dreck, unserer selbstverursachten Schuld.

Wir hatten damals Jad Vashem besucht, das ist die Stätte, wo man der sechs Millionen Toten gedenkt. Dort sind zur Erinnerung die Greuel aufgezeichnet, damit sie nicht vergessen werden.

Am selben Tag besuchten wir »The Shrine of the Book«, den Ort, wo man das in Khumran gefundene Jesajabuch aufhebt. Man hat ein großes Museum darum gebaut. Das Buch ist um 100 bis 150 vor Christus geschrieben worden und ist das älteste voll erhaltene Dokument. In diesem Jesajabuch steht im Kapitel 53 von dem leidenden Gottesknecht, der unsere Sünden getragen hat, der dahingegeben ist um unserer Übertretungen willen.

Und dann kamen wir nach Golgatha, zu dem Platz, von dem man meint, dort sei Jesus Christus am Kreuz gestorben.

In einem großen Hörsaal der Ben Gurion-Universität in Bersheva sprach ich über das, was ich an diesem einen Tage an drei verschiedenen Orten gesehen und erlebt hatte. Ich erklärte, dass dieser Christus für unsere, auch für meine Sünden starb. »Jetzt steh ich hier, bitte, ihr Juden, vergebt mir.« Das öffnete alles. Sie kamen herunter von den Bänken und umarmten mich. Da war niemand, der nicht weinte.

»Gott war in Christus«

Gott ist traurig über die Sünde der Menschen, über die Verirrungen, über das Totschlagen, über das Morden. Gott will das Leben schützen. Wo Gott ist, ist immer Licht und Leben. Er wendet seine ganze Kraft, all seine Schöpfermacht auf, um Veränderungen zu bewirken. Im 2. Korintherbrief, Kapitel 5, Vers 18 heißt es: »Gott war in Christus.« Gott war in Christus auf Golgatha, als Jesus starb, um die Welt mit sich zu versöhnen. Wir können nicht die Feindschaft gegen Gott wegnehmen. Wir sind Gottes Feinde. Aber Gott will den Menschen ihre Übertretungen nicht zurechnen und in uns, die wir diese Erfahrungen der Güte und der Barmherzigkeit, der Vergebung Gottes, gemacht haben, das Wort der Versöhnung legen.

Versöhnung mit Gott

Jesus Christus ist das Wort der Versöhnung. Er möchte uns in ein neues Leben führen, er möchte eine neue Kreatur aus uns machen. Nur der Schöpfer, nur Gott, kann das tun. Er möchte, dass unser Leben verändert wird, weg von der Selbstsucht, von den Zwängen, von der Furcht, auch von der Todesfurcht.

Christus ist für uns gestorben, unser Tod ist im Tode Christi aufgehoben. Christus ist für uns auferstanden. Wir leben mit ihm. Er ist der

Erste der Entschlafenen, der auferweckt worden ist. Wir fürchten den Tod nicht. Wir leben, weil der Geist Gottes jetzt schon als »Angeld« (2. Korintherbrief, Kapitel 1, Vers 22) in uns ist.

Wir sind berufen, nicht aufgrund unserer Werke, da kann einer so tüchtig oder so schlecht sein, wie er will. Wir sind berufen aufgrund Gottes eigener, zuvor getroffener Entscheidung und der Gnade, die uns in Jesus Christus verliehen worden ist vor ewigen Zeiten.

Die Taufe mit dem Heiligen Geist

Was bedeutet das für jemanden, der so Christ wird, der das erfahren hat, der das ernst nimmt, der das annimmt und sagt: »Ich nehme das an. Du bist auch für meine Sünden gestorben, Herr Jesus. Ich will dein Eigentum sein, ich will teilhaben am Leben des Auferstandenen. Gib mir den Heiligen Geist.«? Man kann das nur annehmen im Heiligen Geist.

Wer das erfährt und bekennt, der hat schon den Heiligen Geist. Das ist die Taufe durch den Heiligen Geist, von der die Bibel redet. Johannes der Täufer sagte: »Nach mir kommt einer, der mit dem Heiligen Geiste taufen wird.«

Boten der Versöhnung

Dieses neue Leben ist ein verändertes Leben. Es wird dann auch unter der Gnade, unter der Vergebung Gottes stehen bleiben. Es wird nicht so hell und strahlend sein wie das Leben Jesu Christi. Und dennoch sind wir solche, die den Auftrag Gottes empfangen haben. Wir sind Boten der Versöhnung. Wir sind Gesandte für Jesus Christus.

Das ist die Arbeit eines Christenmenschen: Wichtiger noch, als Schuhe zu verkaufen und Geld zu verdienen, ist es, von Jesus Christus zu erzählen, die Botschaft der Versöhnung in die Welt zu tragen, zu sagen, dass das Reich Gottes in Christus gekommen ist, dass Christus wiederkommen wird. Und dass wir uns danach auszurichten haben, was ewig gilt, nach den Weisungen Gottes.

Glieder der Gemeinde Gottes

Unser irdisches Leben, mein irdischer Beruf sind doch nicht das Letzte. Natürlich ist der Beruf wichtig, sehr wichtig. Aber er dient in allererster Linie dazu, dass wir unser Leben fristen, dass wir zu essen und zu trinken haben, dass wir miteinander Leben haben.

Wir sind berufen, als Glieder der Gemeinde Gottes hier auf Erden teilzunehmen an dem Lobe Gottes. Zu unserem Leben gehört die Anbetung Gottes. Wer Jesus Christus erfahren hat, der dankt Gott. Das ist viel wichtiger als alles andere. Es gibt keine beglückendere, beseligendere Erfahrung als das Gotteslob.

Was bedeutet es, in der Nachfolge Christi zu leben? Was bedeutet es, den Ruf des Auferstandenen zu hören, dieses »Geht hin in alle Welt! Macht zu Jüngern alle Völker! Lehrt sie alles halten, was ich euch befohlen habe!«? Was hat er denn befohlen?

Auswirkungen auf das Unternehmen

Christ und Unternehmer Deichmann, wie sieht es in deinem Unternehmen aus?

Kann man als Christ denn ein christliches Unternehmen haben? Da sei Gott davor. Es gibt kein christliches Unternehmen, es gibt keinen christlichen Staat. Wir sind hier auf der Erde.

Aber ich bin als Christ diesem Unternehmen verantwortlich, Gott und den Menschen verantwortlich. In diesem Unternehmen, in diesem Beruf lebe ich vor den Augen Gottes. Und das ist das Entscheidende. An diesem Arbeitsplatz muss etwas von dem Licht Gottes sichtbar werden, das er in die Welt gebracht hat. Hier geht es um das Bezeugen dessen, was wir erfahren haben, um das Weitersagen der Botschaft, auch da, auch im eigenen Unternehmen. Und unsere Arbeit muss so geprägt sein, dass sie dem nicht widerspricht.

Dem Menschen dienen

Die Arbeit muss eine gewisse Würde haben. Das gilt auch für das Unternehmen. Es muss dem Menschen dienen. Es hat nicht den Selbstzweck, möglichst groß und immer größer zu werden.

Es ist nun mal groß geworden, das Deichmann-Unternehmen. Aber das war nie Selbstzweck. Ich habe das nie gewollt, nie darüber nachgedacht, einmal der größte Schuhhändler Europas zu sein. Was heißt das denn auch? Morgen ist vielleicht ein anderer da. Das ist nicht entscheidend.

Aber dass dieses Unternehmen den Menschen dient, dass der Kunde das beste Produkt zum besten Preis bekommt, das ist mir ein Anliegen. Ich will aber auch, dass es meinen Mitarbeitern gut geht, dass sie sich wohlfühlen und dass ein anständiger Führungsstil herrscht. Wir haben eine Unterstützungskasse, womit auch den Notleidenden geholfen wird, wir haben eine Altersversorgung, die sonst im Einzelhandel in dieser Form nicht üblich ist, und wir haben eine Gesundheitsvorsorge.

Wir feiern Feste miteinander. Die Leute freuen sich darauf. Alle fünf Jahre kommen sie. Dann sind wir einen ganzen Tag mit ihnen zusammen und reden über die Firma, über Gegenwart und Zukunft usw. Es ist ein fröhliches Zusammensein. Weihnachten wird groß gefeiert mit allen Filialen. Im Essener Saalbau feiern wir mit 700 bis 800 Leuten aus den Ruhrgebietsfilialen, der Verwaltung und dem Bottroper Distributionszentrum.

Natürlich wird auch das Evangelium von Jesus Christus verkündigt. Wir zeigen Filme von der Missionsarbeit in Indien. Und es gibt Hunderte, vielleicht Tausende Mitarbeiter, die freiwillig daran mitarbeiten, die Geld dafür geben, damit den armen Menschen in Indien und woanders in der Welt geholfen wird.

Wir haben eine Betriebszeitung. Es wird dort auch darüber berichtet, wie ich denke, dass wir teilen müssen mit den Menschen, die in Not sind. Das tun wir im Kleinen. Wir tun das aber immer in Beziehung zur Verkündigung des Evangeliums. Außerdem haben wir einige Stiftungen gegründet, und zwar in allen Firmen, die zum Deichmann-Verbund gehören. Von Israel habe ich schon etwas erzählt. Ich fühle mich auch dort als Christ und Unternehmer verantwortlich, nach Kräften etwas zum Guten mitzuwirken.

Der Ruf in die Mission

Persönlich ist der Ruf Gottes in den missionarischen Dienst an mich noch etwas intensiver ergangen. Ich war vor etlichen Jahren zum erstenmal in Indien. Ein paar Freunde sagten mir: »Komm doch mal nach Indien. Schau dir das doch einmal an.« Und dann saßen auf einmal 500 Leprakranke vor mir. Leprakranke, denen es nicht so gut ging, wie es ihnen heute geht. Sie saßen da mit ihren entstellten Gesichtern, mit ihren Gliedmaßen ohne Hände, ohne Finger, ohne Füße, zum Teil Blinde, schrecklich anzusehen! Man hätte weglaufen wollen.

Jesus hat sie geliebt

Und da erinnerte ich mich daran, dass Jesus diese Kranken angerührt hat. So wie unsere indischen Freunde, die diesen Dienst schon länger tun. Jesus hat diese Kranken geheilt, indem er sie anrührte, die Ausgestoßenen der Welt, den Auswurf der Welt. Er hat sie geliebt. Und da habe ich gemerkt, dass man keine Verkündigung machen kann ohne innere Anteilnahme, ohne innere Bewegung, ohne dass sich »die Eingeweide in einem umdrehen«. So heißt das Wort, das immer im Evangelium steht, wenn es heißt, dass Jesus sich erbarmte. Und dann kann man diese Wracks von Menschen ansehen als Menschen, die Gott liebt, für die Jesus gestorben ist, die Jesus angefaßt und geheilt hat.

Der Fluch der Götter

Diese Kranken sind in einer doppelt bedauernswerten Situation. Ausgestoßen von der Menschheit, von der Gesellschaft, in der sie leben, die annimmt, dass sie mit dem Fluch der Götter belastet sind. Und sie selbst erfahren das als einen Fluch, als ihr Geschick, als ihr Karma, weil sie meinen, in einer früheren Inkarnation gesündigt zu haben. Das Gefühl der Sündhaftigkeit ist dort viel größer als bei uns.

Natürlich sind sie Sünder, wie wir auch. Aber da leuchtet das Licht des Evangeliums hinein in diese Dunkelheit. Jesus heilt dich, faßt dich an, er liebt dich, er hat sein Leben für dich gegeben, für deine Sünden ist bezahlt, das Karma, das Schicksal ist für dich aufgehoben. Für dich gilt Gottes Liebe, Gottes Errettung. Glaube an Jesus Christus.

Wir tun das, wozu Jesus die Jünger auffordert: Predigt das Evangelium, heilt die Kranken.

Heimat für Heimatlose

Und dann gaben wir diesen Aussätzigen, den Heimatlosen eine Heimat. Es wurden Dörfer eingerichtet, in denen diese Ausgestoßenen leben und arbeiten können. Nicht Betteln ist die Würde des Menschen, sondern arbeiten. Die gebettelt haben, heißt es im Epheserbrief (ich habe das den Kranken immer wieder gesagt), sollen nicht mehr betteln, sondern mit ihren eigenen Händen arbeiten, damit sie für sich zu leben haben, damit sie anderen weitergeben können. Da merkt man etwas von der Würde des Menschen, von der Würde des Christenmenschen.

So ist dieser Dienst an den Leprakranken ziemlich groß geworden. Er wurde eingebunden in das Lepra-Ausrottungsprogramm der indischen Regierung. Wir machten die ersten Feldstudien therapeutischer Art, mit neuen Medikamenten. Mit Sulfonamiden und Antibiotika und mit einem anderen Medikament kann man die Krankheit heute wirklich ausrotten. Man muss die Kranken nur rechtzeitig entdecken, die gerade Angesteckten, damit sie ohne Deformitäten davonkommen und es könnte sein, wenn das konsequent durchgehalten wird, dass die Lepra wirklich in einigen Jahren ausgerottet ist.

Neue Gemeinden

Das andere, was dort im Vollzug der Verkündigung des Evangeliums geschieht, ist, dass Gemeinden gegründet werden.

Bei meinen Besuchen erlebe ich es Jahr für Jahr, dass sich Hunderte von Menschen zu Gott bekehren, sich taufen lassen, und durch die Berührung des Geistes Gottes erfahren, dass ihr Leben neu wird. Sie lassen sich in den Flüssen dort taufen. Das ist ein Erlebnis, an dem die ganze Bevölkerung teilnimmt. Es ist ein Zeugnis für die ganze Umgebung. Da kommt Bewegung in ein sonst total heidnisches Land. Es gibt nur zwei bis drei Prozent Christen in Indien. Und nur wenige Aktive.

Dann sind aus dieser Arbeit heraus Schulen entstanden. Tausende von Kindern werden in Schulen und in Wohnheimen versorgt. Einige Schulen haben das Ziel der Berufsschulausbildung. Wir meinen, diese Kinder sollen in den Dörfern, in denen sie wohnen, ihren Unterhalt finden. Das können sie durch die verschiedensten Handwerke, die dort gebraucht werden. So gibt es Automechaniker, Schreiner, Schuhmacher, aber auch Leute, die wir fürs Labor ausrüsten. Andere werden an Computern geschult. Inder sind gute Softwarespezialisten. Schon in der High School, die wir dort haben, wird am Computer unterrichtet. Und draußen weiden die Wasserbüffel, und es wird noch mit dem Holzpflug gepflügt wie vor 2000 Jahren. Das ist ein Umbruch in dieser Gesellschaft, der seinesgleichen sucht.

Nur, den Menschen geht es dreckig, und die Kinder armer Leute verhungern auch noch heute. Unser medizinischer Beitrag ist außerordentlich groß, gerade was Kinderfürsorge, Kindertagesstätten, Kinderernährung usw. angeht.

Dienen in der Nachfolge

Ich glaube, dass wir als Christen diesen Dienst in der Nachfolge Christi zu tun haben. Wir haben wirklich etwas Frohmachendes zu sagen.

Wenn ich die leuchtenden Gesichter dieser früheren Leprakranken vor mir sehe, freue ich mich. Ich weiß, dass hier etwas passiert ist. Es ist tatsächlich ein Unterschied, solche zu sehen, die Christen geworden sind, und bettelnden Leprakranken auf der Straße zu begegnen.

Freunde machen

Ich glaube, dass wir alle von Gott Gaben haben, die wir benutzen sollen. Es gibt eine Predigt von John Wesley über Lukas 16, über den ungerechten Haushalter: »Macht euch Freunde mit dem ungerechten Mammon, damit (wenn er euch ausgeht, dieser ungerechte Mammon) sie euch aufnehmen in die ewigen Hütten des Friedens.«

Da hat ein Haushalter betrogen. Das wurde seinem Herrn bekannt. Und was tat der Haushalter? Er erließ den Schuldnern seines Herrn die Schulden. Er sagte sich: »Ich werde jetzt rausfliegen, ich bin ein Betrüger, ein Narr, aber bevor ich jetzt rausfliege, mache ich mir Freunde bei den früheren Schuldnern. Ich kann nicht arbeiten, und ich will auch nicht arbeiten.«

Jesus sagt natürlich nicht, dass wir das nachmachen sollen. Er sagt aber: Guck mal an, die Leute der Welt sind kluge Leute, die treffen Vorsorge. Und wie blöd sind doch die Kinder, die zum Reich des Lichts, zum Reich Gottes gehören. Wie blöd sind wir Christen oft.

Hier ist gemeint, wir sollen mit dem, was wir haben, mit den Talenten, die wir haben, und mit dem Geld, das wir haben, mit dem Beruf, den wir haben, mit allem, wirklich Wucher treiben. Die Würde meiner Arbeit liegt nicht in meiner Stellung, die ich habe, sondern darin, wie ich meine Arbeit ausführe. Ich werde einmal nicht gefragt, ob ich Verkäufer oder ob ich Chef war, sondern ob ich diese Arbeit mit ganzer Hingabe und ob ich sie treu getan habe und ob dabei etwas ausgerichtet wurde.

Geld ist an sich neutral. Laßt es nicht zu einer bösen Macht werden, sondern gebt es bereitwillig weiter, macht euch Freunde damit, das heißt: gebt es anderen Menschen, gebt es denen, die es nötig haben, gebt es den Armen, gebt es für die Mission, gebt es den Obdachlosen.

»Erwirb, so viel du kannst…«

Es gibt Hunderte von Möglichkeiten, wie wir unser verdientes Geld, das wir ja schließlich nur durch Gottes Gnade verdient haben, weitergeben und anlegen können. Und so sagt Wesley in dieser wunderschönen Predigt: »Erwirb, so viel du kannst…«

Ich sage das ganz deutlich gegenüber dem vermeintlich sozialistischen Gerede, wo die Arbeit verdonnert, verflucht und schlechtgemacht wird, wo Unternehmertum schlechtgemacht wird.

»Spar, so viel du kannst...«

»Erwirb, soviel du kannst«, sagt dieser treue Zeuge Gottes, »und spar, so viel du kannst...«. Das heißt: Nutze nicht jede Möglichkeit zum Vergnügen, erlaube dir nicht jeden Luxus. Überlege genau, wie du das Geld ausgibst.

Mein Freund John David, der die Arbeit in Indien leitet, sagt: Wenn wir in den Himmel kommen, dann werden die Kranken dort stehen und uns willkommen heißen. »Damit sie euch aufnehmen in die ewigen Hütten«, steht da in der Bibel. Laßt uns doch klug sein.

»Gib, was du kannst...«

Und das dritte, was er sagte: »Gib, was du kannst...« Das bedeutet: »Gebt alles, was ihr könnt, für die Ausbreitung des Evangeliums und den Bau des Reiches Gottes und für die Armen.«

Das ist etwas, was ich für mich beherzigen möchte.

Ein Beispiel, das ich auf einer meiner Indienreisen erlebte: Da waren etwa 1000 Tuberkulosekranke zusammengekommen. Es waren viele arme Leute darunter. Sie haben kein Geld, um die teure Medizin zu kaufen. Man muss eine sechs- bis neunmonatige Kur machen, man braucht sechs bis sieben verschiedene Medikamente. Aber dann werden die total verschatteten oder die durchlöcherten Lungen, die unweigerlich zum Tode führen, wieder normal. Ich habe die Röntgenbilder gesehen und mich über die Ergebnisse dieser Arbeit sehr gefreut. Wenn man diese Kranken nicht behandelt, werden sie sterben, und zwar sehr schnell.

Die Geschichte von Zachäus

Am Abend war eine Versammlung der örtlichen christlichen Gemeinde, von Abgesandten der Nachbargemeinden, von Evangelisten und Missionaren. Ich habe dort über Verantwortlichkeit gesprochen und erzählte die Geschichte von dem kleinen Zachäus aus dem 19. Kapitel des Lukasevangeliums.

Jesus zog durch das Dorf, aber Zachäus war klein von Gestalt und von den Leuten verachtet, weil er sie mit der Steuer erpreßte. Da kommt Jesus, sieht ihn und sagt: »Zachäus, ich muss heute in deinem Hause einkehren.« Der Mann klettert runter von dem Baum, geht mit Jesus nach Hause, freut sich riesig. Und was lesen wir dann?

Als Jesus bei ihm eingekehrt war, unmittelbar danach, sagt dieser

Zachäus: »Herr, die Hälfte meines Einkommens gebe ich den Armen. Und wenn ich jemandem etwas ungerechterweise genommen habe, dem erstatte ich es vierfach.« Da sagt Jesus: »Heute ist diesem Hause Heil widerfahren.«

Bekehrung ist Veränderung

Heil, Errettung bedeutet also auch, dass jemand die Hälfte seines Vermögens den Armen gibt und dass er das Unrecht vierfach wiedergutmacht. Es hat eine Entsprechung im Leben. Das Leben ist neu, das Leben ist verändert. Durch den Geist Gottes müssen wir wie die Kinder, wie die neugeborenen Kinder werden, damit wir das Alte nicht mehr tun. Wir wollen nicht mehr weiter stehlen, wir wollen nicht mehr Unrecht tun, wir wollen keinen betrügen, wir wollen das Geld auch nicht nur für uns haben, sondern wir wollen uns Freunde mit dem Geld machen, wir wollen es weitergeben.

Wenn also einer sich zu Gott bekehrt, dann kommt es zu einer Veränderung in seinem Leben. Diese Veränderung geschieht von Gott her.

Gott (er)hört uns

Das Heil ist nicht etwas, das nur als privates Heil an sich gerissen wird. Das Heil ist das, was sich ausbreitet. Wenn wir zu Lichtträgern Gottes werden, weil wir die Strahlen seiner Gnade empfangen haben, breitet sich Licht aus. Dann wird es auch um uns herum hell.

So meint es die Bibel. Ich möchte Sie bitten, darüber nachzudenken und darüber zu Gott zu beten – jeder einmal für sich ganz persönlich. Gott ist derjenige, der Gebete hört und erhört.

Bericht über die Indienreise 1995

Für die Freunde und Förderer der Missionsgesellschaft »Wort & Tat«, Dezember 1995

Liebe Freunde unserer Arbeit in Indien!

Gerade sind wir von unserer diesjährigen Reise nach Indien zurückgekehrt (5. –18. November 1995). Wir sind ein wenig müde und erschöpft, aber glücklich und dankbar im Rückblick auf zwei Wochen ununterbrochenen Erlebens der gnädigen Führung und Bewahrung unseres Herrn, auch in den wirren Verkehrsströmen auf indischen Straßen, wo Menschen und Tiere, Fahrräder und Autos, Ochsenkarren und Lastwagen, Wasserbüffel, Kühe und Hunde, Ziegen und Schafe ihren Weg finden und behaupten wollen. In großen Versammlungen mit vielen tausend Menschen und in der Begegnung mit einzelnen Menschen in einer Hütte in den Elendsquartieren oder im Krankenzimmer einer AMG-Einrichtung erfahren wir die großen Taten unseres Herrn Jesus Christus, der auf die Erde gekommen ist, um die Liebe und das Erbarmen Gottes in seinem eigenen Leben und Sterben zu offenbaren, der von sich sagt: »Er hat mich gesandt, den Armen frohe Botschaft zu bringen, den Gefangenen Befreiung zu verkündigen und den Blinden das Augenlicht« (Lukas 4, 18). »Heute ist dieses Schriftwort erfüllt vor euren Ohren«.

»Heute« – das geschah und geschieht immer wieder, wo der Auferstandene angerufen und als das Fleisch gewordene Wort Gottes erfahrbar wird in Wort und Tat, im gläubigen Vertrauen von Menschen, die das Unmögliche wagen als Einzelne in einer riesigen Menge von Menschen, die Jesus nicht kennen, die eingebunden sind in »Karma« und »Dharma«, blindes Geschick und Schuld, unendlich getrennt voneinander, die die Liebe Gottes im Tode und der Auferstehung Christi erfahren dürfen in der auch ihnen geschenkten Freiheit von Gotteskindern, die füreinander und miteinander sein dürfen im Lobe Gottes und in gemeinsamer Arbeit, in den vielen neu entstandenen Gemeinden und in den Dörfern und Schulen und Arbeitsstellen, wo man sich trifft im tätigen Dank gegen Gott, und das Evangelium, weil man gar nicht anders kann, den nahen und ferneren Nachbarn nahe bringt.

»Meine Zeit steht in deinen Händen« (Psalm 31, 15). Meine Zeit, ich selbst, wie ich bin von Geburt bis zum Tode, ist nicht hin- und hergetrieben wie ein Herbstblatt im Winde eines blinden Geschicks, sondern steht, ist aufgehoben in den Händen Gottes, der am Kreuz in Jesu angenagelten Händen uns umfangen möchte. Jesu Hände, die die Kinder segnen, der unser Leben so neu machen will wie das neugeborener Kinder. »Wenn jemand nicht von neuem geboren wird, kann er das Reich Gottes nicht sehen« (Johannes 3, 3). Jesu Hände, die Lepra-Kranke anrühren, umfangen, ja umarmen und ganz heil machen. Jesu Hände tragen durch Tod und Auferstehung auch unser armes, zu Ende gehendes Leben in Seine ewige Zeit, die vor den Anfängen der Schöpfung war und heute ist und nach dem Ende in dem ewigen Morgen sein wird. Unser Leben darf ihm gehören, es steht in seinen Händen, gehört ihm, für Zeit und Ewigkeit.

Ich weiß nicht, wovon ich zuerst erzählen soll: von dem Leben in den Lepra-Dörfern, das sich trotz der Folgen der zerstörerischen Krankheit, von der großen Armut in den ländlichen Gebieten positiv abhebt, fast Neid hervorruft. Oder sind die vielen Schulen und Ausbildungsstätten, die weiterführenden Klassen des »Junior College« zuerst zu erwähnen? Die Altenheime, die Tuberkulose-Klinik, wo allein in Chilakaluripet in diesem Jahr 2800 Patienten behandelt, das heißt, dem Tode entrissen und neuem Leben zugeführt werden konnten – und das … und das … und das…

Wir werden – wie gewohnt – die Stationen der Reise verfolgen. Doch da ist ein Projekt, das ganz neu ist: In Yeleswaram haben wir ein Schulheim eingerichtet für zunächst 300 bis 400 Kinder, die bisher, von uns unbemerkt, nun von der Zentralregierung in Delhi an uns als Bitte herangetragen, in den Steinbrüchen wie moderne Sklaven schon im Alter von 5-10 Jahren gemeinsam mit ihren armen Eltern oft von morgens 6.00 bis abends 6.00 Uhr die von den Berghängen herab gesprengten Steinbrocken mit ihren Händen zerkleinern und als Straßenbaumaterial herrichten müssen. Kinderarbeit, die unter entsetzlichen, oft das Leben und die Gesundheit gefährdenden und ohne jeden Schutz stattfindenden Bedingungen geleistet wird, wovon an dieser Stelle etwa 3000 (oder sind es 4000?) Kinder betroffen sind.

Wir möchten gern bis zu 1500 Kinder in absehbarer Zeit in unseren Schulkomplex aufnehmen. Aber was geschieht mit den Eltern, die auf die Pfennige der Kinder für ihren Lebensunterhalt angewiesen sind? Wie werden die ausbeutenden Unternehmen reagieren?

Die Regierung will bis zum Jahr 2000 die Kinderarbeit überall abgeschafft sehen, aber was tut sie dafür? *Wir dürfen und wollen nicht warten,* das Herz dreht sich einem im Leibe herum, wenn man die kleinen Kinder mit den Hämmern in der Hitze des Tages die Steine bearbeiten sieht. Erwachsene mit schwersten Unfallfolgen, bis zum Verlust eines Auges, trifft man in unübersehbarer Zahl an. Soll das auch das Geschick dieser Kinder sein? Ihr Geschick ist auch in unseren Händen!

Bitte, helfen Sie uns helfen, Abhilfe zu schaffen, ehe es für diese Kinder zu spät ist. Gott und diese Kinder und alle, denen wir im Namen und in der Nachfolge Jesu Christi durch die Arbeit der AMG India helfen, werden es Ihnen danken. Wir können an diesem Elend nicht vorübergehen, auch wenn wir selbst Sorgen haben in unserem Land.

Die Liebe macht erfinderisch. Lassen Sie sich anstecken von der Liebe Gottes der Welt gegenüber, »der seinen einzigen Sohn dahingab, auf dass jeder, der glaubt, in ihm ewiges Leben habe« (Johannes 3, 16).

Unsere Reise führte uns über Madras nach Vizag und Vizianagaram. Von da ging es über Rajahmundry nach Kakinada und Peddapuram, mit dem Zug schließlich nach Vijayawada und von dort nach Guntur und Chilakaluripet; zum Schluss mit dem Auto nach Hyderabad, von wo aus wir den Rückflug über Bombay antraten.

In Madras waren wir von der SIPA (South Indian Producers Association) eingeladen, um ein Trainings- und Produktionszentrum, das von uns unterstützt worden war, einzuweihen. Die SIPA betreut kleinere, meistens genossenschaftlich organisierte Betriebe, die vor allen Dingen in ländlichen Bezirken für Arbeit und Brot sorgen. Zu diesen Betrieben gehört z.B. ein Lepra-Dorf, Bapatla, das wir seit Jahren unterstützen, in dessen Weberei und anderen Betrieben viele Patienten völlig rehabilitiert werden. SIPA besorgt den Export der Produkte, die meistens in Dritte-Welt-Läden abgesetzt werden.

Wir trafen dort den deutschen Generalkonsul und eine Mitarbeiterin von GTZ. Da es in den letzten Tagen ununterbrochen geregnet hatte, konnten wir den Bau, der sich in einem Dorf 40 km von dort befindet, wegen Überschwemmung der Straße nicht aufsuchen, so dass die Feier in Verbindung mit einer Ausstellung vieler SIPA-Betriebe in Madras stattfinden musste.

Thema meiner Ansprache: »Unser täglich Brot gib uns heute«,

kooperative Produktion, miteinander arbeiten, füreinander arbeiten, nicht gegeneinander. *Unser* Vater, *unsere* tägliche Arbeit. Aufgrund der erschienenen Liebe Gottes in Jesus Christus.

In Vishakapatnam besuchten wir zunächst das Lepra-Dorf »Valley of Love«.

Von hier ab schien die Sonne, und wir konnten unsere Besuchsreisen und Veranstaltungen – ungestört von den zyklonischen Unwettern, die in der Umgebung tobten – abhalten.

Das Lepra-Dorf unter den Mango-Bäumen, am Fuße einer Gebirgskette gelegen, erweckte in uns ein Gefühl der Dankbarkeit für alle diese Menschen, die seit vielen Jahren hier leben und arbeiten oder – weil sie es nicht mehr können – in Pflegehäusern untergebracht sind. Werkstätten, Reisfelder, Kokosbäume, eine kleine Milchwirtschaft, Schafe und Ziegen rundeten das Bild einer friedlichen Siedlung ab, in der sich Menschen zum Gebet und zum Hören des Wortes Gottes versammeln.

Aus Psalm 107, Verse 17-21: »Die krank waren ob ihres sündhaften Wandels, die ob ihrer Übertretungen geplagt wurden, die dann zum Herrn schrien in ihrer Not, denen er sein Wort sandte, sie zu heilen, die er errettete aus ihrem Verderben, sie sollen dem Herrn danken für seine Güte.«

Das Lepra-Dorf Bethsaida bei Vizianagaram sah ähnlich aus, nur ist hier der landwirtschaftliche Betrieb (50 Acres Land) sehr viel größer und die Häuser sind in einem besseren Zustand. Wir trafen in diesen Dörfern einige junge Männer, die in unseren Schulen den Abschluss der 10. Klasse erreicht haben und bereits eine Ausbildung im ITI (Industrial Training Institute) erfolgreich abgeschlossen haben.

Abends besuchten wir unser Heim für poliomyelitisgeschädigte Kinder in Vishakapatnam. Hier leben125 Kinder. Die meisten von ihnen sind bereits ein- oder zweimal operiert worden, können aber fast alle mit Schienenhülsenapparaten laufen und erhalten neben ihrer Schulbildung eine gute Ausbildung in verschiedenen Berufen, soweit es ihre körperliche Behinderung zulässt.

In der Stadt gibt es ein Hospital und ein Krankenhaus, das meistens von den Bewohnern der umliegenden Slums aufgesucht wird. Hier werden Operationen durchgeführt, und hier wird den Kranken kostenlos die notwendige Medizin verabreicht. Wir konnten ein daneben liegendes Haus zur Erweiterung der Bettenkapazität und zur Einrichtung eines Diagnostik-Centers und einer Physiotherapie hinzunehmen.

Im vergangenen Jahr starteten wir eine »English Medium School« (eine Schule, in der Englisch als Hauptsprache gelehrt wird) in Bheemunipatnam. Diese Schule ist nunmehr fertig gestellt. Sie liegt etwa 20 km nördlich von Vishakapatnam.

Hier werden die Kinder aus den Lepra-Dörfern, aber auch unsere Kinder aus dem Poliomyelitis-Heim unterrichtet sowie Kinder sehr armer Leute aus den Slums und der ländlichen Umgebung. Kinder, die sonst keinen Schulunterricht bekommen, da ihre Eltern, die selbst keinen Schulunterricht erfahren haben, sie nie zum Schulunterricht schicken würden. Es sind etwa 600 Kinder hier untergebracht. Die Schule baut sich allmählich auf bis zur 10. Klasse, und wir haben die Absicht, auch hier ein »Junior College« zu unterhalten (11. und 12. Schuljahr), da auch technische Berufe nunmehr diese Qualifikation erfordern.

Unser Besuch ist immer verbunden mit einem Schulfest, wo Tänze und »Dramas« – meistens biblischer Texte – vorgeführt werden. Anwesend sind auch Kinder aus den 22 »Homes of Hope« (Kleinkinderheime), die mit ihren Heimeltern zu diesem Fest eingeladen wurden.

Leider konnten wir in diesem Jahr nicht nach Orissa fahren. Allerdings ist der Leiter der Arbeit in Titlagarh, Herr Maharana, hierhin gekommen, um uns zu berichten und uns seine Wünsche für das neue Jahr vorzutragen. Neben der Arbeit an etwa 800 Lepra-Kranken werden in einer kleinen Klinik auch 400 Tuberkulose-Kranke behandelt. H. U. Lobsiger wird mit einem Herrn der AMG India in den nächsten Wochen Orissa besuchen.

Weiterfahrt nach Rajahmundry, wo wir zuerst frühmorgens nach Yeleswaram aufbrechen, das etwa eineinhalb Stunden von unserem Hotel entfernt liegt. Typisch indische Landstraßen in einem schlechten Zustand. Eine Menge Affen, die nicht ängstlich sind, zeigen sich an den Straßenrändern, kommen trotz Verkehrs dicht zu uns heran und nehmen Bananen aus unseren Händen.

Wir treffen in den Steinbrüchen von Yeleswaram auf die eingangs beschriebenen Kinder, die mit ihren Eltern wie moderne Sklaven vom Morgen bis zum Abend unter unmenschlichen Bedingungen Steine bearbeiten. 300 Kinder sind bereits in einem ehemaligen Fabrikgebäude relativ gut untergebracht. Der Schulunterricht wird in den nächsten Tagen aufgenommen werden. 100 junge Mädchen, die bisher keine Schule gehabt hätten, werden in einem Näh- und Stickkurs unterrichtet, wobei ihnen gleichzeitig auch etwas Schulunterricht erteilt wird, damit sie wenigstens lesen und schreiben können.

Wir fahren nach Rajahmundry zurück und besichtigen dort einige Zentren für Berufsausbildung sowohl für Schulabgänger als auch für Kinder ohne Schulabschluss. Was dort in der Schneiderei und Stickerei hergestellt wird oder beim Korbflechten, kann am lokalen Markt abgesetzt werden.

In Kadiam befindet sich eine kleine Augenklinik für Lepra-Kranke. Dieser Platz liegt nahe der Stelle, wo wir ungefähr vor 20 Jahren zum ersten Mal auf etwa 500 Lepra-Kranke gestoßen sind. Dieses Treffen war .entscheidend für alle weitere medizinische und rehabilitative Arbeit bei den Lepra-Kranken. Jesus berührt die Kranken, ja, er umarmt sie, die Ausgestoßenen, um sie zu heilen, um sie von der Furcht ihres, wie sie glauben, durch Schuld verursachten Schicksals zu befreien. Neben dem Zentrum des Evangeliums als Verkündigung finden wir als Auftrag an die Jünger nach Matthäus 9-10: »Heilt die Lepra-Kranken«, »umsonst habt ihr empfangen, umsonst gebet«.

Hier sind etwa 1200 Patienten zusammengekommen. Wir erkennen einige der zerstörten Gesichter wieder. An dem äußeren Bild dieser Patienten hat sich wenig geändert: blinde, amputierte, verkrüppelte Menschen, die heute nur noch versorgt werden können. Für die eigentliche Behandlung, die ja gerade die Verhinderung solcher Deformitäten beabsichtigt, ist es zu spät.

Wir sind froh, dass wir wissen, dass sich das Lepra-Ausrottungsprogramm der Regierung, an dem wir auch in hohem Maße teilhaben dürfen, Lepra in dieser Form in Zukunft wohl verhindern wird. Diese Kranken bekommen von uns pro Monat 20 kg Reis und etwas Hülsenfrüchte. Wir dürfen bei der Verteilung den Anfang machen. Wir wollen für die Kranken, die am schlechtesten dran sind, hier eine Pflegestation einrichten.

In Kavalagoyya ist eine Siedlung, bestehend aus 35 Häusern, die sogar über Elektrizität und Toiletten verfügen, fertig gestellt. Wir übergeben diese Häuser an 35 Familien von Lepra-Kranken, die seit Jahren bei uns rehabilitiert wurden.

In Bommuru (diese zuletzt genannten Orte sind alle in der Umgebung von Rajahmundry) besuchen wir unsere 10-klassige High School, in der seit einem Jahr auch die 11. und 12. Klasse eines »Junior College« eingerichtet ist. Diese Schule hat landesweit seit Jahren die besten

Ergebnisse. Die Schülerzahl hat sich wiederum erhöht auf insgesamt 815, von denen 450 in den Wohnheimen untergebracht sind. Wir erleben ein schönes Schulfest und kommen reichlich spät abends in unserem Hotel an, glücklich über das Erlebte.

Am nächsten Tag besuchen wir in Kakinada unser Altenheim, das nunmehr oberhalb eines »New Life Centre« in einem neuen Gebäude sich befindet. Im Erdgeschoß ist noch Raum zur Aufnahme der örtlichen Gemeinde und einer Nähschule.

In den ausgedehnten Slums befindet sich eines unserer »Day Care Centres«, wo auch für die Kleinkinder jeden Morgen eine Milchspeisung stattfindet. Neben diesen Slums erleben wir, wie zwei Gruppen von Erwachsenen Schulunterricht erhalten. Die Frauen, zum Teil mit ihren Kindern auf dem Schoß, erfahren dort die Anfangsgründe von Schreiben, Lesen und Rechnen.

Das Altenheim in Peddapuram liegt in mehreren miteinander verbundenen alten Häusern mitten in der Stadt. Diese Häuser sind so gebaut, dass sie alle eine gute Belüftung aufweisen, und sie sind umgeben von stillen Gärten, in denen sich unsere Alten wohl fühlen.

In einem »New Life Centre«, vornehmlich für die Kinder früherer »Devadasis« (Tempelprostituierte), gibt es Unterricht auch in Radio-, Fernsehtechnik, Maschinenschreiben, Nähen, Sticken und Korbflechten. Wir bewundern eine Ausstellung wunderschöner Kleidungsstücke.

In Rajavolu besuchen wir am Spätnachmittag das AMG Health and Education Project (es handelt sich um eine Augenklinik und eine Schule für ca. 500 Kinder), das in Zusammenarbeit mit der Christoffel-Blindenmission betrieben wird. Wir eröffnen eine Versammlungshalle für größere Schulereignisse und andere Feiern in Verbindung wieder mit einem ausgezeichneten Schulfest.

Die Schulergebnisse sind in diesem Jahr erheblich besser als im letzten Jahr. Die blinden Schüler haben in verschiedenen Wettbewerben Auszeichnungen erhalten.

Bei der Ankunft mit dem Bus in Vijayawada werden wir von den so genannten »Railway Platform Children« empfangen. Hier werden etwa 120 Kinder, die von zuhause weggelaufen sind oder weggeschickt wurden und ihr Leben in der Umgebung des Bahnhofs fristen, betreut.

Unsere holländischen Freunde bereiten ein Projekt vor mit Wohnräumen und Ausbildungsstätten für diese Kinder, die ganz besonders liebevoller Fürsorge bedürfen, da sie häufig einem kriminellen Milieu entrissen worden sind.

Wir besuchen einige Slums am Krishna-River gelegen. Die Menschen hier sind sehr arm und krank. Es ist schwer, geeignete Betreuer zu finden und Räume für medizinische Behandlung und für eine Kindertagesstätte mit Schule, wo auch den Kindern, die nicht zur Schule gehen, da die Regierungsschulen zu weit entfernt liegen, und in Fällen, wo die Eltern über die Kinder sonst anderweitig verfügen, Schule angeboten wird.

Wir fahren über Guntur nach Chilakaluripet. In Guntur besuchen wir noch ein mitten in der Stadt gelegenes Geschäftszentrum, das wir vor etwa 8 Jahren für arme »Cobbler«, Angehörige der Madiga-Kaste, typische »Outcasts«, gebaut haben. Die kleinen Geschäfte blühen, da der Verkehr sehr stark zugenommen hat. Die Leute erkennen uns wieder und zeigen uns ihre Dankbarkeit.

Bevor wir die Schule in Chilakaluripet erreichen, überfällt uns ein orkanartiger Regen. Unsere Kinder sind in die große Schulhalle geflüchtet, und dort findet die Begrüßung von allen 1600 Elementary- und High School-Kindern sowie von den 150 »Junior Colleges« und etwa ebenso vielen des Industrial Training Institute statt. Außerdem sind die Studenten des »Degree College for Women«, etwa 200 Studentinnen und 130 Berufsschüler, die ohne Schulabschluss hier einen halbjährigen Berufsschulkurs absolvieren, zu unserer Begrüßung versammelt; natürlich auch alle Lehrer und Verwaltungsangestellten der AMG. Wir sind froh, dass die große High School für so viele Menschen Platz bietet. Die Schulkapelle spielt, kurze Ansprachen werden gehalten, dann geht's in unser Gästeheim, wo wir den kommenden Tagen hier an dem Zentralort der AMG entgegensehen.

Der nächste Tag ist ein Sonntag, und wir erleben einen Gottesdienst auf einem freien Platz neben der gerade fertig gestellten Bibelschule. Man erreicht diesen Platz, wenn man über die verschiedenen Schulhöfe an den Schulen und Werkstätten vorbei zum entferntesten Platz des Campus geht. Es ist gut, dass alle Leute, die den Gottesdienst erleben, sich erinnern, dass Schule und Arbeit wichtige Voraussetzungen sind für das Leben von Christen in der Gesellschaft des modernen Indiens, dass Verkündigung und Arbeit und Brot zusammengehören, dass auch Jesus selbst nach der Geburt in der Krippe zu Bethel seinen Eltern untertan war und wahrscheinlich in der Schreinerei seines Vaters mitgearbeitet hat in der Zeit vor seinem öffentlichen Auftreten.

Wir betrachten gemeinsam die Erzählung aus Markus 4, beginnend mit Vers 35, wo Jesus auf einem Kissen im hinteren Teil eines Bootes schläft, als die Jünger ihn aus Angst vor dem Sturm und den in das Boot schlagenden Wellen wecken. Wir erinnern uns an die Erzählung von 1. Könige 19, wo Elia erfährt, dass Gott nicht in dem Felsen zerschmetternden Sturm zu finden ist, auch nicht im Feuer und im Erdbeben, sondern erst in dem Flüstern eines leisen Wehens erkannt wird. Die Jünger erleben Jesus als den Schöpfer, dem auch Wind und Wellen gehorsam sind. »Jesus ist bei dir im Boot. Du darfst ihn wecken. Dir gilt das ›Fürchte dich nicht, glaube nur.‹«

Am Sonntagnachmittag sind wir dann in das Lepra-Dorf Bapatla gefahren, wo 800 Patienten wohnen und zum Teil rehabilitiert sind. Einige Projekte scheinen etwas zu schwierig zu sein – wie das Schleifen von synthetischen Edelsteinen, wo die Patienten infolge ihrer Behinderung doch nicht genügend gute Arbeit bisher abliefern konnten. Wir helfen hier besonders den Alten und Kranken, die nicht mehr selbst für sich sorgen können, und tragen Sorge um die medizinische Versorgung, soweit sie nicht von der »Deutschen Leprahilfe«, die für die Medikamente zur Behandlung der Lepra aufkommt, zur Verfügung gestellt wird.

Am nächsten Morgen besuchen wir unser Lepra-Dorf Bethel (Chenghiskanpet). Das ist unser erstes Lepra-Dorf mit genügendem Raum für ausgedehnte Landwirtschaft. Angebaut werden verschiedene Gemüsesorten, Erdnüsse, Blumen, Zitrusfrüchte, Mangos. Außerdem wird Viehzucht in verschiedener Form, auch Milchwirtschaft betrieben und eine Schweinemastanstalt. Hühner werden von den Patienten selbst bei ihren Häusern gehalten. Es blüht und grünt überall. Man hat den Eindruck, dass man hier gut leben kann.

Ein Kranker, der einen Acker mit einem von zwei Wasserbüffeln gezogenen Holzpflug bearbeitet. Ein unterschenkelamputierter Patient führt seine Herde von Schafen und Ziegen auf die Weide. Danach versammelt sich das ganze Dorf wie immer hier zu einem Gottesdienst, und man spürt, dass alle voller Dank gegen Gott dabei sind. Im Anschluss daran werden vier neugeborene Kinder zur Segnung der Gemeinde vorgestellt.

In den Werkstattgebäuden werden in der mechanischen Weberei Verbandstoffe fabriziert. Die Seidenraupenzucht hat sich stark vergrößert. In einem Teil der Gebäude werden Kokosmatten und Seile aus Kokosfasern hergestellt. In den Läden an der »Dorfstraße« gibt es einen Friseur, eine Wäscherei, eine Schneiderei und eine Schuhmacherwerkstatt.

Für die Dorfbewohner ist dieser Tag ein Festtag, den sie auch mit Vorführungen und einem großen Feuerwerk begehen.

Nachmittags besuchen wir die Tuberkulose-Kliniken, wo wieder 1600 Patienten versammelt sind. Sie werden später ihre Medikamente und ein Abendessen bekommen und nehmen hier teil an einem für sie arrangierten Festgottesdienst. Wir erfahren, dass pro Jahr zur Zeit 2800 Patienten behandelt werden, dass auch kleinere operative Eingriffe erfolgreich durchgeführt werden, um Pleuraempyeme und –ergüsse abzusaugen. Die Behandlung dieser Kranken in einer sechsmonatigen Therapie mit einer genau festgelegten Wirkstoffkombination von Medikamenten entscheidet über Tod oder Leben. Die Kranken sind oft so ausgezehrt, dass ihnen zusätzlich Nahrung verabreicht werden muss. Die Behandlung findet alle 15 Tage statt, wobei jedes Mal auch ein Essen verabreicht wird. Wir nehmen das Abendessen mit den Kranken ein und freuen uns, das erleben zu dürfen.

Die nächsten Tage sind angefüllt mit Besichtigung der Schulen, der Werkstätten, der Berufsschulausbildung und des College. Wir dürfen uns mit den Kindern über die guten Ergebnisse bei den verschiedensten Wettbewerben freuen: bei wissenschaftlichen Leistungsschauen, bei Wettbewerben und auch bei sportlichen Ereignissen.

Die Budgetbesprechungen nehmen einen großen Teil unseres Interesses ein. Wir wollen das Altenheim auf 40 Plätze erweitern und benötigen dazu ein völlig neues Gebäude, da das alte unzuträglich ist. Der Schulkomplex braucht neue Lagerräume und das Industrial Training Institute ein weiteres Werkstattgebäude. Es werden hier ein- oder zweijährige Kurse für Computer-Spezialisten, für Schriftsetzer und Buchbinder, Schneider, Schreiner, Elektriker, Schweißer, Klempner und Diesel-Mechaniker angeboten. Für die so genannten »Dropouts«, Leute, die ihre Schulausbildung nicht beenden können, gibt es halbjährige Kurse für Fotografie, Medizintechnik, Schneiderei und Schriftsetzen. In einer kleinen Werkstatt werden Spielzeuge aus Holz hergestellt. In der Schuhmacherwerkstatt werden die Spezialsandalen für viele Lepra-Kranke der Umgebung gefertigt. Die Kalamkari-Werkstatt stellt sehr schöne mit originellen Drucken versehene Tücher her, die als Betttücher, Bettspreiten, Tischdecken u.a. Verwendung finden.

Bei dem großen Schulfest tauchen unsere »Railway Platform Children« aus Vijayawada auf, die wir eingeladen haben, damit sie einmal die Atmosphäre einer großen Schule kennen lernen. Diese Kinder waren so begeistert, dass sie sich hinterher spontan zu einigen Gesangsdarbietungen und zu wilden Tänzen auf der Bühne meldeten. Lukas 18, Vers 16: »Lasset die Kinder zu mir kommen.« Wir wollen mit all unserem Tun und Lassen den Kindern nicht den Weg versperren, sondern in der Nachfolge unseres Herrn bereit sein für sie.

Am letzten Tag in Chilakaluripet, nach Board Meeting und Budgetabschluß, wurden wir von dem Oberbürgermeister der Stadt Chilakaluripet, von ihren Beamten, Landtagsabgeordneten und vor allem dem Chefingenieur des Kreises abgeholt zur Besichtigung der bisher erledigten Arbeiten in der Wasserversorgung für die Stadt.

Die Wasserleitungen innerhalb der Stadt sind fertig gestellt. Alle Bezirke werden in Zukunft Wasser erhalten können. Von noch drei zu erstellenden Wassertürmen sind zwei bereits weitgehend erbaut. Lediglich gibt es ein Problem noch für die Verbindungsleitung vom Krishna-Kanal zu dem Wasserreservoir, da an einer Stelle die Anwohner, die bisher aus dem offen liegenden Wassergraben in der Trockenzeit Wasser für ihre Felder abgeführt hatten, nunmehr fürchten, benachteiligt zu sein.

Die großen Zuleitungsrohre liegen an verschiedenen Lagerstellen in der Stadt. Wir konnten uns von ihrem Vorhandensein überzeugen und erfahren, dass sie wegen des starken Regens nicht an ihren Verwendungsort gebracht werden konnten, aber dass die Fertigstellung des gesamten Projektes doch im nächsten Jahr möglich sein wird.

Es muss ein weiteres Ausdehnungsbecken zur Sicherung der Wasserversorgung bei Trockenheit hergestellt werden, wofür allerdings das Geld noch nicht vorhanden ist.

Am Abend wurden wir in einem öffentlichen Empfang von nahezu der gesamten Stadtbevölkerung gefeiert. Auch unsere indischen Freunde hatten eine derartige Begeisterung und Beteiligung so vieler Menschen bei einem öffentlichen Empfang noch nicht erlebt. Ich hatte Gelegenheit, bei der Notwendigkeit des Wassers für das Leben auf das von Jesus Christus zu erbittende und zu empfangende lebendige Wasser hinzuweisen (Johannes 4, 10 + 14) und sprach zum Schluss von dem Heil, das mit dem Glauben an Jesus Christus verbunden ist (Apostelgeschichte 4, 12): »Es ist in keinem anderen das Heil; denn es ist auch kein anderer Name unter dem Himmel für die Menschen gegeben, durch den wir gerettet werden sollen.«

Am nächsten Morgen machten wir noch einen Besuch in der Bibelschule und fuhren dann per Auto nach Hyderabad, vorbei an dem riesigen Stausee des Krishna-Flusses, und kamen dann in der Abenddämmerung nach Hyderabad, von wo wir dann unseren Heimflug über Bombay antraten.

Plenarsitzung des Board of Governors

Bericht auf der Plenarsitzung der Ben-Gurion-University of the Negev in Beer Sheva/Israel am 3. Juni 1996

Liebe Freunde,

die kleine Gruppe der deutschen Mitarbeiter am großartigen Werk des Auf- und Ausbaus unserer Universität

als eines Bollwerks friedlicher Zukunft für Israel und seine Nachbarn

in einem Grenzen überschreitenden wissenschaftlichen Kampf

gegen Dürre und Mangel überall in der Dritten Welt

sind eine Randerscheinung und eine Sonderlichkeit in der jüdisch inspirierten Internationale der BGU Family. Die meisten German Associates sind »gojim«. Aber sie sind dankbar, dass sie dabei sein dürfen. Indem sie die BGU mit aufbauen, bauen sie gleichsam sich selbst auf. Sie möchten *konkret* sein und auch in Deutschland innenpolitisch beispielhaft im Bemühen um einen vertieften christlich-jüdischen Dialog, um deutsch-israelitische Partnerschaft.

Im zurückliegenden Jahr, über das ich kurz berichten möchte, haben die German Associates ihre Stellung gefestigt. Das drückt sich aus u. a. in einer langen Liste namhafter (z. T. berühmter, aber leider nicht unbedingt wohlhabender) Landsleute, die inzwischen bei uns einen Mitgliedsbeitrag zahlen. Die Zahl der Mitglieder und Spender, mit Schwerpunkten in Berlin und im Rhein-Ruhr-Gebiet, ist kontinuierlich gestiegen (nunmehr 295 Mitglieder und 777 Spender in '95).

Deutsche Spitzenpolitiker – die Bundestagspräsidentin Süßmuth, der Bundestagsvizepräsident Klose und seine Frau und der Bundeskanzler Kohl waren in Beer Sheva und Sede Boker, und wir haben, im Kontext vor allem des Ehrendoktorats für Herrn Kohl, z. B. 500 Redaktionen (Zeitungen, TV, Radio) kontaktiert und auf die Bedeutung der BGU und die Bemühungen ihrer Förderer aufmerksam gemacht.

Mit besonderem Nachdruck haben wir in Berlin, und zwar in der historisch bedeutsamen »Neuen Synagoge« und unter dem Titel »Ein Berliner Akzent«, das Jubiläum unserer Universität und unseren eigenen 20-jährigen Geburtstag gefeiert. Auch in Berlin, in Verbindung mit der dortigen Ärztekammer, hat Professor Glezerman als unser Referent den vorbildhaften Charakter der BGU-Ärzteausbildung erläutert. Wir haben tatsächlich im Jubiläumsjahr ungewöhnliche Anstrengungen gemacht – nicht völlig erfolglos, aber auch nicht ohne Enttäuschungen.

Die finanzielle Förderung der BGU wurde von 1,15 Mio. DM in 1994 auf rd. 1,7 Mio. DM in 1995 gesteigert.

Zwei wichtige Ziele indes haben wir nicht – noch nicht – erreicht:

Wir haben keinen jüdischen Repräsentanten im Vorstand unseres Vereins und, damit vermutlich zusammenhängend, keine potenten Spender aus der wachsenden jüdischen Gemeinschaft in Deutschland gewinnen können. Und wir haben noch nicht den fälligen Generationswechsel vollzogen; haben also die Probe aufs Exempel noch vor uns, ob es uns gelingt – uns, die wir im Zeitalter des Verbrechens nicht nur, sondern in ihm selbst aufwuchsen und sein Zeuge wurden – ‚die moralische Erschütterung und den Anstoß des Gewissens weiterzugeben an Jüngere, die nur mittelbar, nur historisch, erfahren können, um was es eigentlich geht, wenn von Geschichte, von politischer Kultur, von den Bedingungen menschlicher Zukunft die Rede ist.

Auf unserer nächsten Mitgliederversammlung am 17. Juni in Essen, werden wir, die jetzigen Vorsitzenden (Hentschke, Godde, ich), uns den Auftrag geben lassen, möglichst bald Platz zu machen für eine neue personelle Konstellation und Repräsentanz an der Spitze unseres Vereins, zu dessen engagierten Mitgliedern »an der Basis« wir natürlich weiterhin zählen werden.

Ruth und ich und unsere Tochter Ute genießen es sehr, bei Ihnen zu sein!

Vielen Dank für Ihre freundliche Aufmerksamkeit!

Begrüßungsansprache zur einer Ehrenpromotion

30. November 1995, Berlin

Verehrte Anwesende, liebe Gäste,

Herr Dr. Simon und ich sind erfreut darüber, dass Sie alle unserer Einladung gefolgt sind und wir Sie hier begrüßen dürfen.

Begrüßen an einem bedeutsamen Ort, über den Dr. Simon im Laufe des Abends noch etwas sagen wird. Vielleicht haben Sie die Ausstellung hier im Hause gesehen? Rückblicke auf ein jüdisches Berlin, ein kulturell reich beschenktes… Nicht weit von hier, in der Rosenstraße, weist ein kleines Schild auf Berlins älteste Synagoge hin: damals lebten hier Moses Mendelssohn und sein Freund Lessing. »Nathan der Weise«: frühe Utopie von Humanität… In der Rosenstraße steht seit kurzem auch ein Denkmal, das einige Tage des Jahres 1943 ins Gedächtnis zurückruft. Erinnerung ist die Voraussetzung menschlicher Zukunft.

Ich begrüße Sie zu einem bedeutsamen Zeitpunkt. Die Ben-Gurion-Universität feiert ein Jubiläumsjahr. Vor einem Vierteljahrhundert begann sie auf Grund eines Knesset-Auftrags ihre großartige Arbeit und übernahm die charakteristische Rolle eines Vorpostens im Kampf gegen Dürre und Hunger und als Anwalt des Friedensprozesses, am Rande der Wüste, in einer zu entwickelnden Welt. Schon 5 Jahre später gründete sich hier in Berlin, an der damaligen Kirchlichen Hochschule, ein Verein der Förderer dieser jüngsten israelischen Hochschule. Nach wie vor ist Berlin der Sitz unserer Vereinigung (auch wenn unsere Geschäftsstelle sich z. Zt. im Westen befindet). Und da diese Stadt ihre Aufgabe als Deutschlands Hauptstadt erneut und ernsthaft zu übernehmen sich anschickt, ist es an der Zeit festzustellen, dass wir, die deutschen Freunde der BGU, dazugehören. Berlin wird nur sein, was es sein sollte, wenn Verbindungen wie die unsere – deutsch-israelische, christlichjüdische – konstitutiv werden für eine Berliner Zukunft.

Wir feiern einen Geburtstag: an bedeutsamem Ort, zu bedeutsamer Zeit und – auf bedeutsame Weise. Nämlich mit einer akademischen Zeremonie. Senat und Exekutiv-Rat der Ben-Gurion-Universität in

Beer Sheeva haben beschlossen, Ungewöhnliches zu tun und haben den Universitätspräsidenten und mich beauftragt, »extra muros«, hier in Berlin, eine Ehrenpromotion vorzunehmen. Noch wichtiger als die Frage des »Wo?« war allerdings in diesem Zusammenhang die Frage des »Wer?«. Einstimmig haben die für die Beantwortung dieser Frage Zuständigen eine Antwort gefunden! Und so begrüße ich denn, nächst meinem Freund Dr. Braverman, dem BGU-Präsidenten, Herrn Johannes Gerster – und auch Frau Gerster und die Gerster-Family!

Ich begrüße Sie alle, meine Damen und Herren, und ich würde gern jede Einzelne, jeden Einzelnen von Ihnen begrüßen – schon um zu versuchen, Sie für eine Mitgliedschaft in unserem BGU-Freundeskreis zu gewinnen, falls Sie sich dazu wider Erwarten noch nicht entschlossen haben sollten. Bedienen Sie sich der Informationen, die wir für Sie bereitgelegt haben. Und Geburtstagsgeschenke sind möglich auch noch zu Weihnachten oder nach Ablauf des Jubiläumsjahres. Sie sollten wissen, dass die BGU für ihre weitere Existenz auf Spenden ihrer Freunde angewiesen ist. Die deutschen »Associates« sehen es – neben der Arbeit, dafür zu sorgen, dass die Erinnerung unserer deutsch-jüdischen Vergangenheit nicht abreißt und in eine der gemeinsamen Zukunft dienliche gesunde Zusammenarbeit überführt wird – als ihre Hauptaufgabe an, diese notwendigen Geldbeträge zuallererst auch in Deutschland zu besorgen. Sie alle sind herzlich eingeladen, dabei mitzuwirken.

Nun, da ich Sie nicht alle einzeln begrüßen kann, lassen Sie mich wenigstens Einigen von Ihnen ein namentliches Grußwort sagen: Ich freue mich, wie Sie mit Recht vermuten, ganz besonders über die Anwesenheit von Frau Hannelore Kohl!

Ihre Teilnahme an unserer Feier, verehrte Frau Kohl, steigert die Bedeutung des Ortes und der Stunde, unterstreicht den Anlass unserer Zusammenkunft, gibt uns Zuversicht und Bekräftigung in unserem Engagement.

Ich hatte das Glück, Ihnen, liebe Frau Kohl, zu begegnen bei gemeinsamen Bemühungen um Mitmenschlichkeit und um die Überwindung heimtückischer Krankheiten. So grüße ich Sie denn, verehrte gnädige Frau, als Gründerin der Hannelore-Kohl-Stiftung und als Präsidentin des Z.N.S.-Kuratoriums. Es ist eine Auszeichnung für uns alle, dass Sie sich bereit gefunden haben, mit uns zu sein und zu uns zu sprechen.

Zu uns sprechen werden auch Sie, Exzellenz – als Repräsentant eines Landes, das uns, die Deutschen, in einer sehr ernsten, tiefen, schwer beschreibbaren Weise angeht und betrifft. Wir grüßen den Botschafter Israels, Herrn Avi Primor.

Direkt aus Tel Aviv angereist, wo Sie bis gestern Abend noch an wichtigen Beratungen teilnahmen, sind zusammen mit Dr. Braverman meine sehr lieben Freunde und »collegae« Milada Ayrton, George Shrut und Ariel Elia. Ihnen gilt ein besonders herzlicher Gruß! Sie vertreten zugleich unsere Freundeskreise in den USA, in der Schweiz und in Frankreich. Freundliche Grüße und Glückwünsche soll ich übermitteln von unseren englischen und holländischen Freunden sowie von Adin Talbar und den israelischen Associates. Adin Talbar schreibt in Deutsch: »Bitte, übermitteln Sie Herrn Gerster, den ich sehr schätze, meine herzlichsten Glückwünsche.«

Namentlich hervorheben und begrüßen möchte ich auch die Protektorin deutsch-israelischer Freundschaft, unser Mitglied Frau Annemarie Renger, die langjährige Präsidentin des Deutschen Bundestags.

Namentlich grüßen will ich ferner ein neues Mitglied unserer Vereinigung (dessen Beitrittsbeschluss Schule machen möge): Ich grüße Herrn Peter Hahne, und zwar in seiner Eigenschaft als Mitglied des Rates der EKD, der Evangelischen Kirche in Deutschland, – und weil es mich freut, ihm nicht nur am Fernsehschirm, sondern jetzt auch leibhaftig zu begegnen. Ich weiß, dass Sie, ebenso wie ich und viele Freunde, Ihre Liebe zu Israel, dem erwählten Volk Gottes, auch auf diese Weise ausdrücken wollen. Wir als Christen verdanken Israel und dem ihm gegebenen Gotteswort buchstäblich alles, »denn das Heil kommt von den Juden«, den Mann aus Nazareth, Jesus Christus, an den zu glauben unsere Verwobenheit in das Unausdenkbare des Holocaust umso verwerflicher erscheinen lässt, in dessen Kreuzestod und Auferstehung wir die Sühnung unserer Untaten und die Versöhnung Gottes mit uns gefunden haben. Ich bin immer dankbar, wenn Juden mir erlauben, an ihrer Seite dabei zu sein, den Segensauftrag für alle Völker zu erfüllen, mit vielen jüdischen Freunden dem Kommen des Messias entgegen zu harren.

Ich grüße des weiteren Herrn Lutz, den Bundesvorsitzenden der Gewerkschaft der Polizei. In seiner Nähe fühlen wir uns zusätzlich wohlbehütet.

Last but not least grüße ich Herrn Striek, den Vorsitzenden der Deutsch-Israelischen Gesellschaft in Berlin. Herzlichen Dank, Herr

Striek und Frau Striek, dass Sie bei uns sind und uns bei der Vorbereitung dieser Geburtstagsfeier geholfen haben.

Einige unserer Mitglieder wären gern hier, sind aber verhindert und haben mich gebeten, ihre Glückwünsche und Grüße weiterzugeben. Ich übermittle also die Grüße von Johannes Rau (er nahm hier im Raum von wenigen Tagen den Leo-Baeck-Preis entgegen), Siegfried Lenz, Gräfin Dönhoff, Prof. Lew Kopelew, Vicco von Bülow (genannt Loriot), Staatssekretär Waffenschmidt, ZDF-Intendant Prof. Diether Stolte, Herrn Manfred Lahnstein, den Präsidenten der DIG, und der Herren Erhard Eppler und Manfred Kanther. Weiterhin erreichten mich Grüße von Prof. Michael Wolffsohn und Herrn Klaus Zwickel. Ich will diese Liste abschließen.

Aber ich habe mir einen Namen, meine Damen und Herren, bis zuletzt aufbewahrt: den des Vorsitzenden der Jüdischen Gemeinde von Berlin, Jerzy Kanal. Ihn zu begrüßen, steht mir nicht an, denn er ist, bei Lichte besehen, der Hausherr. Ihm haben wir es zu verdanken, dass wir hier in der »Stiftung Neue Synagoge-Centrum Judaicum« sein dürfen. Und so bitte ich Sie nun, verehrter Herr Kanal, ein paar Begrüßungsworte an uns zu richten.

Grundsteinlegung für das »Deichmann Building For Mathematics«

Ben-Gurion-University of the Negev in Beer Sheva/Israel, 5. Juni 1996

Meine Damen und Herren, liebe Freunde,

das »Department of Mathematics und Computer-Wissenschaften« – so ist mir gesagt worden – ist ein fundamentales Stück der BGU, dem unsere Universität darüber hinaus einen großen Teil ihrer wissenschaftlich großen Bedeutung verdankt. Und es ist kein Zufall, dass eines der beiden nationalen Zentren für Israels Super-Computer gerade hier aufgestellt wird.

Meine Tochter Ute – eine echte Naturwissenschaftlerin, wohingegen ich nur Medizin (und ein wenig Theologie) studierte – wies mich auf die Bedeutung für die Welt von morgen bei Fächern wie Logik, Topologie, Zahlentheorie, Systemtheorie, Wahrscheinlichkeit, ergodische Theorie, Differentialgleichungen und Unternehmensforschung hin. Und weiter noch auf die Computerbegriffe wie »artificial intelligence«, »databases«, »image processing«… Mein Mathematiklehrer aus den vierziger Jahren dieses jetzt zu Ende gehenden Jahrhunderts würde sich aus verschiedenen Gründen wundern, wenn er mich so reden hörte.

Was diese Fakultät anbelangt, so ist die BGU ganz akademisch und eine richtige Universität: Sie bietet Graduierungen an vom Bachelor bis zum Ph.D. (Doktor der Philosopie), sie macht Studienangebote für zukünftige Lehrer wie auch für Ingenieure und Wissenschaftler. Tausende Studenten – mehr als in jeder anderen Fakultät – werden hier ausgebildet. Und immer größer werdende Studentenzahlen – besonders im Zusammenhang mit der Beliebtheit der Computerwissenschaft – charakterisieren die Situation.

Diese erfreuliche Entwicklung hat eine weniger erfreuliche Konsequenz: Die Fakultät platzt aus allen Nähten. Die Ausbildung in Wissenschaft und Forschung hat ihre Schmerzgrenze im Hinblick auf den zur Verfügung stehenden Platz erreicht, und man fängt an, sich gegenseitig zu behindern.

Avishay Braverman hat mich überzeugt,

– dass sofortige Schritte unternommen werden müssen ;

– dass er in der Lage ist, Regierungsgelder für ein Bauprojekt zu erhalten;
– dass die Baupläne schon gezeichnet sind;
– dass dem Generaldirektor grünes Licht gegeben werden muss, damit er mit den Ausschachtungsarbeiten beginnen kann;
– dass es sich um eine Fläche von 2.300 Quadratmetern handelt, die neben dem existierenden Computer-Zentrum liegt;
– dass das Gebäude bis Ende Frühling 1998 fertig gestellt sein könnte!
– Und – last but not least – dass nur noch 2 Millionen Dollar finanziert werden müssen!

Meine Damen und Herren, liebe Freunde – wer könnte solchen Argumenten, wer könnte dem Charme unseres Präsidenten widerstehen, wenn er fast unbemerkbar die Konversation auf diese mathematisch-logische Quintessenz hinsteuert?

Nun – ich kann es nicht. Und so bin ich froh, in der Lage zu sein, beim Aufbau eines weiteren wesentlichen Stückes unserer Universität teilzuhaben – sozusagen anlässlich des 50. Geburtstages des Staates Israel, der in zwei Jahren gefeiert werden kann.

Ich danke Ihnen für Ihre Aufmerksamkeit.

Inauguration an der St. Kliment Ohridski-Universität

Sofia/Bulgarien, 29. Oktober 1996

Magnifizenz! Spektabilität! Verehrte Anwesende!

An historisch bedeutsamer Stätte – in einer europäischen Hauptstadt, die, aus dem Griechischen übersetzt »Weisheit« heißt – und an einer Universität, die das »human capital« solcher Weisheit bereitstellt, wird mir die unerwartete und unverdiente Ehre zuteil, mich Ihnen verbünden zu dürfen und zu Ihnen sprechen zu sollen.

Ich weiß zu wenig von Ihrem Land und dieser ehrwürdigen Hohen Schule – kaum mehr als im Lexikon steht. Bulgarien als konfliktträchtiger Raum im Schnittpunkt europäischer Spaltungen: Ostrom, Byzanz, Osmanische Fremdherrschaft. Zweimal in seiner neueren Geschichte hat sich Ihr Land zur Teilhaberschaft in einem von meinem Land entfesselten Weltkrieg verleiten lassen. Aber Bulgarien war, das hat sich mir eingeprägt, eine rühmliche Ausnahme bei der Behandlung der jüdischen Minderheit in den Zeiten der ungeheuren Verbrechen.

Die Ehre, die Sie mir erweisen, und die traditionsgemäße Laudatio (da ich ein Mensch bin, habe ich, verehrter Herr Chobanov, ihre hemmungslosen Einseitigkeiten innig genossen) machen mich gleichwohl beklommen und setzen mich in ziemliche Verlegenheit: Glauben Sie wirklich, dass ich Ihnen von wissenschaftlichem Nutzen sein kann?

Ich bin, wie Sie wissen, kein Wissenschaftler, sondern ein Mann der Praxis. Ich nehme also an, Sie wollen in Ihre Arbeit – in Ihre Analysen des betriebswirtschaftlichen Geschehens, in die abstrahierenden, modellhaften Abbildungen von »Betrieb« und »Wirtschaft« – die Objektivitäten und Subjektivitäten, die Erfahrungen und Innenansichten einbeziehen, die ein nunmehr 70-jähriger westdeutscher Unternehmer praktisch erprobt hat. Möglicherweise sind Ihnen meine Erfahrungen von komparatistischem Wert, wenn ich an die Ausgangslage meiner Firma in 1945 und an die Umbruchsituation in Ihrem Lande denke. Vielleicht gibt es interessante Parallelen – und vergleichsweise interessante Unterschiede?

Und möglicherweise möchten Sie unter Ihre wissenschaftliche Lupe nehmen, was man den »menschlichen Faktor« oder, besser noch, den »persönlichen Faktor« nennen könnte: nämlich das Selbstverständnis dessen, der – in einem schwer messbaren, jedenfalls begrenzten Umfang – an einem exemplarischen Betriebserfolg beteiligt war und eine Firmenentwicklung zu steuern hatte und hat, die von der Werkstatt des Schuhmachers und einem ersten, kleinen Schuhladen zur internationalen Handelskette führte und tatsächlich zu einer europäischen Spitzenstellung innerhalb der Branche.

Mein Problem in diesem festlichem Augenblick – wenn ich es, verehrte Anwesende, offenherzig zur Sprache bringen darf – ist dieses: Ich will nicht den Anschein erwecken, als könnte ich in der theoretischen BWL wissenschaftlich mithalten, einerseits. Und ich will andererseits nicht in den Verdacht geraten, ich sei zu Ihnen gekommen, um albernerweise mit einer bilderbuchartigen kapitalistischen Erfolgsstory aufzutrumpfen.

Beides tunlichst vermeidend und die angedeutete Richtung Ihres Interesses voraussetzend, will ich also einige Anmerkungen beisteuern zum Thema »Wirtschaft und Ethik«, wie es mir beim Versuch einer Summe meiner Erfahrungen und als deren Fazit belangvoll erscheint. Ich konzentriere mich auf einige Stichworte.

Mein Vater war Schuhmacher. Ich wollte Arzt werden. Ich hörte auch, als ich gleich nach Kriegsende zu studieren begann, theologische Vorlesungen (u. a. bei dem bekannten Schweizer Theologen Karl Barth). Aber in der Freikirchlichen Gemeinde, der ich angehöre, gibt es keine theologischen Berufe; nicht die studierten Kirchenbeamten, sondern die Laien haben das Sagen, wo es um Gottes Wort geht.

Also wurde ich Arzt und war nach internistischer und chirurgischer Tätigkeit in einer orthopädischen Fachklinik tätig, als ich mich entschloss, das nach dem Tode meines Vaters im Jahre 1940 von meiner Mutter in Erbengemeinschaft mit allen Kindern weitergeführte Unternehmen zum 1. 1. 1956 auf eigene Rechnung zu übernehmen. Schon als Student hatte ich, aus den Kriegswirren nach Hause zurückgekehrt, die Führung des Geschäftes übernommen und bereits in der Studienzeit zwei weitere Geschäfte an meinem Studienort eröffnet, die ich jeweils vor Vorlesungsbeginn aus dem Stammgeschäft mit Ware versorgte und abends finanziell »entsorgte«. Nach der Übernahme eines 4. Schuhgeschäftes, das mir von einer damals großen Schuhkette angeboten wurde, die an dem Ort Schwierigkeiten hatte, wurde es mir klar, dass sich beide Berufe, auch bei der scheinbaren Nähe eines Facharztes für Orthopädie zu dem Gebiet der Schuhe, nicht nebeneinander ausführen konnte.

Ich wechselte also zum Kaufmannsberuf über, und zwar aus einem Gefühl der Verpflichtung gegenüber dem Elternhaus und den Hoffnungen und Wertsetzungen des Vaters, der sich mir als Vorbild tief eingeprägt hatte.

Ich war jung, fühlte mich herausgefordert – aber vor allem fühlte ich mich in Verantwortung genommen; gewissermaßen in ein ernstes, lebensbestimmendes Gespräch gezogen.

Dieses »Gespräch« hatte auch eine religiöse Dimension.

»Beruf« ist mehr, als man gemeinhin darunter versteht und etwas anderes als z. B. (ein modisches Wort:) »Selbstverwirklichung«. Wie das lateinische Wort »vocatio« und das griechische »klesis« sagt, gehört die Berufsfrage in einen Zusammenhang von Gerufenwerden, Hören und Antworten, also von Verantwortung. So bildet sich ein Gewissen heraus, und der Lebensalltag, der Lebenskern füllt sich mit Sinn. Sinn ist das Gegenteil von langer Weile ebenso wie von blindwütiger Betriebsamkeit. Ohne Gewissen, ohne Sinnbewußtsein, Sinnerfahrung kommt auch Wirtschaft nicht aus, weder die kleine noch die große Wirtschaft. Sie ist ja tatsächlich ein vielfältiger Komplex von Verantwortungsbeziehungen. Für einen Christen – und besonders für einen, der von Jugend an mit biblischen Texten vertraut ist – bedeutet das Wort »klesis« im neutestamentlichen Sprachgebrauch den Ruf in die Nachfolge Jesu Christi, zum lebendigen Glauben an Jesus Christus und in einen Lebensvollzug, der davon geprägt ist.

Beruf als Ausübung eines irdischen Berufs oder »Standes« ist der Ort der besonderen Verantwortung, an dem einen Menschen der Ruf Gottes in Jesus Christus trifft und in Freiheit setzt, Gott zu dienen und dem Nächsten, in der erfahrenen Gottesliebe seinerseits Gott zu lieben und den Mitmenschen, das heißt für ihn, mit seinem ganzen Leben da zu sein.

In seinen Anfängen bestand die Kundschaft des Deichmann'schen Schuhgeschäftes aus den Bergleuten meiner Heimatstadt. Die Schuhe mussten solide sein und preiswert, und diesen fundamentalen Bedarf hatte der Handel an die Fabrikation rückzumelden. Lange schon gibt es in meiner Vaterstadt Essen keinen Bergbau mehr, und den derben

Arbeitsschuh hat Fußbekleidung als Teil einer immer raffinierteren Outfit-Ästhetik verdrängt.

Aber immer noch sehe ich die Kunden vor mir im väterlichen Laden und die Zielgruppe der »kleinen Leute«, für die wir aus aller Welt die Schuhe herbeizuzaubern haben: preisgünstig und solide – allerdings auch modisch-aktuell und insofern inzwischen von begrenzter Lebensdauer.

Meine Aufgabe und die Aufgabe des Managements generell ist es, nicht nur das physische Kapital zu disponieren, sondern auch das »human capital«: also zu informieren, zu motivieren und zu inspirieren.« Wie soll der »Sinn des Ganzen« motivierend vermittelt werden ohne Gewissen, Verantwortung und Sinn-Erfahrung an der Spitze des Unternehmens? Den »Produktionsfaktor Arbeit« günstig »einzukaufen«, Arbeitsplätze anzubieten in einer Zeit wachsender Arbeitslosigkeit (und schwindender Kaufkraft!), genügt nicht.

Wie kommt Identifizierung der Mitarbeiter mit dem Unternehmensziel und also Identität zustande, ohne dass eine gemeinsame Aufgabe, ein gemeinsamer Beruf verstanden und bejaht wird, ohne gemeinsame »Geschichte«, gemeinsame Erinnerungen, Hoffnungen, Erfolge?

Ich rede hier nicht von jenem betriebspsychologischen Instrumentarium, das leicht in Zynismen ausartet. Ich rede von gelebter Verantwortung und von der Unentbehrlichkeit von Sinn-Erfahrung. Diese erweist sich spürbar ex negativo: in historischen Momenten des gesellschaftlichen Sinnverlusts.

Mein Vater war Schuhmacher; ich bin – nur noch – Schuhhändler.

Im Zeitalter der automatisierten Produktion tendiert die Entwicklung generell vom Handwerklichen ins Händlerische. Um so wichtiger, dass der Verantwortungszusammenhang nicht verloren geht. Gewinn jenseits des Reinvestitionsbedarfs sollte sich zugunsten von Menschlichkeit legitimieren.

Das Unternehmen soll dem Menschen dienen!

Zunächst den Kunden, denen das bestmögliche Produkt zum günstigsten Preis angeboten wird, den Zulieferern, denen Kooperation und gerechte Bezahlung zuteil werden muss, und vor allem den Mitarbeitern, denen nicht nur leistungsbezogene übertarifliche Bezahlung, sondern als Ausdruck ihrer Partizipation am Betriebserfolg eine in der Form und der Höhe nach in keinem anderen Unternehmen anzutreffende Altersversorgung geboten wird.

Eine Unterstützungskasse ist reichlich mit finanziellen Mitteln versorgt, um in Not geratenen Mitarbeitern beizustehen und bei Familienereignissen wie Hochzeit, Geburt und Jubiläen Beihilfe zu leisten sowie für jeden ein medizinisches Vorsorgeprogramm in Form von einwöchigen Gesundheitswochen zu ermöglichen.

Über die Grenzen der Firma hinaus wirkt die Dr. Heinz-Horst Deichmann-Stiftung. Sie leistet Hilfe in Notsituationen unserer Gesellschaft (Obdachlosigkeit, in Not geratene Kinder, Arbeitslosenhilfe) und der dritten Welt und anderen Ländern, in denen missionarisch-soziale Aufgaben in den Armutsgebieten übernommen werden. (In den Armutsgebieten Südindiens betreut eine mit uns eng verbundene Organisation 75.000 Menschen – Leprakranke, an Tuberkulose Erkrankte und alte Menschen, für die niemand sorgt, Kinder und Studenten mit dem Ziel der Rehabilitierung und Erreichung von Wissen und beruflicher Ausbildung).

Auch in Israel wird Verantwortung wahrgenommen; dort geht es uns zum einen um die Verbesserung der Beziehungen zwischen jüdischen und arabischen Menschen im Bereich der Ben-Gurion-Universität und zum anderen um Hilfe für wissenschaftliche Erforschung und Überwindung der Probleme in den Trockenzonen der Erde.

Eigentum und persönliche Verfügungskompetenz mindern Verantwortung nicht, sondern aktualisieren sie. Man kann Privatkapital moralisch legitimieren als Ausdruck und Konsequenz von Freiheit. Ich bin geneigt, Eigentum mit Gewissen und Verantwortung zu assoziieren.

Im Grundgesetz der Bundesrepublik Deutschland heißt es: »Eigentum verpflichtet. Sein Gebrauch soll zugleich dem Wohle der Allgemeinheit dienen.« Es ist schwierig, dieses einfache sittliche Prinzip juristisch zu operationalisieren. Gelegentlich klingen gewisse Verfassungsbestimmungen wie Sonntagsreden.

Um der Würde unserer täglichen Arbeit willen sollten wir den Bezugsrahmen einer gemeinsamen Ethik des Wirtschaftens verstärken, um den Spielraum der Wirtschaftsfreiheit zu schützen vor den ihm immanenten Gefahren, die da deutlich werden , wo es an sozialer Verantwortung, ethischer Sensibilität, politischer Bildung und demokratischer Kultur mangelt und wo sich Politik selbst disqualifiziert.

Die »soziale Marktwirtschaft« in meinem Lande ist von Wirtschaftswissenschaftlern grundgelegt worden, die »Freiheit« und »Ordnung« des Wirtschaftens gleich wichtig fanden.

Ich bin verantwortlich für ein inzwischen umfängliches Unternehmen, das zum Glück ein bescheidener Betrieb war, als ich – begünstigt von einer ungewöhnlichen Wiederaufbaukonjunktur, aber bar aller einschlägigen Vorkenntnisse – die Leitung übernahm.

So hatte ich Gelegenheit, etwas zentral Wichtiges zu lernen: nämlich dass es engagierte Mitarbeiter braucht und die qualifizierte Gemeinschaft mit ihnen. »Kunststück!« – mag man denken: »Wen soll der Kapitalist denn ausbeuten, wenn nicht seine Arbeitskräfte?« Sie ahnen wahrscheinlich, meine Damen und Herren, dass es sich bei Deichmann zunächst durchaus um »Selbstausbeutung« handelt und dass unser Betrieb ein Familienbetrieb war mit Mutter, Schwester, Schwager, Ehefrau als »Belegschaft« und dass von vertikaler Arbeitsteilung oder gar »Hierarchie« kaum die Rede sein konnte. Vielleicht ist dieses Urmuster einer familiären Arbeitsgemeinschaft, das ja als »organische Organisation« vielen erfolgreichen, mittelständischen Unternehmen zugrunde liegt, von Bedeutung (und sei es als Erinnerungsrest) für die schrittweise Entfaltung eines Unternehmens unter Bedingungen eines kooperativen Stils, weitgehender Delegation von Verantwortung und einer symmetrischen Kommunikationsstruktur.

Weil ich als Kaufmann zunächst keine Ausbildung hatte und zugleich – im Zuge einer anderen beruflichen Sozialisation als Arzt – gelernt hatte, analytisch vorzugehen und »auszukultieren«, also Fragen zu stellen, fiel es mir leicht, die Kompetenz qualifizierter Mitarbeiter zu würdigen.

Das spielte eine entscheidende Rolle an jedem »Knotenpunkt« der Betriebsentwicklung. Ich konnte so weitgehend ein Problem im Seelenleben von Chefs vermeiden, das darin besteht, nicht nur alles wissen, sondern auch alles besser wissen zu müssen.

Ich lernte, dass es sich beim »Produktionsfaktor Arbeit« um Menschen handelt. Um Menschen handelt es sich im Falle der Mitarbeiter, um die Chance für Menschen, kreativ zu sein, im Team erfolgreich zu kooperieren und – sehr wichtig – ein kompetenter und gefragter Helfer zu sein im Kontakt mit den Kunden. Es geht um Menschen, die einen Arbeitsplatz brauchen und behalten wollen, weil ihre Existenz davon abhängt.

Auch wenn wir von Kundschaft reden, geht es um Menschen und ihre Bedürfnisse. Auf diese Kundschaft und ihr Interesse am

Gebrauchsgegenstand (Schuhe z. B. sind mehr als nur »Ware«!) ist der Kaufmann angewiesen. Er ist angewiesen auf den »demokratischen« Markt und die kaufkräftige Nachfrage.

Also wünscht sich der Kaufmann die blühende Volkswirtschaft; er ist eben kein Liebhaber von »austerity programmes« und in seiner Vermittlungsfunktion zwischen Produktion und Bedarf ist er, wenn er seinen Beruf ernst nimmt, sensibler, flexibler, lernfähiger, als es die geplanteste Planwirtschaft je sein kann.

Überall also der menschliche Faktor! Und wo bleibt, höre ich Sie fragen, die Wissenschaft? Menschen sind schließlich fehlbare Wesen, affektiv, irrational, und als Kaufleute angewiesen auf die kühle Strenge der Mathematik, auf die Sachlichkeit von Betriebswirtschaftslehre. Manager müssen rechnen können und über jene modernsten Techniken verfügen, die es ihnen erlauben, mit einer aktuellen und transparenten Fülle der Daten logisch und sachgerecht umzugehen. Kommt es nicht doch und vor allem auf angewandte Wissenschaft an?

Und ist nicht auch menschliches Verhalten wissenschaftlicher Analyse zugänglich und kalkulierbar und steuerbar im Rahmen von Psychologie und Psychotechnik?

Lassen Sie mich, verehrte Anwesende, hier und heute und im Spannungsfeld von Person und Sache, die Anwaltschaft übernehmen für den subjektiven Faktor, für den Menschen, der – außer auf Wissenschaft und Technik – auf Freiheit Wert legt, Verantwortung fühlt und auch in der Wirtschaft sittliche Maßstäbe anlegen möchte.

Es war, Sie erinnern sich, mein berühmter Landsmann aus Trier, der in seinen frühen Schriften die zur Ware gewordene, ihrem Wesen entfremdete menschliche Leistung und Arbeitskraft kritisch thematisierte.

Der arbeitende Mensch sollte, in der Dialektik des vollendeten Kapitalismus als des vollendeten Elends, seine ursprüngliche Würde zurückgewinnen; sollte, am Ende der Sachzwänge und durch diese hindurch, der befreite sein und imstande, seinem eigentlichen schöpferischen Beruf nachzugehen in einem messianischen Zeitalter der Humanität.

Marx indes, mit Rabbinern als Vorfahren, war natürlich nicht der Erfinder der Humanität, sondern ihr Erinnerer. Humanismus, wenn dies mehr sein soll als ein Schlagwort, ist die blasse, säkularisierte Erinnerung an den biblischen Topos von der Gottebenbildlichkeit all dessen, was Menschenantlitz trägt.

Marx war fixiert auf das Privateigentum an Produktionsmitteln als Wurzel aller Verkehrtheit. Lange und glücklos quälte er sich ab mit dem Versuch, seiner Hoffnung einen zwingenden, wissenschaftlichen Charakter zu geben; arbeitete sich ab mit einer Thematik, die ihm, dem Philosophen, missfiel und die er mit der ihm eigenen Drastik »die ökonomische Scheiße« nannte. Er selbst hatte noch Witz genug, von sich als einem Nicht-Marxisten zu sprechen.

Andere, kleinere Geister machten dann aus seinem genial vereinfachten und also falschen futurologischen Konzept den »wissenschaftlichen Sozialismus«.

Was macht man mit Menschen, die nicht an Wissenschaft glauben? Man muss sie eben zu ihrem Glück zwingen. Die heilige Inquisition damals berief sich auf Dogmen. Der verstaatlichte wissenschaftliche Sozialismus ließ solchen finsteren Aberglauben des Mittelalters weit hinter sich. Er schuf die Ministerien für Staatssicherheit, die Selbstkritik, die Schauprozesse, den Personenkult, den Gulag.

Die kommunistische Utopie geht als Hoffnungsstrom durch die menschliche Geschichte und ist nicht vergleichbar mit den Scheußlichkeiten z. B. eines rassistischen Faschismus, der das Land beherrschte, in dem ich aufwuchs. Gleichwohl haben wir erleben müssen, welche grausamen Zustände konsequenter Menschenverachtung möglich sind, sobald etwas so Einfach-Wahres wie die Solidarität aller Menschen gewaltsam von selbsternannten Führern ins politische Werk gesetzt wird. »Wer in der Jugend kein Kommunist ist, hat kein Herz; wer es bleibt, keinen Verstand.«

Die Menschen in der ehemaligen Sowjetunion und in deren Herrschaftsbereich haben sich inzwischen – bemerkenswerterweise in einem systemimmanenten Prozess – aus der totalitären Verstrickung gelöst. »Glasnost« wurde zur Voraussetzung für immer mehr »Perestroika«, und die totale Staatswirtschaft gab angesichts ihrer Bilanzen den Glauben auf an den schließlichen Endsieg im Wettlauf der Systeme. Hat also der Westen »gesiegt«? Was ist bewiesen im Zuge dieses, für Wirtschaftswissenschaftler gewiss faszinierenden historischen Experiments? Etwa, dass alles, was im Westen geschieht, gut ist – und alles schlecht war, was der Osten zu bieten hatte?

Tatsächlich genügt es wohl nicht, in der Rasanz des Systemwechsels das Prinzip »Ordnung« durch einen problematischen Freiheitsbegriff zu ersetzen. Ich hatte schon erwähnt, dass nach 1945 in meinem Lande aus einer Balance von Freiheit und Ordnung das zustande kam, was wir »Soziale Marktwirtschaft« nennen. Der Begriff besagt eben nicht, dass jeder Markt eo ipso sozial sei und automatisch die Ethik sozialer Rücksicht aus sich entfalte oder dass ein Höchstmaß an Wohlstand aus dem schrankenlosen Egoismus der Individuen als deren eigentlicher Tugend entspringe. Die Experimente, die die Menschlichkeit mit sich selbst macht, mahnen zur Bescheidenheit.

Der technische Fortschritt (und immer schon wird in West wie Ost merkwürdigerweise der Fortschrittsbegriff mit dem der Technik vor allem verbunden) ist auffällig ambivalent; ohne Ethos, ohne selbstgezogene Schranken mündet er in Szenarios des atomaren Overkill, der ökologischen Katastrophe, der wachsenden Kluft zwischen reichen und vielen armen Ländern.

Bewiesen wurde im Verlauf des zu Ende gehenden Jahrhunderts, wenn überhaupt von eindeutigen Resultaten die Rede sein kann, dass moralisch und physisch scheitert, wer auf das je eigene persönliche Gewissen und den Mut, es zu äußern, verzichtet zugunsten jeweiliger Machthaber, jeweiligen Zeitgeistes, zugunsten nationalistischer Anmaßung oder einer Partei, die immer recht hat.

Meine Damen und Herren – gezeigt hat sich auch im Jahrhundert der Katastrophen, dass Zerstörung leichter und schneller »gelingt« als Aufbau, der ja Zeit braucht und also ein Ethos der Geduld.

Auch wirtschaftliche Erfolge sind das Ergebnis von Zeit und Beständigkeit, und besonders wichtig ist der Augenblick des Anfangs und die Gesinnung, in der dieser Anfang geschieht.

Wesentliche Investitionen als Voraussetzung von Aufbau und Wachstum sind diejenigen, Magnifizenz, verehrte Professorinnen und Professoren, mit denen Sie befasst sind und die aus Ihrem Engagement als Wissenschaftler, als Lehrer und Forscher hervorgehen, als Hüter einer Produktivkraft befreiten Denkens.

Es ist diese Universität und es sind die vergleichbaren Bildungseinrichtungen, von denen die wirtschaftliche Zukunft Ihres Landes abhängt, wenn an Hochschulen eben nicht nur Wirtschaft, nicht nur die Fertigkeiten einer wissenschaftlich-technischen Zivilisation, sondern auch Verantwortlichkeit gelehrt und gelernt wird. Geben Sie sich also selbst Kredit, bevor Sie die Weltbank um Hilfe bitten.

Ihre im Grunde junge Universität trägt den Namen eines Gelehrten, der um menschliche Fähigkeiten besorgt war, die aller Einzelwissenschaft zugrunde liegen, sie begleiten, sie überschreiten. Mit dem Namen des Theologen Kliment Ohridski im Umkreis des großen Kyrill hat sich Ihre Hohe Schule einen geschichtlichen Horizont gegeben, vor dem Epochen wie Episoden erscheinen.

Aus Versuch und Irrtum beruht nicht nur die Wissenschaft (jedenfalls die empirische), sondern sie bilden auch den Weg, auf dem Individuen und Gesellschaften das Ziel einer menschlicheren Menschheit anstreben. Keine Enttäuschung, kein Sinnverlust in der Folge allzu gläubiger Übereignung des Gewissens an herrschende Ideen und Mächte berechtigen uns, die Hände in den Schoß zu legen.

Die Mikroökonomie im Übrigen ist nicht, wie es scheinen mag, moralisch neutrales Gelände, so als begönne erst im Makroökonomischen die politisch-ethische Fragestellung. Immer schon beginnt im Kleinen das Große. Immer säen wir Zukunft mit dem, was wir tun – auch wenn wir, dies ist die »condition humaine«, im jeweiligen Leben mehr nicht zustande bringen als »komplettes Stückwerk«. Dies jedenfalls ist die Erfahrung eines Unternehmers, den Sie in dieses großartige Haus einzuladen die Freundlichkeit hatten.

Ich danke Ihnen sehr. Ich danke Ihnen für Ihre Aufmerksamkeit!

Plenarsitzung des Board of Governors

Bericht auf der Plenarsitzung der Ben-Gurion-University of the Negev in Beer Sheva/Israel, Mai 1997

Dear Lord Weidenfeld! Dear Avishay, dear friends!

Auftragsgemäß will ich einen kurzen Bericht geben namens der deutschen Mitwirkenden beim Ausbau unserer großartigen Universität – die großartig ist im wachsenden Ensemble ihrer Baulichkeiten, großartig aber auch in ihrem Konzept, ihrem edukativen und strukturellen Impetus, und großartig nicht zuletzt, was das Ensemble ihrer Persönlichkeiten betrifft, einschließlich der wachsenden Zahl ihrer eifrigen Studierenden.

In den Berichtszeitraum – wenn Sie mir einleitend diese Egozentrik gestatten wollen – fiel mein 70. Geburtstag: Ich benutze die Gelegenheit, mich hier im Board für die Glückwünsche zu bedanken, die mir von der Universität zuteil wurden und die in der überraschenden Ankündigung gipfelten, einen Gastlehrstuhl für Wirtschaftsethik ehrenvollerweise mit meinem Namen zu verbinden.

Diesen 70. Geburtstag haben mein Freund Godde – ehrenamtlicher Geschäftsführer der German Associates – und ich, gleichaltrig wie wir sind, gemeinsam gefeiert in einem Kreis von Freunden, zu denen auch Richard Hentschke gehörte, der Mitbegründer des deutschen BGU-Vereins, und unser langjähriges Mitglied Ministerpräsident Johannes Rau, und bei dieser Gelegenheit haben wir dann endgültig beschlossen, die nächste Generation zur Übernahme der Leitung unseres Vereins aufzurufen und unser BGU-Unternehmen in Deutschland also wesentlich zu verjüngen.

Die darüber endgültig entscheidende Mitgliederversammlung wird im nächsten Monat stattfinden; und wenn alles planmäßig verläuft, wird dann eine Chair Woman, eine Mrs. President, den German Associates vorstehen, eine Dame, die von der BGU bereits ausgezeichnet wurde und zu der ich – mit Wissen und Zustimmung meiner Frau, wie ich gleich hinzufügen will – ein sehr persönliches enges Verhältnis habe und die ich, liebe Freunde, Ihrem Entgegenkommen und Ihrer Kooperation empfehlen möchte. Es handelt sich um Dr. Ute Deichmann, Naturwissenschaftlerin und Autorin eines Buches über Biologie in den Jahren der Nazi-Herrschaft.

Mit Tochter Ute gemeinsam werden eine jüdische Soziologin (Leiterin der Alten Synagoge in Essen), ein Berliner Journalistik-Professor, ein Ministerialrat bei der Bundesregierung (Sohn der früheren Bundestagspräsidentin und BGU-Ehrendoktorin Annemarie Renger), ein junger Bundestagsabgeordneter und Mitglied der Adenauer-Stiftung, ein Neurologe aus Berlin und der bisherige Schatzmeister unseres Vereins den neuen Vorstand bilden und der Arbeit neuen Schwung geben.

Lassen Sie mich in diesem Zusammenhang zwei Dinge anmerken:

Erstens, kaum erwähnenswert, weil selbstverständlich: Wir Alten werden Vereinsmitglieder bleiben und mitarbeiten, wo immer es vom neuen Vorstand gewünscht wird.

Zweitens: Es ist wichtig, dass Sie, liebe Freunde, und dass die Universität die nunmehr rd. 300 Mitglieder in Deutschland wahrnehmen – und nicht reduzieren auf einen oder einige wenige Namen. Da gibt es in Deutschland eine Zahl von Menschen, die ihre Zuneigung zum Judentum (obwohl selbst zumeist nicht jüdisch) und konsequenterweise zu Israel konkretisieren möchten durch die Unterstützung der BGU und durch gemeinsame Anstrengung bei der Aufschließung weiterer BGU-Förderung.

Natürlich sind, auf dem Sockel eines jährlichen Mindestbeitrags, die Spenden sehr unterschiedlich, gemäß den unterschiedlichen Möglichkeiten dieser Mitglieder. Soeben übrigens hat Siegfried Lenz, ein auch in Israel sehr angesehener deutscher Schriftsteller, einen ihm verliehenen Literaturpreis in voller Höhe des DM-Betrags für die BGU gestiftet. Zu unseren Förderern gehört auch die Landesregierung von NRW. Sehr erwünscht sind natürlich Förderer, wie der deutsche Industrielle Ferdinand Piëch. Aber wahrgenommen werden sollten auch jene, die gewissermaßen das »Scherflein der Witwe« beisteuern. Wir sind uns doch, denke ich, darüber einig, dass im Grunde jede Hilfe beim Ausbau der BGU eine relative und eine symbolische Bedeutung hat und dass zuletzt nicht die Zahlen, sondern die Menschen und ihre Gesinnung im »Buche des Lebens« verzeichnet werden.

Trotzdem will ich, wie es sich bei einem solchen Bericht gehört, die Zahlen des zurückliegenden Jahres – genauer, des Rechnungsjahres 1996 – Ihnen, liebe Freunde, nicht vorenthalten:

In 1996 sind 2.375.823,00 DM an die BGU überwiesen worden (gegenüber 1.702.937,00 DM in 1995).

In Deutschland haben wir 72.560,00 DM aufgewandt vor allem für Zwecke der Öffentlichkeitsarbeit, für Studentenaustausch zwischen der BGU und Universitäten in Deutschland und für eine verbesserte Ausgabe unseres vierteljährlichen Informationsbriefs, der an rd. 2.000 Interessenten versandt wird.

Schwerpunkte der BGU-Förderung aus Deutschland in 1996 waren

die 1. Rate der Finanzierung des Mathematik-Gebäudes = 400.000 $

die 5. und 6. Rate für einen Gebäude-Flügel der Medical School = 700.000 $

die 1. Rate eines Fund for Desert Scholars = 200.000 $

die seit 1990 jährliche Zuwendung für Stipendien an jüdische und arabische bedürftige Studierende in diesem Jahr in Höhe von 200.000 DM.

Kleinere Beträge wurden in 1996 ausgeschüttet u. a. für

das Open Apartment Feriencamp

das Jakobovits Center for Medical Ethics

die Peres Peace Fellowships

das Jacob Blaustein Institut (Aquacultur), darüber berichtete auch das Deutsche Fernsehen

die Arbeiten von Prof. Bar-On.

Für den Zeitraum von 1989 bis 1996 ergibt sich ein Spendenaufkommen von insgesamt rd. 5.672.000 $.

Zusammen mit den in 1997 bereits überwiesenen Spenden summiert sich der Betrag auf rd. 8.000.000 $.

Dear Friends!

Wie Sie wissen, ist die überwiegende Mehrzahl der German Associates nichtjüdisch. Das wird vorerst so bleiben, obwohl wir, mit Hilfe auch jüdischer Freunde aus Ihren Reihen, immer schon versuchen, den jüdischen Anteil an der Mitgliedschaft zu verstärken. Namens der nichtjüdischen Mitglieder also möchte ich abschließend dies sagen: Wir fühlen uns in dieser deutsch-israelischen Beziehung im Schnittpunkt der BGU als die eigentlich Geförderten und Beschenkten, und wir haben das Bedürfnis, Ihnen dafür zu danken.

Errichtung eines »Dr. Deichmann-Lehrstuhls für Business Ethik«.

Rede an der Ben-Gurion-University of the Negev in Beer Sheva/Israel, 28. Mai 1997

Chairman of the Board! President of the University! Magnificency! Spectabilities! Ladies and Gentlemen!

Wenn ich recht verstanden habe, ist dies der Augenblick, da unsere Universität die Frage nach der Ethik in der Wirtschaft gleichsam institutionalisieren will. Kompetente, namhafte, internationale Gäste als Referenten sollen in Zeitabständen eingeladen werden und von ihrer jeweiligen Warte aus Richtiges und Wichtiges und vielleicht auch ganz Kontroverses zum Thema mitteilen.

An dieser faszinierenden Idee ist mir bedenklich nur dies: dass Sie sie, Herr Präsident, Magnifizenz und Spektabilitäten – mit meinem Namen irgendwie verbinden wollen. Ich bin kein Wissenschaftler, und wenn ich etwas überhaupt nicht studiert habe (und wenn, mit der Bitte um Diskretion hinzugefügt, mich etwas überhaupt nicht interessiert hat), dann ist es Wirtschaft – Volkswirtschaft oder BWL oder was immer damit zusammenhängt. Ich bin da ahnungslos und völlig inkompetent. Darüber hinaus versetzen Sie mich in einen Zustand selbstkritischer Verlegenheit, indem Sie so, ad personam, Wirtschaft und Gutes tun thematisieren. Aber genau dies war vielleicht Ihre Absicht, Herr Präsident?

»Wirtschaftsethik«, welch eine fast surrealistische Verbindung disparater Sphären auf engstem Raum! Was ist Wirtschaftsethik? Wirtschaftskriminalität: das schon eher, das kommt einem bekannter vor.

Sollen wir »Wirtschaftsethik« vielleicht definieren als das Ideal einer Abwesenheit all der Tricks, mit denen Manager professionellerweise versuchen, Bilanzen und Steuererklärungen zurechtzurücken, Umwelt-Auflagen zu umgehen, Konkurrenten auszuschalten und Auftraggeber bzw. Kunden liebevoll einzufangen?

Könnte einer wissenschaftlichen Ethik – auf der Linie womöglich des Kant'schen Imperativs – vielleicht der Beweis gelingen, dass »ehrlich am längsten währt« (wie ein optimistisches deutsches Sprichwort lautet), dass Loyalität sich auszahlt, dass vielleicht sogar »soziale Marktwirtschaft« wirtschaftlicher sein könnte als »shareholder value« pur?

Ich lasse die Frage »im Raume stehen«, wie man im Deutschen zu sagen pflegt – hier im Raum der BGU als Thema für eine spätere kompetente Befassung.

Ich lasse »im Raume stehen« die große, schwere Frage der »Gerechtigkeit«, also des Verhältnisses von Wirtschaft und Gesellschaft.

Ein langes, ein fast das Jahrhundert füllendes Experiment verstaatlichter Wirtschaft hat es ans Licht gebracht, mit einem epochalen Fiasko endend, wie unentbehrlich persönliche, eigenverantwortliche, eigentumsmäßige freie Formen des Wirtschaftens sind, ebenso unentbehrlich wie ein der Wahrheit – sprich der Mathematik – verpflichtetes Rechnungswesen. BGU-Ehrendoktor Gorbatschow könnte dazu Authentisches sagen.

Dies heißt indes nicht, dass eine Wirtschaft besonders ethisch genannt werden kann, die ihren Wirtschaftserfolg, ihre Ergebnisse, einzig den Aktionären zuwendet, die Arbeitenden aber in die Arbeitslosigkeit schickt, die Kunden mit Monopolisierung nötigt und die Politik mit den Folgekosten siegreicher Börsenmanöver belastet… Ich lasse die Frage der wirtschaftlichen Gerechtigkeit also »im Raume stehen«.

Die Wirtschaft ist ein weit gespannter, komplexer Zusammenhang, den Wissenschaft aufzuhellen versucht.

»Die Wirtschaft ist unser Schicksal«, hat ein deutscher Staatsmann gesagt, jemand, der dann ein frühes Opfer wurde nazi-deutschen Hasses gegen alles, was Geist war, Weltoffenheit, Sensibilität. Von diesem Staatsmann, also von Walter Rathenau, stammt auch die Beobachtung: »Ich habe niemals einen wirklich großen Geschäftsmann gesehen, dem das Verdienen die Hauptsache war.«

Die Wirtschaft ist nicht alles. Sie ist eine wichtige, eine fundamentale Voraussetzung. Sie ist eine Frage schwarzer und roter Zahlen und des faktoriellen Zusammenhangs solcher Zahlen. Wirtschaft, ob Mikro oder Makro, ist zumindest langfristig – und tunlichst doch schon im laufenden Rechnungsjahr – auf Gewinn angelegt. Sie ist eine bedeutende, auf Wissenschaft immer mehr angewiesene Aufgabe in einer Welt, die unvermeidlich, so scheint es, auf immer höhere Steigerungsstufen von Technik, Rationalität, Finanzabstraktion und Globalität zusteuert. Wirtschaftliches Elend, so pittoresk es sein mag und wenn es auch eigentümliche Geisteskräfte herausfordert, ist keine Basis für Humanität. Der Mensch braucht Wohlstand; er braucht sein tägliches Brot und die Luft zum Atmen und die Teilhabe an den kulturellen Wesentlichkeiten des Menschseins.

Der Mensch braucht Wohlstand! Immer größeren Wohlstand? Wohlstand auf wessen Kosten, in welcher Kostenhöhe? Der Mensch braucht Wohlstand, wie er Gesundheit braucht – und zugleich braucht er ein Maß, Mäßigung, Maßhaltung. Für den Gewinn ist die Betriebswirtschaftslehre, für die Grundtugend des Maßes ist die Ethik zuständig? Wie macht man das, dass diese beiden einander treffen in unserem unübersichtlichen, spezialistischen Zeitalter?

Kants kategorischer Imperativ als bekannter Zentralbegriff vernünftiger Sittlichkeit («Handle so, dass die Maxime deines Willens jederzeit zugleich als Prinzip einer allgemeinen Gesetzgebung gelten könne«) klingt akademisch genug, um gehörig zu imponieren. Auf Kants Schreibtisch indes lag, so wird überliefert, ein Buch zu täglicher Lektüre aufgeschlagen: die Bibel. In ihr ist von der Nächstenliebe und der Gottesliebe und dem Zusammenhang beider immer schon die Rede. Also halten wir uns doch gleich an das Buch der Bücher.

Was sagt die Tora zu unserem Thema »Wirtschaft und Ethik«? Nein, natürlich nicht werde nun ich, ein Goj, dieser Versammlung an diesem Ort zu erklären mich unterfangen, was die Heilige Schrift zum Thema sagt. – Kompetentere werden es hoffentlich tun in der heute eröffneten Reihe.

Erwähnen will ich nur Moses, den Sinai, den Dekalog, der uns allen die Maße setzt. An dem wir »Maß nehmen« können. Welches ist das einschlägige, die Wirtschaft betreffende Gebot? Das Zehnte? Wo von Eigentum die Rede ist. Aber nicht so sehr von dem, was mir gehört. Sondern von dem, was dem Nächsten verbleiben soll. Von Eigentum ist die Rede, aber vor allem davon, dass wir nicht begehren sollen…

Begehre nicht!

Und solange der arbeitende Mensch sich selbst, die Mitmenschlichkeit, ohne die er nicht Mensch sein kann, vergisst und seinen echten Lebensanspruch mit seinen leeren Begierden verwechselt, muss seine Arbeit im Zeichen der Konkurrenz (Kapitalismus) oder des Klassenkampfes (Sozialismus) und also im Zeichen eines Krieges stehen (Barth).

Im Zusammenhang unserer Fragestellung scheint mir ein anderes

Gebot belangvoll, das mir als das dritte geläufig ist und das von der Heiligkeit des siebenten Tages, des Sabbats, handelt. Hier wird allem menschlichen Unternehmertum, allem Geschäft und aller Geschäftigkeit, jeder durchrationalisierten Produktivität und Umsatzstatistik und dem nächsten Coup an der Börse eine radikale Grenze aufgezeigt.

Nach den sechs Arbeitstagen der Tag für Ihn. »Gedenke des Tages der Feier, ihn zu heiligen. Ein Tagsechst diene und mache all deine Arbeit, aber der siebte Tag ist Feier Ihm, deinem Gott« (Übersetzung Buber).

Nähern wir uns hier vielleicht am ehesten dem Kern unserer Fragestellung, dem Geheimnis der Wirtschaftsethik? Indem wir uns sagen lassen, wann Schluss ist und wann ein Wichtigeres beginnt jenseits der Ökonomie?

Ist es »wissenschaftlich«, sich so vom Sinai her anreden zu lassen? Rechnet sich das?

Aber am Anfang allen Wirtschaftens, jedweder Produktivität und jedweden Gewinns steht ja auch etwas, das sich dem Rechnen, dem Haben, dem Wirtschaften seltsam entzieht, obwohl es dessen erste und wesentliche Voraussetzung ist; das, was uns Menschen schlechterdings und völlig jenseits ökonomischer Kategorien geschenkt und anvertraut ist: die Natur, das Leben, die Liebe, Gottes Schöpfung.

Der siebte Tag ist der eigentliche Augenblick des Menschseins: die Zeit zu denken und zu danken.

Wenn wir beides tun, beides in einem, wird uns plötzlich und überwältigend deutlich: dass Er eine eigene göttliche Ökonomie hat, der wir, seine Ebenbilder, seine Mitarbeiter, nahe kommen, wenn wir verstehen, dass uns eigentlich nur gehört, was wir verschenken. Dass Geben seliger ist als Nehmen. Dass wir, wenn wir haben können, auch teilen dürfen. Und dass uns nichts so sehr zu Mitwirkenden erhebt in einer göttlichen, umfassenden Ökonomie wie eine der Sabbatheiligung, der Sabbatfreude entspringende Regung, etwas zu tun, was sich scheinbar nicht rechnet.

Ethik, auch Business Ethik, als Antwort auf die Frage nach der Güte menschlichen Handelns im Lichte des in der Heiligen Schrift geoffenbarten Wortes Gottes fragt nach der Inanspruchnahme des Menschen durch Gottes Gebot. Sie will verstanden werden »als Offenbarung des Gebotes Gottes, als gegenwärtiges, für den, der Gottes Wort hört, nicht zu überhörendes Ereignis mitten in der Wirklichkeit unseres Lebens« (Barth).

Was bedeutet das für den Unternehmer und das Unternehmen DEICHMANN? Einige Stichworte: »Mein Vater ist 1940 gestorben. Er war ein gläubiger Christ, durch ihn bin ich mit der Bibel von der Genesis bis zur Apokalypse vertraut, praktisches soziales Handeln an Armen und Kranken. Als Freund der Juden bekannt und auch in der Progromnacht 1938 unterwegs zu jüdischen Nachbarn. »Wer mein Volk antastet, tastet meinen Augapfel an« (Sacharja 2,8) ist mir als entscheidendes Wort aus jener Zeit noch erinnerlich. Ich studierte Medizin, war dann als Arzt tätig (orthopädische Chirurgie). Übernahme der Geschäfte auf eigene Rechnung 1956, vorher schon nach dem Kriege verantwortliche Leitung des Geschäftsbetriebes neben Studium und Arztpraxis. Ausbau des Filialbetriebes. Heute ca. 1.600 Verkaufsstellen in Deutschland, der Schweiz, in Holland, Österreich und den USA, in denen ca. 65 Millionen Paar Schuhe pro Jahr verkauft werden.

Selbstverständnis des Unternehmens: Das Unternehmen muss dem Menschen dienen.

1. dem Kunden: nicht erst seit t. q. m. (total quality management), von Anfang an alles auf den Kunden ausgerichtet: bestmögliche Auswahl, Qualität und Mode bei günstigstem Preis und den Menschen nicht vernachlässigendem Service. Im Beschaffungsmarketing Herstellung solider, partnerschaftlicher Beziehungen zu Schuhherstellern in der ganzen Welt bei gerechter Bezahlung und gegenseitiger Meistbegünstigung.

2. Das Unternehmen dient den Mitarbeitern. Von Anfang an Zurücktreten hierarchischer Strukturen, gemeinsames Hand-in-Hand-Arbeiten im Unternehmensprozess der optimalen Kundenversorgung. Gerechte, leistungs-bezogene Bezahlung bei absoluten Spitzenumsätzen pro Kopf der Beschäftigten. Partizipation am Gewinn in Form von Tantiemen und für alle Pension oder großzügige Altersversorgung durch die Unterstützungskasse, einmalig der Höhe und der Form nach im gesamten deutschen Einzelhandel.

Außerdem Unterstützung in Notlagen und bei Familienereignissen, die besondere finanzielle Belastung mit sich bringen. Gesundheitswochen in der Schweiz im Sinne präventiver Medizin, die bereits von Tausenden besucht wurden.

3. Neben Versorgung der Unternehmerfamilie tätige Mitwirkung in missionarisch sozialen Aufgaben im In- und Ausland.

In Deutschland: Obdachlosigkeit, Arbeitslosigkeit, geistig Behinderte, Kinder- und Jugendarbeit; in Indien: 80.000 Menschen – Lepra, Tuberkulose, Schulen, Ausbildungshilfen, Krankenhäuser, Wasserversorgung, Häuserbau (jetzt 4.000 nach Zyklon); in Afrika/Südtansania: Handwerkerschulen, Mädchenschulen, Gesundheitsdienst.

Warum? Arbeit von Gott geboten, nicht Selbstzweck, sondern Gottesdienst, in Verantwortung vor Gott und Menschen getan. Unternehmensgröße nicht Kriterium, sondern die Frage, wem dient die Arbeit, das Unternehmen – Gewinnmaximierung nur im Sinne guten Kostenmanagements, sonst reden wir vom betriebsnotwendigen Gewinn zur Erreichung der Unternehmensziele, auch der Expansion, wegen der Karrieremöglichkeiten für Mitarbeiter und der Kostendegression. Psalm 112,9: »Er streut aus, er gibt den Armen; sein Heil (seine Gerechtigkeit) bleibt ewig bestehen.«

Last not least: Mitarbeit im Board of Governors der B.G.U. Ich danke Gott, dass ich als Deutscher und Christ, der seinen Glauben dem Juden, Jesus von Nazareth, verdankt, der als Christus und Herr und mein Heiland mir den Zugang zu den Verheißungen Israels eröffnet hat: »Das Heil kommt von den Juden«, mitwirken darf.

Ich will nicht vergessen und schäme mich darüber, was Christen und Deutsche in allen Jahrhunderten und im Holocaust an Juden, »Gottes Augapfel« (Sacharja 2), verbrochen haben. Nur Gottes Erbarmen und Liebe und Treue, geoffenbart in Tod und Auferstehung Jesu Christi, sind größer und schenken eine neue, gemeinsame Hoffnung in der Erwartung des Messias.

Ich danke meinen jüdischen Freunden hier in Beer Sheva, dass ich mit beteiligt sein darf an dem Aufbau dieser Universität, die ein Segen nicht nur für Israel, sondern auch für Araber und die unter Wassermangel leidende übrige Welt sein wird.

Wir sind in unserem Bemühen für Verständigung zwischen Israelis und Arabern eingetreten und haben Stipendienfonds für arabische und beduinische Studenten eingerichtet und als Firma DEICHMANN mit großem Engagement eine Kooperation zwischen einer arabischen Firma aus Hebron und unseren alten Freunden aus dem Kibbuz Hulata unterstützt, wodurch Hunderte arabischer Familien in Hebron Arbeit und Brot bekommen und Friede praktisch exerziert wird.

Globalisierung der Wirtschaft? Uneingeschränkt ja! Milliarden arbeitswilliger Menschen drängen auf die neuen Arbeitsmärkte im Kommunikationszeitalter und bilden neue, boomende Märkte. Wir müssen daran mitwirken und darauf achten, dass unsere Märkte nicht verschlossen sind für Produkte früherer Entwicklungsländer und unsere Produkte passend machen für diese Märkte, auch preislich, d. h. wir werden unsere Einkommen anpassen, mit ärmeren Ländern teilen müssen, und das nicht erst seit heute. Deshalb brauchen keine Arbeitsplätze bei uns unterzugehen.

Wo ist die innovative Kraft der Unternehmer, die neue Produkte, Herstellungsmethoden, neue Strukturen herstellen? Stattdessen finanzielle Höchsterfolge bei Betriebsschließungen und Verlegen der Produktion in Billiglohnländer, ohne alternative Beschäftigungslösungen gefunden zu haben für die Menschen im Lande, die die Beziehung zur Arbeit und die damit verbundene Würde verlieren. Die Gesellschaft verharrt in sklerotischer Erstarrung, die Gewerkschaften fordern bei schrumpfendem Bruttosozialprodukt höhere Löhne, Verdienste ohne entsprechende Leistung, und am Ende müssen Arbeitslose, die für niedriger bezahlte Jobs nicht zur Verfügung stehen, für Nichtarbeit bezahlt werden.

Die Firma DEICHMANN kauft weltweit ein, immer noch den weitaus größten Teil in Europa, und hat in den USA ein modernes Einzelhandelsunternehmen für Schuhe aufgebaut, das stark wächst.

Aber wir haben auch in Europa und am stärksten in Deutschland expandiert mit auf die Kundschaft zugeschnittenen Konzepten und neuen Ladenbautypen und allein im letzten Jahr ca. 1.000 neue Mitarbeiter, darunter auch viele Teilzeitbeschäftigte, gezählt.

Soviel, kurz skizziert, zur Frage einer ethischen Fundierung dessen, was in einem Einzelunternehmen zu leisten ist.

Lassen Sie mich zum Schluss noch einem möglichen Missverständnis entgegentreten – dem Eindruck, als wollte und könnte ich die spannungsvolle Polarität von Wirtschaft und Ethik als gelungen und gelöst vermelden in einer Erfolgsstory mitten aus einer heilen Welt.

Ich bin, wie wir alle, sehr darauf angewiesen, dass das Nachdenken nicht aufhört und das Gewissen nicht ruht in all den Fragen – und Aporien –, die mit unserem Thema zusammenhängen.

Wir brauchen die Wissenschaft, die Technik, die schnellen verlässlichen Rechner in der großen wie der kleinen Haushaltung. Aber wir brauchen auch und mindestens sehr dringlich den aufrichtigen und kenntnisreichen Diskurs am Ort der Wissenschaft über die menschlichen Werte, um deretwillen wir arbeiten und leben. Nur ein solcher Diskurs gibt dem akademischen Leben seine Dignität.

Wir, die wir im Übrigen das Buch der Bücher zu schätzen gelernt haben, wissen darüber hinaus, dass nicht wir es sind, die diese Welt endgültig zu heilen vermögen. Wir können und sollen wirken, soweit unsere Kräfte reichen. Dies vorausgesetzt, bleibt uns das Gedenken des siebenten Tags und die Erwartung dessen, den Juden und Christen den Messias nennen.

Ich danke Ihnen, meine Damen und Herren, liebe Freunde, dafür, mit Ihnen sein zu dürfen. Ich danke Ihnen für Ihre ehrende Aufmerksamkeit.

Partnerschaften vor Ort –

Corporate Citizenship in der Unternehmensgruppe DEICHMANN
Vortrag am 3 .April 2001 beim Siemens-Forum, München

1. Einleitung

Sehr geehrter Herr Bundeskanzler, sehr geehrter Herr Prof. Wieland, sehr geehrter Herr Baron, sehr geehrter Herr von Pierer, meine Damen und Herren,

im Sommer 1994 hatte ich die Möglichkeit, Bundeskanzler Kohl mit einer Wirtschaftsdelegation auf einer Israelreise zu begleiten. Der später tragischerweise ermordete Premierminister Yitzhak Rabin wurde von Helmut Kohl gefragt, was denn zur Unterstützung des Friedensprozesses im Nahen Osten noch getan werden könne. Yitzhak Rabin antwortete: »Nichts, das einzige was fehlt, ist Arbeit für die Palästinenser.« Wir haben daraufhin eine Geschäftsbeziehung zwischen dem Kibbuz Hulata und der palästinensischen Schuhfabrik Tossetti Shoes aus Hebron aufgebaut und importieren seitdem in jeder Saison einige 100.000 Paar Schuhe aus Hebron bzw. aus Israel.

Meine Damen und Herren,

über die Einladung zu dieser Tagung des Deutschen Netzwerk für Wirtschaftsethik habe ich mich außerordentlich gefreut. Als ich von Prof. Wieland gebeten wurde, zum Thema Corporate Citizenship zu sprechen, war ich etwas unsicher über die genaue Bestimmung dieses relativ neuen Begriffes.

Ich bin, wie Sie vielleicht wissen, kein Wissenschaftler, sondern ein Mann der Praxis. Mein Vater war Schuhmacher, ein gläubiger Mann, der seinen Glauben an seinen Herrn und Erlöser Jesus Christus bei vielen Gelegenheiten bezeugt hat in Wort und Tat. Er besuchte in der schweren Zeit der Arbeitslosigkeit und danach Menschen in Not und brachte ihnen Trost durch Bibelwort und Gebet und etwas materielle Hilfe. Leider verstarb er schon früh mit 52 Jahren, da war ich 13 Jahre alt.

Ich wollte Arzt werden und studierte Medizin in Bonn und Düsseldorf. Ich hörte auch, als ich gleich nach Kriegsende zu studieren begann, theologische Vorlesungen bei dem von mir hoch verehrten Karl Barth, der zwei Gastsemester in Bonn las.

Nach dem Studium und fünfjähriger ärztlicher Tätigkeit mit dem Schwerpunkt orthopädische Chirurgie habe ich dann doch das elterliche Schuhgeschäft übernommen und wurde Schuhhändler, nachdem ich schon während des Studiums zwei Filialen eröffnet hatte. Ich habe die Liebe zu den Schuhen und den Umgang mit der Kundschaft auf der Basis des Vertrauens, das gute Ware und faire Preise voraussetzt, bis heute bewahrt. Dazu gehört auch die Achtung vor den Mitarbeitern, die ich immer als integralen Bestandteil der sich entwickelnden Firma DEICHMANN angesehen habe. Schon die in den ersten Jahren eingeführte Altersversorgung, die Unterstützungskasse, medizinische Prävention in Gesundheitswochen in der Schweiz, Aufstiegsmöglichkeiten für alle, ein leistungsgerechter Lohn legen Zeugnis davon ab.

2. Unternehmensgruppe DEICHMANN

1913 war Deichmann noch eine Schuhmacherei in Essen-Borbeck. Doch die erste Filiale außerhalb Essens 1949 blieb nicht die einzige. Es folgten viele weitere – Ladengestaltung und Unternehmensstruktur wachsen mit der Zeit, werden größer und moderner. Heute führen mein Sohn und ich das Unternehmen gemeinsam.

Inzwischen sind wir mit RACK ROOM SHOES in den USA und außerdem in sieben Ländern Europas vertreten: Mit DEICHMANN in Österreich, Polen, Großbritannien, Ungarn und Belgien, mit DOSENBACH und OCHSNER in der Schweiz und mit VAN HAREN in den Niederlanden. Ca. 40 Prozent des Umsatzes erzielen wir bereits außerhalb Deutschlands. Insgesamt gehören rund 20.000 Mitarbeiter zur DEICHMANN-Familie. Weltweit bieten wir unser Sortiment in 2000 Schuhgeschäften und verkaufen 80 Millionen Paar Schuhe pro Jahr.

Gerade das Jahr 2000 war von Wachstum geprägt – die Märkte Großbritannien, Belgien und Ungarn kamen hinzu, so wurden viele weitere Arbeits- und Ausbildungsplätze geschaffen. Für die Zukunft ist die Expansion in weitere Märkte geplant.

3. Dem Menschen dienen

Es braucht eine Menge Vertrauen, um eine solche Firma in einem guten Betriebsklima zu vereinen. Gemeinsame Arbeit verbindet, wenn sie gut geschieht, wenn klar ist, dass sie dem Menschen dient. Vertrauen in beide Richtungen, den Mitarbeitern in ihren verschiedensten Aufgaben und von dort der Geschäftsleitung gegenüber. Stakeholder Value statt Shareholder Value.

Die Deichmann-Stiftungen haben über die Firma hinausgehende Aufgaben übernommen. Den Armen und Hungernden, den Lepra-Kranken zuerst und auch den Tuberkulose-Kranken, den Obdachlosen auch in unserem Lande helfen wir mit verschiedenen Projekten, besonders aber »Wort und Tat« in Indien und in Tansania. Menschliche Hilfe ist mehr als Geld geben. Glauben und Vertrauen wächst nicht an Äußerungen politischer oder wirtschaftlicher Macht. Glauben und Vertrauen ist Glauben an eine Person, deren Liebe als unwandelbar und persönlich erfahrbar ist. Es ist für mich der Glaube an Jesus Christus, das heilende und rettende Wort Gottes, der in Tod und Auferstehung die ewige Liebe Gottes zu uns Menschen ist. Wenn wir von seiner Liebe erzählen, können wir es nur in seiner Nachfolge. Predigen, heilen, den Hungrigen zu essen geben, das heißt die Menschen aus Slums und unendlicher Armut befreien, aus Analphabetismus zu einem neuen Leben voller Hoffnung. Vertrauen ist auch Vertrauen unter uns Menschen, den Hilfe-Suchenden und den sie Vermittelnden, es ist Vertrauen zu Gott, dessen Liebe sich in Jesus Christus offenbart hat.

Doch zurück zur Ausgangsfrage: Was bedeutet Corporate Citizenship in der Unternehmensgruppe DEICHMANN? Das Helfen, das sich aktive Einmischen in dem eigenen Umfeld und darüber hinaus, so wie es von Christen seit jeher verstanden wird, ist dem Begriff ziemlich nahe.

Aber auch auf der Ebene der Unternehmen, in ihrer unmittelbaren Beziehung zu Kunden und Lieferanten, gewinnt diese Form der Einmischung größere Bedeutung. So auch bei uns.

4. Entwicklung von Sozialstandards

Lange bevor der Begriff Corporate Citizenship seine Durchsetzung fand, haben sich Handels- und Industrie- Unternehmen der westlichen Welt mit Sozialstandards und Arbeitsbedingungen in den Produktionsländern beschäftigt. So auch wir. DEICHMANN-Schuhe startete wie die meisten Unternehmen: Die einschlägigen Sozialstandards – abgeleitet aus den ILO Konventionen und SA 8000 – wurden in die allgemeinen Einkaufsbedingungen aufgenommen. Die Lieferanten wurden aufgefordert, die Sozialstandards einzuhalten. Aber seien wir ehrlich: Durch schriftliche Einkaufsbedingungen allein würde sich in den Produktionsländern China, Indien oder auch Vietnam nicht viel verändert haben.

Bevor ich nun auf unser Projekt mit Lieferanten in Indien detaillierter eingehe, lassen Sie mich kurz zu den Vorbedingungen etwas sagen. Vor 10 Jahren war DEICHMANN ein mittelständisches Unternehmen. Unser Einkaufsvolumen hatte nicht die heutige Größenordnung. Daher war der direkte Zugang zu den Beschaffungsmärkten in Asien weitgehend die Ausnahme. Typischerweise arbeitete man über Import-/Export-Companies. Die direkten Kontakte zu Herstellern in Asien und das Wissen über die Produktionsbedingungen fehlten weitgehend.

Erst das Wachstum des Unternehmens und neue Einkaufsstrategien haben zum direkten Zugang in den weltweiten Beschaffungsmärkten geführt. Heute arbeiten wir im Rahmen der Vertikalisierung und des ECR (Efficient Consumer Response) zunehmend direkt mit Fabriken in Asien zusammen. Dadurch nimmt die Zahl der Lieferanten kontinuierlich ab, was allerdings die Zusammenarbeit mit den verbleibenden Lieferanten viel intensiver und langfristiger gestaltet. Wir wissen jetzt ziemlich genau, wer, wie und was wo produziert und können somit einem überaus vielfältigen Aspekt besser Rechnung tragen: dem Gewissen unserer Kunden!

Unsere Kunden – und ich denke, meine Erfahrungen treffen für fast jedes Einzelhandelsunternehmen zu – wollen ein ihren Erwartungen angemessenes Einkaufserlebnis und den für das Produkt zusammen mit der Warenpräsentation besten Preis. So ist DEICHMANN mit dieser Erwartungshaltung der Kunden genauso konfrontiert wie ein Einzelhändler im oberen Preissegment. Selbstverständlich gehen die Kunden in allen Geschäften von Produkten aus, die nach den ihnen von ihrer eigenen Umgebung bekannten und gewohnten Arbeits- und Umweltbedingungen gefertigt wurden. Auf Nachrichten über schlechte Arbeitsbedingungen oder Umweltprobleme in den Produktionsstätten reagiert der Kunde sofort mit spürbarer Kaufzurückhaltung. Dabei spielt die relative Position einer Produktionsstätte unter den lokalen Bedingungen für die Einschätzung der Kunden hier kaum eine Rolle. Sie erwarten Produktionsstandards wie in Europa und insbesondere wie in der Bundesrepublik.

Meine Damen und Herren, die größere Nähe zu unseren Lieferanten, die Forderung unserer Kunden und letztlich auch die Fortsetzung des zu Beginn meiner Rede angesprochenen sozialen Engagements in der

Supply Chain – wie es jetzt ja heißt – führen uns direkt zu dem Projekt, über das ich hier berichten möchte.

5. ISES-Projekt in Indien

Ende 1998 hatten wir in der Geschäftsführung beschlossen, unsere Schuhimporte aus Indien zu erhöhen. Nach dem chinesischen Markt drohte nun auch das für uns wichtige Importland Vietnam mit Importquoten der Europäischen Union belegt zu werden.

Indien hat eine lange Tradition in der Schuhproduktion. Leider hat Indien aber auch einen schlechten Ruf in Bezug auf Stichworte wie

Kinderarbeit,
schlechte Arbeitsbedingungen,
Umweltzerstörung.

Unsere Zielsetzung war es, die vorhandene gute Lieferantenbasis in Indien auszubauen und langfristig mit diesen Lieferanten zu arbeiten. Diese Arbeit sollte durch die Gewährleistung von international anerkannten Sozial- und Umweltstandards abgesichert werden.

Für diese Arbeit brauchten wir einen Partner. Unsere Einkaufsorganisation hat für ein solches Vorhaben nicht genügend Manpower und hatte zu diesem Zeitpunkt auch noch keine Erfahrung bei der Durchführung solcher Projekte.

Auf der Suche nach einem kompetenten Partner kamen wir mit der GTZ in Eschborn zusammen. Die GTZ hatte bereits in mehreren Projekten Erfahrungen bei der Entwicklung von Sozial- und Umweltstandards gesammelt. Insbesondere hatte die GTZ mit der Indio German Export Promotion (IGEP) eine effizient arbeitende und in Indien anerkannte Organisation. Vielen wird das RUGMARK-Projekt ein Begriff sein. Bei RUGMARK, einem Teppich-Label, geht es darum, über Erträge, die aus dem Label erwirtschaftet werden, Kinderarbeit beim Knüpfen der Teppiche auszuschließen. Gleichzeitig soll den Kindern eine Ausbildung ermöglicht werden.

Zusammen mit der GTZ haben wir unserer Projekt als PPP-Projekt realisiert. PPP steht für Public Private Partnership. PPP basiert auf der Überlegung, dass Projekte nicht direkt von der öffentlichen Hand in einem Entwicklungsland durchgeführt werden, sondern indirekt eine Förderung privatwirtschaftlicher Projekte erfolgt, die dann bessere Gewähr für langfristige Nachhaltigkeit bieten.

Unser Projekt haben wir in vier Phasen durchgeführt:

1. Vorbereitungsphase
2. Auditierung der Produktionsstätten
3. Abweichungsanalyse und Maßnahmenentwicklung
4. Umsetzung der Maßnahmen

In der Vorbereitungsphase haben wir sehr schnell einen Namen für unser Projekt gefunden. Wir haben es »ISES« für Improvement of Social and Environmental Standards genannt. Das machte die Zielsetzung deutlich: Verbesserung von Sozial- und Umweltstandards.

In der anfänglichen Diskussion mit der GTZ war dieses ein sehr wichtiger Punkt. Es ging uns im ISES-Projekt nicht darum, Fabriken zu auditieren. Wir wollten keine Multiple Choice-Fragebogenauswertung, die am Ende an einem Durchschnittswert erkennen lässt, ob wir mit einer Fabrik arbeiten können bzw. dürfen oder nicht. Unsere Zielsetzung war es, gemeinsam mit den indischen Partnern an einer Verbesserung der Produktionsbedingungen zu arbeiten. Wenn ein Unternehmen die Bereitschaft zeigte und grundsätzlich in der Lage schien, die geforderten Standards zu erreichen, war eine Beteiligung am ISES-Projekt möglich.

Partner im ISES-Projekt waren also neben den indischen Lieferanten Mitarbeiter von DEICHMANN, der GTZ in Deutschland und der IGEP in Indien. In der Vorbereitungsphase haben wir ausführlich über Sozialstandards diskutiert. Dabei waren nicht die Standards selbst der Diskussionsinhalt – hier sind mit dem Kanon aus jeweiliger nationaler Gesetzgebung, ILO-Konventionen und SA 8000 anerkannte Rahmenbedingungen gesetzt – , sondern: Wie können diese Sozialstandards sachgerecht auf die indische Schuhindustrie umgesetzt werden? Wir wollten vermeiden, dass unsere Anforderungen von den indischen Partnern als »westliche Arroganz« gegenüber der traditionsreichen indischen Kultur missverstanden würden. Wenn einer der Vorwürfe gegen die heute durchgeführten Audit-Systeme berechtigt ist, dann der, dass die Audits zu sehr aus der westlichen – vor allem angelsächsischen – Philosophie heraus durchgeführt werden.

Zur Vorbereitung der Audits in den Fabriken wurden die Fragebögen vom Team in Deutschland entwickelt. Um eine Schuhfabrik beurteilen zu können, muss der Produktionsprozess »Schuhe« verstanden werden. Die Gefahr ist sonst zu groß, wesentliche Gefährdungspotentiale oder Verstöße gegen Standards zu übersehen.

Zu Beginn der Phase 2, im Oktober 1999, sind wir vor Ort, in New Delhi, in einem Workshop zusammen mit den Inhabern und Fabrikmanagern der Schuhfabriken gestartet. Ich glaube, dieser Workshop war eine der Voraussetzungen für den Erfolg des gesamten Projektes. Hier ist es uns gelungen, die Anforderungen, die uns als Einzelhändler auf unseren Absatzmärkten begegnen, zu kommunizieren. Durch die IGEP, mit einer hohen Akzeptanz ihres Leiters Dr. Dietrich Kebschull bei den indischen Managern, wurde die Glaubwürdigkeit unserer Anforderungen noch unterstrichen. Es ist uns in dieser Phase gelungen, die Anforderungen unserer Kunden mit den Auswirkungen auf den Geschäftserfolg unseren Lieferanten so zu kommunizieren, dass deutlich wurde, in welcher Anforderungsgemeinschaft wir verbunden sind. Sozialstandards wurden so vom Sockel der »westlichen Arroganz« auf den Boden der wirtschaftlichen Notwendigkeit heruntergeholt.

Von der GTZ wurden unmittelbar im Anschluss an unseren Workshop Mitarbeiter der IGEP im Auditprozess ausgebildet. Im ersten Quartal 2000 wurden dann die Schuhfabriken von einem GTZ-Mitarbeiter und indischen Mitarbeitern der IGEP besucht. Entsprechend der abgestimmten Vorgehensweise wurden die Schuhfabriken untersucht. Dazu gehörten Interviews mit der Fabrikleitung, Interviews mit Mitarbeitern und die Beurteilung der Produktions-, aber auch der sanitären Bedingungen.

Nicht alle Fragen konnten im ersten Besuch beantwortet werden. Ein zweiter Besuch folgte einige Wochen später. Die Fabriken konnten in der Zwischenzeit fehlende Informationen aufbereiten. Häufig betraf dies Fragen nach Daten aus dem Personalbereich und vor allem Fragen nach Vorlieferanten. Die Integration der Vorlieferanten ist ein sehr schwieriges Thema. Wie weit soll man gehen? Bis zum Bauern, der Kühe auf der Weide oder im Stall hält? Wir haben uns auf die wichtigsten Vorlieferanten konzentriert. Das sind in der Schuhindustrie die Gerbereien und die Sohlenproduzenten.

Ergebnis des ersten Audits war ein ausführlicher Bericht zusammen mit einer Maßnahmenliste der Unternehmen. In dieser Liste, dem sogenannten »Corrective Action Plan«, wurden vom Lieferanten Maßnahmen zur Beseitigung von Verstößen gegen die Sozialstandards vorgeschlagen.

In der Phase 3 des ISES-Projektes haben wir die Berichte und Corrective Action Pläne in Deutschland analysiert und teilweise die vorgeschlagenen Maßnahmen ergänzt bzw. zusätzliche Korrekturen angebracht.

Bei einem weiteren Besuch der Auditoren wurden die Maßnahmen mit den Lieferanten abgestimmt, verantwortliche Manager benannt und die Umsetzung terminlich abgestimmt. Die meisten Maßnahmen konnten und wurden von den Lieferanten in wenigen Monaten tatsächlich umgesetzt.

Die häufigsten Verstöße gegen anerkannte Sozial- und Umweltstandards betrafen die Sicherheit am Arbeitsplatz, wie fehlende Schutzvorrichtungen an Maschinen, blockierte Notausgänge, fehlende Erste Hilfe-Einrichtungen und allgemein das, was man unter »Good House Keeping«, also eine vernünftige Organisation der Produktion, versteht.

Ein weiteres allgemeines Problem war der Umgang mit gefährlichen Stoffen, also der Umgang mit Reinigungsmitteln, Klebstoffen und anderen Chemikalien.

Dritter, leider häufig angetroffener Misstand, war der Umgang mit Abfallstoffen. In den meisten Fabriken fiel davon viel zu viel an, und das Entsorgungskonzept endete häufig hinter der Fabrikmauer.

Das Problem Kinderarbeit und jede Form der Diskriminierung haben wir nicht vorgefunden. Das heißt natürlich nicht, das dieses in der indischen Schuhindustrie nicht vorkommt. Dass es in unserem Projekt kein Problem darstellte, liegt sicherlich daran, dass unsere Partner schon »Leader« ihrer Branche sind.

Insgesamt gab es bei fast allen Schuhfabriken eine hohe Bereitschaft, die verabschiedeten Maßnahmen mit Nachdruck umzusetzen. Schon nach sechs Monaten konnten wir erstaunliche Veränderungen sehen. Nur ein Lieferant hat es bei verbaler Zustimmung belassen.

Häufig werde ich gefragt, ob die Lieferanten nicht durch die Befolgung von Sozialstandards über Kostenerhöhungen ihre Wettbewerbsposition verlieren. In unserem ISES-Projekt konnten wir folgendes feststellen:

Die Umsetzung der Maßnahen kostet den Fabrikanten zunächst Geld.

In einem zweiten Schritt ist aber bei nahezu allen Fabriken durch bessere Arbeitsorganisation die Produktivität und die Produktqualität gestiegen. Insgesamt ist der Faktoreinsatz an Material, aber auch an Arbeitskraft gesunken. Damit wird der überwiegende Teil der Kosten für die Verbesserung der Produktionsbedingungen wieder kompensiert.

Insgesamt erscheint mir die Gefahr der Lieferanten, ihren Wettbewerbsvorteil zu verlieren, durch die Missachtung internationaler Standards wesentlich höher.

Damit der erreichte Standard erhalten bleibt bzw. kontinuierlich verbessert wird, haben wir mit den Lieferanten vereinbart, einen unabhängigen Re-Audit einmal im Jahr durch Mitarbeiter der IGEP durchzuführen.

Kommen neue Lieferanten in Indien hinzu, werden sie ebenfalls in das ISES-Programm aufgenommen. In einem ersten Schritt wird von unseren Einkaufsagenten in Indien festgestellt, ob der Lieferant das Potential hat, die mit ISES gesetzten Standards zu erreichen. Bei einem positiven Ergebnis dieser Vorprüfung kann unser Einkauf Aufträge bei diesem Lieferanten plazieren. Im nächsten Schritt erfolgt dann der Audit entsprechend dem ISES-Programm.

6. Die nächsten Schritte

Der Resultate des ISES-Projektes haben uns Mut gemacht. Natürlich haben wir den indischen Subkontinent nicht verändert. Man darf aber vor der großen Aufgabe nicht verzweifeln. Nur die Arbeit in kleinen Schritten – das kennen wir von unseren Hilfsprojekten für die Ärmsten – führt zu langfristigen Erfolgen. Aufbauend auf den Erfahrungen aus dem ISES-Projekt werden wir jetzt unsere Lieferanten in den anderen asiatischen Ländern untersuchen.

Corporate Citizenship ist der Titel der heutigen Tagung: Engagement von Unternehmern und Unternehmen vor Ort. Dieses versuchen wir auch im nächsten Schritt mit unseren Lieferanten zu erreichen. Dieser Standpunkt bezieht sich jedoch weniger auf das Engagement der Firma DEICHMANN außerhalb der Lieferanten-/Händler-Beziehung.

Lassen Sie mich erläutern, was ich meine: Unsere Lieferanten, die an dem ISES-Projekt teilgenommen haben, wie auch weitere Lieferanten, die neu hinzukommen, sind sicherlich führend in ihrer Industrie. Dieses trifft auch für viele andere Lieferanten zu, die exportfähige Qualitäten produzieren. Diese Lieferanten sind anerkannt in ihren Gemeinden, und sicherlich sind sie auch vielfach die Meinungsmacher und Meinungsführer. Ich bin fest davon überzeugt, wenn es uns gelingt, diese Lieferanten dazu zu bewegen, ihre Erfahrungen in ihren Communities, in ihrer Branche, bei ihren Berufskollegen zu vertreten und weiter zu geben, können wir einen positiven Schneeballeffekt erreichen. Das führt zu einer Multiplikation, wie wir sie mit Auditierungsprogrammen, wie wir und andere Unternehmen aus dem Handel sie durchführen, gar nicht erreichen können.

In diesem Sinne bin ich optimistisch. Die Globalisierung mit den immer stärker werdenden Handelsverflechtungen kann so auch eine positive Auswirkung auf die sozialen Bedingungen in den weniger entwickelten Ländern und in den Entwicklungsländern haben.

Vielen Dank für Ihre Aufmerksamkeit.

Indische Predigten

Die Texte stammen aus Ansprachen während der Reisen in die indischen Arbeitsgebiete von Wort & Tat in den Jahren 1996, 1997 und 1998.

Davids Geschichte

Vor Schülern und Lehrern in Bheemeli

Meine Frau, die Lehrerin war, sagt mir immer: »Halte den Kindern nicht so lange Reden. Halte ihnen keine Predigten." Ich bin natürlich kein Lehrer. Aber ich versuche mein Bestes und möchte euch heute die Geschichte von David erzählen.

David wuchs in einer großen Familie auf. Es gab dort viele Söhne. David war der Jüngste. Dann, als er größer geworden war, wurde er eines Tages hinausgeschickt, um nach den Schafen zu sehen. Vielleicht war David nicht sehr groß, aber er war ein sehr starker Junge. Es wird uns berichtet, dass einmal ein Löwe kam, als David die Schafe hütete. Doch David riss das Schaf aus dem Maul des Löwen. Er hatte also eine Menge Kraft und Mut.

Eines Tages wurde David zu seinen Brüdern geschickt, die in der Armee dienten, um die Philister zu bekämpfen. Zu jener Zeit waren die Philister sehr häufig die Feinde Israels. Dann geschah es, dass von den Feinden her ein sehr großer Soldat auftrat. Sein Name war Goliath. Damals kämpfte man noch Mann gegen Mann, nicht wie heutzutage, wo Bomben gegen die Zivilbevölkerung eingesetzt werden. Dieser Kämpfer Goliath rief nach einem Mann Israels, der bereit wäre, gegen ihn anzutreten. Der Sieger dieses Zweikampfes trüge dann auch den Sieg für sein Volk davon.

Alle Soldaten Israels hatten große Angst. Niemand kam nach vorne, um gegen Goliath zu kämpfen. Goliath spottete: »Ihr seid also das Volk Israel, das Volk Gottes! Warum kommt keiner nach vorne? Wo ist euer Mut geblieben? Ist er euch in die Hose gerutscht? Seid ihr ein Volk, das sich in die Hose macht?"

Klein-David hörte sich das einmal, zweimal, dreimal an. Dann rannte er zu Saul, seinem König, und sagte: »Warum kommt keiner nach vorne? Nimm doch mich! Ich werde gegen Goliath kämpfen! Dieser Mann verspottet die Armee des lebendigen Gottes. Er macht sich lustig über Gott. Ich aber vertraue auf Gott. Er wird mich stark machen. Ich werde gehen und gegen Goliath kämpfen." Der König gab David seine Waffen. Er gab ihm auch seine Rüstung. Aber David konnte die Waffen nicht tragen, auch nicht die Rüstung. Er war ja nur ein Hirte. Er hatte nichts als einen Hirtenstab und eine Steinschleuder in der Hand.

Dann trat der Mann wieder an, dieser Goliath, und machte sich über Israel lustig. Da kam David auch nach vorne mit seinem Stab und seiner Schleuder. Goliath rief: »Was, du kleiner Junge, du willst gegen mich kämpfen? Bin ich ein Hund, dass du mich mit dem Stock schlagen willst?"

David lief ihm entgegen, ohne Angst vor diesem furchtbaren Mann, und sagte: »Du bist ein großer Kerl, und du hast viele Waffen. Ich habe nichts davon. Aber ich komme zum Kampf gegen dich im Namen des lebendigen Gottes, des allmächtigen Gottes. Gott wird dich in meine Hände geben, und Israel wird den Sieg davontragen."

Dann nahm David einen Stein aus seiner Tasche, legte ihn in seine Schleuder und schleuderte ihn gegen Goliath. Der Stein drang durch Goliaths Stirn. Der Mann fiel zu Boden. Dieser große, hässliche Kerl fiel zu Boden, mit all seinen Waffen. Könnt ihr euch das vorstellen? David stellte sich auf ihn. Dann zog er Goliaths Schwert heraus und trennte den Kopf vom Körper ab. Dabei rief er: »Lobt den Herrn mit lauter Stimme für diesen Sieg! Der Herr hat uns geholfen! Preist den Herrn, Halleluja!"

Hört: Wenn ihr dem Herrn vertraut, braucht ihr keine Schwierigkeit zu fürchten. Ihr braucht keine Feinde zu fürchten. Wenn ihr dem Herrn völlig und von ganzem Herzen vertraut, dann wird er euch heraushelfen. Was es auch für Schwierigkeiten sind, in denen wir stecken, der Herr wird uns helfen.

Nach dieser Geschichte trat ein Prophet auf: Samuel. Saul sollte nicht länger König Israels sein. Samuel kam in Davids Vaterhaus. Nachdem er sich alle älteren Brüder Davids angesehen hatte, fragte er nach David, der dann von den Schafen weggeholt wurde. Samuel goss Öl, reines Öl, auf Davids Kopf: Auf diese Weise wurden Könige gesalbt. Dadurch wurde David der zukünftige König Israels.

Einer von Davids Nachfolgern, dem die ewige Macht gegeben wurde, war Jesus Christus. Er wurde auch gesalbt. Deswegen heißt er Christus, der Gesalbte, gesalbt durch den Heiligen Geist, durch den Geist Gottes.

Ich möchte euch Kindern sagen, dass wir wie David alle gesalbt werden können, wenn wir unser Herz für Jesus Christus, unseren Herrn, öffnen. Wenn wir zu ihm beten: »Bitte, rette mich, ich möchte dein Kind werden und dir nachfolgen. Bitte nimm den Platz in meinem Herzen ein." Ich versichere euch, Jesus wird herabkommen. Er ist jetzt im Himmel, aber er wird seinen Geist herab senden. Ihr werdet gesalbt und dann wissen, dass ihr Kinder Gottes seid, dass Jesus sein Leben für euch gegeben hat, damit ihr mit ihm leben könnt.

Ich möchte euch noch etwas ganz Persönliches sagen: Als ich elf Jahre alt war, vielleicht in der 5. oder 6. Klasse, da tat ich das, was ich euch soeben sagte. Ich bat den Herrn Jesus herabzukommen, um in mir zu leben. Bis heute vertraue ich diesem Herrn. Er hat mich durch all die Jahre geführt, durch den Krieg und durch viele Schwierigkeiten. Mein Vater war ein Christ. Er war Schuhmacher. Mit dem wenigen, was er hatte, besuchte er die Armen und Kranken, half ihnen, betete mit ihnen im Namen des Herrn und las ihnen aus der Bibel vor. Das war für mein Leben sehr wegweisend. Aber ich brauchte die persönliche Bekanntschaft mit dem Herrn Jesus Christus. Darum sage ich euch noch einmal: Bittet ihn, ein Teil von euch zu werden, in euch zu wohnen.

Der Herr hat mir eine wunderbare Ehefrau gegeben, vier Kinder und acht Enkel. Der Herr hat mir auch diesen Freund John David gegeben. Manchmal haben wir Meinungsverschiedenheiten, aber im Herrn sind wir eins. Wir haben ein reiches Leben erhalten, angefüllt mit Diensten für andere im Namen des Herrn. Das ist das Beste, was jemandem passieren kann.

Wir verkaufen 75 Millionen Paar Schuhe im Jahr. Das ist sogar für ein Land wie Indien eine Menge. Aber noch wichtiger ist, dass ich hingehen und die Gute Nachricht von Jesus Christus predigen kann, damit Menschen gerettet werden, damit die Welt von Gottes Liebe in Jesus Christus erfährt. Jeder kann sich darüber freuen. Niemand muss etwas dafür bringen. Gott will, dass jeder gerettet wird. Nehmt diese große Gabe des allmächtigen Gottes aus dem Himmel an, nehmt Jesus für euch persönlich an!

Dienen ist unser Leben

Vor Evangelisten in Chilakaluripet

Ich danke euch allen. Ich möchte, dass ihr alle von euren Sitzen aufsteht und klatscht. Macht einen fröhlichen Lärm vor dem Herrn! Jesus Christus möchte uns die Fülle des Lebens geben! Ich kenne keine indischen Lieder, und doch hätte ich gerne, dass ihr jetzt ein indisches Lied singt, alle zusammen, mit lauter Stimme, damit alle Städte es hören! Der Herr hat große Dinge für uns getan! Lasst uns ihm danken! Er hat seinen Sohn für uns gegeben. Das ist Gottes Geschenk an uns. Das ist Gottes Liebe. Er hat nicht nur von Liebe geredet, sondern sein Leben für uns gegeben.

Wir alle haben Jesus Christus als Retter kennen gelernt. Ihm hat er das neue Leben der Auferstehung von den Toten gegeben. Wenn wir in diesem neuen Leben sind, dann heißt das: Lasst uns einander lieben! Lieben heißt, unser Leben für andere zu geben. Nicht nur »Liebe, Liebe, Liebe" sagen. Sondern etwas mit Gottes Liebe tun. Gott gab sein Leben in Jesus Christus.

Wir sollten auf die Dienste vorbereitet sein, von denen der Herr will, dass wir sie tun. AMG ist eine dienstorientierte Organisation. Die Dienste des Evangeliums vorantreiben, ich könnte auch sagen: die Dienste von Jesus Christus vorantreiben.

Was tat er? Er predigte das Evangelium vom Königreich. Er selbst war die Gute Nachricht, das Wort Gottes, das zu jedem gesprochen wird. Er heilte die Kranken, reinigte die Aussätzigen. Er tat alles für die Menschen. Er speiste die Armen und Hungrigen.

Die kleinen Kinder, die vorhin auf dieses Podium kamen, zeigten uns den Dienst der AMG. Ihr habt den kleinen Jungen gesehen, der einen Leprapatienten darstellte: Dienst an den Lepra-Patienten, Hilfsdienste, um die Kranken zu heilen. Dienste für die Kranken, um ihnen das Augenlicht wiederzugeben. All die Tausende von Menschen, die eine Kataraktoperation bekommen haben, können jetzt wieder sehen. Sie sind nicht mehr blind. All die Tausende von Menschen, die im TB-Krankenhaus geheilt wurden, mussten nicht sterben, sondern freuen sich nun der Fülle des Lebens. Dienste für die Armen. Speisung der

Hungrigen. Unterkünfte, Häuser für die, die ihre Häuser verloren haben. Dienste an kleinen Kindern in all den Tageszentren, ihnen Milch geben, damit sie ihre ersten Lebensjahre ohne Schaden überstehen. Und dann all die Dienste für Kinder bis hin zu den College-Schülern.

Es gibt also Dienste, Dienste, Dienste. Nicht nur humanitäre Dienste. Bei humanitären Diensten ist immer ein Geber, der genannt und gesehen werden will, auch wenn er nur wenig tut. Sein Bild nimmt viel Raum ein. Ich mag nicht, dass mein Name und der Name meiner Frau herausgestellt werden. Wir tun nicht nur humanitäre Dienste. Wir tun die Dienste von Jesus Christus. Wir wollen Jesus Christus am Kreuz von Golgatha herausstellen. Dort gab er sein Leben für uns. Wir wollen Jesus als den Gekreuzigten predigen, die Rettung für die Welt. Ihn hat Gott verherrlicht, ihn hat er am dritten Tag von den Toten auferweckt. Was haben wir für die Menschheit getan? Nein, wir schämen uns all dessen, was wir nicht getan haben.

Wir predigen also nicht uns selbst. Sondern wir predigen Jesus Christus, den Herrn. Zuerst Christus, den Gesalbten, den König, den Messias. Den, der alle Macht im Himmel und auf der Erde erhalten hat. Und es ist Jesus, der auf die Erde herabkam, um mit uns zu leben. Der am Kreuz von Golgatha starb. Der jetzt bei Gott in der Herrlichkeit ist. Im Buch der Offenbarung sehen wir ihn, das geschlachtete Lamm, mitten auf dem Thron Gottes. Von dort aus regiert er die ganze Welt. Das ist so, ob wir das so akzeptieren oder nicht, ob wir es wissen oder nicht. Aber er ist da. Er ist Gottes Macht. Und er möchte uns die Macht Gottes zeigen, offenbaren.

Er liebt uns wirklich. Er liebt die Kinder. Er liebt uns, die wir hier sitzen. Er ist der Herr. Wir sind seine Diener. Ich möchte, dass ihr alle ihm folgt. Er liebt euch, aber er ist auch euer Herr. Wir sind eure Diener um Jesu willen. Nicht aus humanitären Gründen. Wir können euch nur mit der Liebe Jesu Christi lieben. Wir möchten euch lieben, weil Jesus uns zuerst geliebt hat. Wir wollen euch dienen, weil Jesus uns zuerst gedient hat. Antwortet auf Jesu Liebe.

Antwortet auf all das, was ihr erhalten habt! Es ist eure Chance zum Dienst. Wir werden euch in der Zukunft bitten, auch eurer Schule und eurem College zu dienen. Ich möchte, dass jeder von euch seine Schlafecke selbst reinigt, sein Geschirr spült und den Tisch abwischt, in der Küche hilft, im Garten arbeitet. Damit dieser ganze Komplex eine blühende Insel wird.

Ihr habt schon begonnen, hier zu putzen. Aber das reicht noch nicht. Geht nach Bethel, wo die Lepra-Patienten sich um das Dorf kümmern. Seht es euch an! Hier gibt es mehr als 2000 Menschen. Zwei Stunden am Tag bedeutet eine Menge täglicher Arbeit. Es wird schwieriger werden in der Zukunft, denn wir müssen sehen, dass alle Dienste bezahlbar bleiben. Ich erwarte von euch, dass ihr Teile dieser Dienste übernehmt, für euch selbst und für eine bessere Gesellschaft. Ihr werdet diese Arbeit gerne tun. Wir müssen lernen, mit den eigenen Händen zu arbeiten. Das ist gut für uns selbst und für andere. Das ist eine biblische Tradition.

Noch einmal, liebe Freunde: Wir lieben euch wirklich. Wir wollen euch im Namen unseres Herrn Jesus Christus dienen. Wir wollen, dass ihr an Jesu Diensten teilhabt. Ich danke euch allen. Gott segne euch.

Gottes Herrlichkeit wird sichtbar

Vor Lepra-Kranken in Mandapeta

Vor 22 Jahren war ich zum ersten Mal bei euch hier in Mandapeta. Ich muss euch sagen, ich wurde reich gesegnet durch euch, die ihr hier um mich herum sitzt. Zuerst hatte ich Angst vor euch mit all euren Gesichtern, die die Zeichen der Lepra tragen. Doch dann sah ich, wie mein Bruder John David euch umarmte und euch die Hand schüttelte. Und plötzlich kam es in mein Herz: Auch unser Herr Jesus Christus, dem wir dienen und dessen Evangelium wir predigen wollen, berührte euch. Er umarmte euch, weil er euch liebte. Er heilte die Lepra-Kranken, weil er sie liebte. Er hatte Mitleid mit ihnen. Heilung und Speisung sind Dinge, die unser Herr tat und die wir auch tun.

Doch noch wichtiger ist die ewige Speise. Jesus sagt: »Ich bin das Brot des Lebens." Ihr habt von dem Brot gegessen, das Jesus Christus ist. Ihr habt von dem Blut getrunken, das am Kreuz von Golgatha vergossen wurde zu eurer Rettung. Das wurde mir bewusst, als wir mit 500 Menschen in Mandapeta zusammen waren, mit Brüdern und Schwestern im Herrn, als wir das Brot zusammen aßen und den Wein zusammen tranken. Ich selbst schob einigen das Brot zwischen ihre Lippen und goss einigen den Wein in den Mund, denn sie hatten keine Hände, keine Finger, um es selbst zu tun. Da wurde mir plötzlich bewusst: Der Herr ist mitten unter euch. Ich sah eure leuchtenden Gesichter. Im Epheserbrief heißt es in einem Vers: »Er ist in euch." Wisst ihr, er wird in euch leben. Er schickt seinen Heiligen Geist herab zu euch, in euch hinein. Christus ist in euch: die Hoffnung auf die Herrlichkeit. Gottes Herrlichkeit spiegelt sich in euren Gesichtern wider.

Im 2. Korintherbrief, Kapitel 4, Vers 6 lesen wir, dass Gott die Welt aus der Dunkelheit erschaffen hat. Er, Gott, sprach: »Es werde Licht!" Und es wurde Licht. Es heißt dann weiter: Gott scheint in unsere Herzen, damit durch uns alle Menschen Gottes Herrlichkeit erkennen sollen, die in Jesus Christus sichtbar wird. Es ist Gott selbst, der die Dunkelheit aus unserem Herzen vertreibt. Er schenkt das Licht, das in unserem Herzen scheint. Wir sehen seine Herrlichkeit in Jesus Christus.

Jesus Christus war nicht wie einer der irdischen Könige. Er verließ den Himmel, er verließ seinen Vater, um für uns da zu sein. Er wurde arm wie ihr, wie wir alle. Und dann gab er sein Leben für uns. Er litt für uns. Am Kreuz starb er mit ausgestreckten Armen für uns. Er streckte seine Hände zu uns aus. Das ist Gottes Liebe zu uns. Keiner von euch oder von uns wird so leiden, wie Jesus für uns gelitten hat. Ich sehe Gottes Herrlichkeit auf euren leuchtenden Gesichtern. Wir sehen Gottes Herrlichkeit im Angesicht des sterbenden Jesus aufstrahlen. Es ist Gottes Kraft, die die Macht des Teufels besiegt hat wie auch alle schlechten Dinge, alle Missetaten und alles, was wir gegen Gott getan haben.

Gott nahm das Opfer von Jesus Christus an. Jesus wurde von den Toten auferweckt. Am dritten Tag erstand er von den Toten. Er lebt jetzt zur Rechten Gottes. Er wird immer der Gekreuzigte bleiben.

Das ist das Wunder, das wir nicht verstehen können. Er ist das geschlachtete Lamm am Thron Gottes im Himmel. Alle Macht im Himmel und auf der Erde wurde ihm gegeben. Wir sind nicht allein. Jesus Christus lebt. Er ist jetzt auf der Erde gegenwärtig, gerade weil er im Himmel auf Gottes Thron ist. Und er wird wiederkommen. Dann wird die Erlösung vollendet. Er wird uns unsere eigene Auferstehung bringen. Wir werden alle an dieser Auferstehung teilhaben, an diesem neuen Leben, das wir durch den Geist schon erhalten haben. Aber dann wird es sichtbar werden.

Wir warten also auf jenen Tag. Aber wir sind hier nicht allein. Wir haben hier Brüder und Schwestern. Und wir sind Diener von Jesus Christus. Wir alle wollen ihm dienen. Wie können wir es tun? Wie können wir dem lebendigen Gott dienen? Wir sind voller Sünden und Fehler. Jeden Tag sündigen wir. Aber es gibt Vergebung durch Jesus Christus. Wir sind mit unserer Schuld nicht allein. Er gibt uns seine Kraft. Denn er schickt seinen Geist auf die Erde, nicht nur zu Pfingsten. Er tut es jeden Tag, wenn ein Mann oder eine Frau oder ein Kind zum Glauben an Jesus Christus als Erlöser kommen. Durch diesen Heiligen Geist haben wir Gaben erhalten. Wir wollen euch also in der Kraft Gottes dienen. Durch Gottes Gnade, durch Gottes Gaben. Darum sind wir für Gottes Gnade dankbar. Darum sind wir für die Gemeinschaft mit euch dankbar. Vielleicht kommt ihr uns entgegen, wenn wir in den Himmel kommen. Ihr werdet dort sein. Wir werden uns dort in der Ewigkeit wieder sehen. Ihr werdet völlig geheilt werden. Lasst uns den Herrn loben. Preist den Herrn! Halleluja! Amen.

»Lehre uns bedenken, dass wir sterben müssen«

Vor Schülern und Lehrern in Beemeli

Nach all den Jahren, die ich schon nach Indien reise, kann ich nur wenige Worte in eurer Sprache, in Telugu sprechen. Wisst ihr, Kinder, ihr müsst Sprachen lernen, solange ihr jung seid. Ich freue mich, dass ihr die Möglichkeit habt, in der englischsprachigen Schule zu leben und zu lernen. Ich muss mit Arun Kumar besprechen, ob es nicht die Möglichkeit gibt, wenigstens eine Klasse mit deutschsprachiger Ausbildung einzurichten. Eure Verbindung zu uns in Deutschland ist so groß, dass die Sprache, die wir miteinander sprechen, dem auch folgen sollte.

Es ist sehr schön, dass ihr meinen 70. Geburtstag feiern wollt. In unserem Haus in Deutschland hatten wir schon eine Feier. Aber zu jener Zeit wurden drei Leute 70 Jahre alt. John David wurde im letzten Oktober 70 Jahre alt. Wir müssen seinen Geburtstag also auch hier feiern! Er ist ein Mann, der in Deutschland und der Schweiz wohlbekannt ist. Der dritte Mann, der auch 70 Jahre alt wurde, war einer meiner Freunde, den ich seit vielen Jahren kenne; er war schon mit mir im Krieg. Er ist immer noch mein Freund. Er arbeitet mit mir zusammen, besonders für Israel. Aber ich muss euch sagen, ich bin sehr stolz, dass ich diesen Bruder John David an meiner Seite habe.

Ihr wisst, dass ich als Sohn eines Schuhmachers geboren wurde. Mein Vater war Schuster von Beruf. John David wurde als Sohn eines Brahmanen geboren, in einer hohen Kaste. Doch bei Jesus ist es keine Frage, was wir vorher waren. Wir sind alle Kinder Gottes durch Jesus Christus. Wir sind jetzt Priester und Könige. Durch Jesus Christus, der um unsretwillen arm wurde, wurden wir reich. Wisst ihr, er starb für uns, er gab sein Leben für uns, damit wir das ewige Leben erhalten sollten.

Vielleicht muss ich euch erklären, was das bedeutet, das »ewige Leben". Jesus Christus wurde am dritten Tage von den Toten auferweckt. Dann kam er, um seine Jünger zu sehen. Jesus ging durch verschlossene Türen und stand in ihrer Mitte. Und dann erkannten sie ihn. Sie berührten ihn. Er aß mit ihnen. Wirklich: Derselbe Mann, der tot im

Grab gelegen hatte, war jetzt von den Toten auferweckt. Derselbe Mann, Jesus Christus, sitzt jetzt zur Rechten Gottes. Er ist das Leben. Er ist das ewige Leben.

Kein ewiger Kreis der Wiedergeburt. Christus kam nicht zurück als Hund, als Fliege oder etwas anderes. Die Jünger erkannten ihn sofort. Sie beugten ihre Knie vor seinen Füßen. Sie verehrten ihn.

Wer immer an Jesus Christus glaubt, bekommt dieses ewige Leben. Das gilt sogar, wenn wir sterben müssen. Unser Leben ist verborgen in Christus. Wir erhalten in der Ewigkeit ein neues Leben. Wir werden dieselben sein. In Gottes Herrlichkeit werden wir alle beisammen sein.

Meine lieben Freunde und Leprapatienten, meine lieben Schuster, ihr Angehörigen der Madiga-Kaste. Ihr alle werdet mich und John David und meine Frau im Himmel empfangen, wenn ich komme, um euch im Himmel zu treffen. Darum sage ich euch: Fürchtet nicht den Tod! Fürchtet nicht den Kreis der Wiedergeburt, denn es gibt ihn nicht. In Jesus Christus sehen wir, dass derselbe Mensch wieder aufersteht, derselbe Mensch wird bis zur Ewigkeit bestehen.

Es gibt einen schönen, wunderbaren Psalm in unserer Bibel, den Psalm 90. Ich werde nur über einige Verse sprechen.

»Herr, du bist unsre Zuflucht für und für. Ehe denn die Berge wurden und die Erde und die Welt geschaffen wurden, bist du, Gott, von Ewigkeit zu Ewigkeit." Es gibt keine Veränderungen in Gott. In Gottes Licht gibt es keinen Schatten, keine Dunkelheit. Aber wir wissen, dass unser Leben in Gottes Hand liegt. Dennoch vergehen unsere Tage. Die Tage unserer Jahre sind dreimal zwanzig Jahre plus zehn. Das sind 70 Jahre.

John David und ich selber haben dieses Ziel erreicht, wir sind siebzig Jahre alt geworden. Ebenso meine Frau. »Und wenn's hoch kommt, sind es achtzig Jahre (viermal zwanzig Jahre) und was daran köstlich scheint, ist doch nur vergebliche Mühe; denn es fährt schnell dahin, als flögen wir davon."

An unserem irdischen Leben können wir also nicht das ewige Leben erkennen. Aber wir wissen, dass der Herr derselbe sein wird. Er ist in allen Generationen unser Zufluchtsort. Er ist der Ewige.

Hört jetzt auf die letzten Worte, die ich euch sagen möchte: »Lehre uns bedenken, dass wir sterben müssen, auf dass wir klug werden." Dies ist ein Gebet zu Gott. Im Namen von Jesus Christus beten wir dieses Gebet. »Lehre uns bedenken, dass wir sterben müssen.« Lass uns verstehen, dass wir sterben müssen, damit wir deine Weisheit in unser Herz aufnehmen, o Gott! Die Weisheit Gottes in unsere Herzen.

Wir alle wissen, dass wir eines Tages sterben müssen. Das müssen wir nicht mehr lernen, denn wir wissen es schon. Aber wir müssen den Herrn darum bitten, dass er uns seine Weisheit in unser Herz gibt. Das bedeutet, dass unser Sterben in Jesu Tod einbezogen wurde. Als er für uns starb, sind wir schon mit ihm gestorben. Tief in unserem Herzen müssen wir an diese Weisheit Gottes glauben, dass wir in Ewigkeit mit diesem auferstandenen Jesus Christus leben werden, der jetzt in der Herrlichkeit im Himmel wohnt. Mit Jesus Christus leben! Er wird wiederkommen, um uns zu holen. Hoffnung auf den Himmel! Wir alle, die Jesus Christus als persönlichen Retter kennen gelernt haben, werden im Himmel sein, in der himmlischen Wohnung, die er jetzt für uns vorbereitet.

Von der Macht des Dienens

Vor Gottesdienst-Teilnehmern in Hyderabad

Als ich vor einigen Jahren hier war, sagte ich in meinem Grußwort etwas, was ich auch heute noch sagen würde: »Der lebendige Stein, der Eckstein, der gelegt ist, welcher ist Jesus Christus."

Ich mag dieses wunderbare Kirchengebäude, aber noch mehr mag ich die lebendigen Steine, die vor mir sitzen. Es wurde mir gesagt, dass in den letzten Jahren 7000 Menschen getauft wurden durch die Dienste dieser Versammlung. Welche Freude wird es im Himmel gegeben haben, wenn es dort schon Freude über einen Sünder gibt, der gerettet wurde! 7000 Menschen, die Sünder waren und durch das Blut Jesu gerettet wurden! Lasst uns dem Herrn von ganzem Herzen dafür danken! Das wäre der Punkt, an dem wir alle zusammen »Halleluja!" sagen könnten. Man sagt mir nicht nach, pfingstlerisch zu sein. Ich bin es auch nicht. Aber wenn wir auf das sehen, was Jesus an diesem besonderen Ort getan hat, was das für ein Grund für große Freude im Himmel und auf der Erde ist, dann lasst uns zusammen sagen: »Halleluja!"

Pastor Samuel gab mir den Text für heute: Matthäus 28, 16-20. Elf Jünger, nur elf (denn Judas beging Selbstmord), kamen auf den Berg, wo sie Jesus trafen. Als sie ihn sahen, beteten sie ihn an. Sie fielen auf die Knie und beteten den an, der tot war, von den Toten auferweckt worden war und der jetzt lebte und vor ihnen stand.

Aber einige hatten Zweifel. Ich frage mich, ob es auch hier einige gibt, die zweifeln. Jesus ist gegenwärtig, mitten in dieser Versammlung.

Was war mit Jesus? Dieser Mann starb am Kreuz von Golgatha, und dann hatten seine Jünger große Angst vor ihren Feinden. Sie schlossen die Türen und ließen niemanden herein. Da erschien Jesus in ihrer Mitte, zeigte ihnen Hände und Füße und aß mit ihnen, um ihnen zu zeigen, dass er lebendig war. »Friede sei mit euch! Schalom!" Dann erschien er noch verschiedene Male.

Aber einige Jünger zweifelten, als sie ihn sahen. Warum? Ich denke, sie hatten zu viel Angst. Sie wollten einen Messias nach ihren eigenen Wünschen haben, um das jüdische Reich wieder aufzurichten. Sie wollten einen Freiheitskämpfer. Aber Jesu Reich ist nicht nach der Art dieser Welt. Darum wurden sie alle enttäuscht. Der Zweifel der Jünger, die einen starken, gekrönten König haben wollten, der unter ihnen leben sollte, dieser Zweifel wird immer weiter bestehen bleiben. Wenn wir hier auf der Erde Macht haben wollen, wenn wir so regieren wollen wie die Welt, dann kommen uns Zweifel im Blick auf Jesus.

Was geschah dann? Jesus kam zu ihnen und sagte: »Mir ist alle Macht im Himmel und auf der Erde gegeben." Ich weiß nicht, ob jene, die zweifelten, zu der Zeit an ihn glaubten. Denn, wisst ihr, seit Jesus in den Himmel ging zu seinem Vater, schickt er den Heiligen Geist auf jeden Gläubigen herab. In der Kraft des Heiligen Geistes werden die Jünger nicht mehr zweifeln. Nur in der Kraft des Heiligen Geistes werden wir die Aussage verstehen, die Jesus jetzt macht, nur glaubend können wir verstehen, was uns hier gesagt wird. Jesus, der Gekreuzigte, ist jetzt verherrlicht und sitzt zur Rechten Gottes im Himmel. Jesus ist das geschlachtete Lamm Gottes mitten im Thron Gottes, das den Geist Gottes hinausschickt zur ganzen Menschheit überall auf der Welt.

Dieser Mann also steht vor den Jüngern. Er hing am Kreuz und sagt jetzt: »Mir ist alle Macht im Himmel und auf der Erde gegeben." Das Wort »Macht", auf griechisch »exousia", ist nicht die Macht, die wir normalerweise haben wollen. Wir Menschen wollen alle irgendeine Macht haben. Oft wollen Diener die Macht haben über ihre früheren Herren. Wenn der Herr dann gegangen ist, wollen sie seine Macht an sich reißen und über die anderen herrschen.

Diese Macht hier ist von Gott gegeben. Er ist der allmächtige Gott. Christus ist der Sohn Gottes. Er braucht seine Macht, um den Menschen zu dienen. Der Teufel wurde besiegt, der Tod wurde besiegt, als Jesus auf Golgatha starb. Gottes Allmacht hat dort den Sieg errungen über Tod und Teufel. Vergessen wir das nicht! Aber Jesus gab sein irdisches Leben, um das ewige Leben zu bekommen, das neue geistliche Leben, das er uns als seinen Jüngern gezeigt hat als der, der von den Toten auferweckt wurde. Dies ist die Macht zu dienen, die Macht zu lieben statt zu hassen. Nicht Macht über andere anzustreben, sondern ihnen zu dienen. Nicht einen Vorteil von anderen zu erreichen, sondern aus Liebe das eigene Leben für sie zu geben. Das ist die Macht, die die Welt in Ewigkeit regieren wird, denn das geschlachtete Lamm hat uns Gottes Liebe gezeigt. Und sein Erbarmen für die Menschheit wird für immer inmitten des himmlischen Thrones sein.

Ich glaube, dass ihn die Jünger jetzt alle verstanden. Dann hören wir diesen berühmten Befehl, der uns in die ganze Welt gehen lässt. Als ich zum ersten Mal nach Indien kam, verstand ich dieses Wort ganz neu. John David half mir beim Verständnis: »Geh und demütige dich selbst. Mach dich eins mit den Lepra-Patienten. Umarme sie, wie Jesus es tat. Lehre alle Nationen die Bedeutung von ›Macht alle Nationen zu Jüngern‹." Das ist mehr als nur predigen. Das heißt, mit ihnen zu leben, wie Jesus es tat. Er ging mit seinen Jüngern fast drei Jahre lang durch sein Land. Jesus sagte: »Kehrt um, das Königreich Gottes ist nahe. Kehrt um und kommt zu mir, alle, die ihr unter einer schweren Last leidet. Nehmt mein Joch auf eure Schultern, denn mein Joch ist leicht. Glaubt an mich, denn ich bin Gottes Königreich."

Wisst ihr, er hatte Erbarmen. Er heilte die Kranken. Er reinigte die Lepra-Kranken. Er erweckte einige Tote wieder zum Leben. Er beauftragte seine Jünger: Dies ist euer Dienst, verkündigt den Menschen, an Jesus Christus zu glauben.

Auch die, die das Wort Gottes predigen, müssen seinen Fußstapfen folgen und tun, was er tat. Und ich kann euch sagen, was ich gesehen habe: Durch die verschiedenartigen Dienste der AMG wird die Macht des Heiligen Geistes sichtbar. Viele kamen zum Glauben an Jesus Christus. Viele wurden getauft. Ich habe sie nicht gezählt. Sie sind Mitglieder eurer Gemeinden. Aber der Herr weiß es. Ich glaube nicht nur an große Zahlen, ich glaube nicht an großartige Statistiken. Aber ich glaube an den lebendigen Gott . Und der lebendige Gott kümmert sich um die, die er gerettet hat.

Viele tausend Lepra-Patienten wurden geheilt. Sie wurden vor dem Tod bewahrt. Vor einigen Tagen sah ich 2000 Tuberkulose-Patienten. Ich bin Mediziner. Ich sah ihre Krankengeschichte und ihre Röntgenaufnahmen. Ich habe auch ihre eigenen Berichte gehört. Einige wurden von anderen hierher zur Behandlung gebracht, weil sie nicht mehr gehen konnten, sie waren mehr tot als lebendig. 90 Prozent dieser Tb-Patienten wären sicherlich gestorben, wenn wir sie nicht geheilt hätten. Natürlich haben wir Medizin, haben wir einen wunderbaren Arzt. Aber was wir im Namen unseres Herrn Jesus Christus tun, in seiner Liebe, in diesen heilenden Diensten, das ist die Macht des Heiligen Geistes. Dies ist ein echter Heilungsdienst, das kann ich euch sagen! Diese Leute sind jetzt gesund!

Der Missionsauftrag Jesu endet mit den Worten: »Ich bin bei euch bis ans Ende der Welt." »Ende der Welt" ist geographisch für mich hier, und für euch ist das Ende der Welt in Deutschland. Wo immer wir sind, wird der Herr Jesus für uns da sein. Jesus ist der Herr! Der Herr im Alten Testament ist Jahwe: »Ich werde da sein, weil ich für euch da sein werde.” Das bedeutet: Ich bin immer bei euch. Geographisch und ewig, bis diese Welt ans Ende kommt. Und der Herr wird diese Welt verändern. Er wird wiederkommen. Er wird da sein. Gottes Erfüllung seiner Verheißung an Israel. Ein Segen für die ganze Welt. Gott erfüllt seinen Bund. Das ganze Israel, die ganze Gemeinde Jesu wird zusammen mit Israel gerettet (Römer 11). Diese Gnade wird unseren Ungehorsam überwinden.

Lasst uns also tun, was Jesus von uns will! Lasst uns im Glauben seinen Befehlen gehorsam sein! Geht in alle Dörfer. Ihr habt schon angefangen, die Dörfer zu besuchen. Und macht sie zu Jüngern, indem ihr Jesu liebende Barmherzigkeit zeigt. Predigt das Wort Gottes, das Wort des Evangeliums, dass Jesus da ist, das Licht der Welt, das Licht in der Dunkelheit, das jeden retten wird.

Und dann tut diesen Heilungs- und Speisungsdienst an den Leuten. Lehrt sie alles, was wir schon tun und was noch viel mehr Christen tun müssen. Christus sagte: »Ich gehe in den Himmel, um euch eine ewige Wohnung zu bereiten.” Er wird sich also um uns kümmern. Aber ich verstehe das auch so, dass wir uns um die kümmern müssen, die ihre Häuser verloren haben und denen nichts geblieben ist. Wir müssen ihnen Unterkunft geben, wie die AMG es für viele, viele Menschen getan hat.

Ich möchte, dass ihr mit dem weitermacht, womit ihr in euren Diensten schon begonnen habt. Ich möchte auch, dass ihr für die Dienste der AMG betet. Bitte, betet für John David. Aber betet bitte auch für den neuen Direktor Arun Kumar Mohanty.

Bitte, betet für uns in Deutschland, auch für die Kirchen in Deutschland, dass sie ihren Glauben nicht verlieren. Wir sind auf dem Weg, ein heidnisches Land zu werden. Nur 24 % der Bevölkerung im früheren kommunistischen Teil Deutschlands sind dem Namen nach Kirchenmitglieder.

Wenn ich zurückkehre, wird es viele Treffen mit meinen Mitarbeitern geben. Durch die Weihnachtsgeschichte erzähle ich ihnen immer von der Liebe Christi. Aber ich sage ihnen auch, was Gott hier in Indien tut.

Ja, betet für Deutschland! Dass die Dunkelheit vom Licht überwunden wird. Die Menschen sind immer materialistischer geworden. Sie morden Babys schon im Mutterleib! Betet für sie! Mein Freund Pastor Parzany hat jetzt eine Woche lang Treffen in Süddeutschland, in Nürnberg, gehabt, zu denen insgesamt 7000 Menschen eine Woche lang gekommen sind. Seine Botschaft wurde an mehr als 600 Orten in Deutschland, Österreich, Polen, Ungarn, der Schweiz und anderen Ländern Europas über Satellit verbreitet. Die Gemeinden sind zusammengekommen und haben Nachbarn und Freunde eingeladen, all jene, die keine Christen sind, dass sie dazukommen, Gottes Botschaft zu hören. Wenn ich zurückkehre, werde ich etwas über die Ergebnisse hören.

An drei Abenden war ich auch dabei und habe mein Zeugnis gegeben. Jeden Abend haben 180000 bis 200000 Menschen an den Veranstaltungen teilgenommen. Bitte, betet inbrünstig dafür, dass die Botschaft von Gottes Liebe, das Evangelium von Jesus Christus, die Herzen der Menschen erreicht und sie dazu bringt, Jesus Christus als ihren Retter anzunehmen.

Was passiert, wenn jemand beginnt, an Jesus Christus zu glauben? Ich möchte, dass ihr folgendes versteht: Wir können das Wort predigen, aber es ist Gott, es ist der Geist, der einen Menschen dazu bringt, dass er das Wort versteht und akzeptiert, seine Sünden bekennt und die rettende Botschaft von Jesus Christus annimmt. Denn Gott, der dem Licht befahl, in der Dunkelheit zu scheinen, ließ das Licht in unseren Herzen scheinen, um uns das Licht der Herrlichkeit Gottes im Angesicht von Jesus Christus zu geben.

Gott, der dem Licht befahl zu scheinen, ist der Schöpfer. Er wird das Licht in unser Herz geben. Gottes Wort ist ein Schwert, ein Hammer, der Felsen zerschmettert. Wir können Menschen nicht dazu bringen, dass sie umkehren, aber Gottes Wort und Gottes Macht können es, sein Heiliger Geist kann es, wenn er in das Herz scheint, in die Dunkelheit der Menschheit. Was wird das Licht im Herzen tun? Es schenkt die Erkenntnis der Herrlichkeit Gottes auf dem Angesicht Jesu Christi am Kreuz, auferstanden von den Toten, jetzt zur rechten Hand Gottes! Wenn wir unsere Knie beugen und unsere Sünden bekennen, gilt: Dieser Mann Jesus starb für uns. Da ist die Macht Gottes. Er tat es für uns. Und er wird uns in den Himmel nehmen, weil er uns den Heiligen Geist gegeben hat. Wer zu dieser Erkenntnis kommt, wer an Jesus glaubt, kann das nur durch die Macht des Heiligen Geistes, und der Heilige Geist wird ihm gegeben und in ihm leben.

Ich möchte, dass ihr dem Herrn Jesus Christus folgt, eurem Herrn. Ich möchte, dass ihr ihn für das preist, was er für euch getan hat. Und auch für das, was er tagtäglich durch seinen Heiligen Geist tut, den er gesandt hat. Er ist durch den Heiligen Geist gegenwärtig. Seine Gegenwart ist da. Jesus ist der Geist des Herrn. Gott segne euch alle!

Wir sind Kinder Gottes

Vor Gottesdienstbesuchern in Bommuru

Wir teilen jetzt dieses Brot miteinander, wie der Herr uns gesagt hat: »Dies ist mein Leib, der für euch gebrochen wird." Der Leib des Herrn, am Kreuz von Golgatha für uns hingegeben, für die Rettung der Welt. Das Brot wird in viele Stücke gebrochen für jeden von uns.

Jetzt wird der Leib Christi auf der ganzen Welt auferbaut. Alle Gläubigen gehören zu diesem Leib. Christen in Deutschland gehören dazu, Christen in Amerika, Christen überall in Indien. Wo immer Christen zusammen sind und dieses Stück Brot teilen, da bilden sie den Leib Christi.

Der Alte Bund, den Gott mit den Menschen machte, wurde von uns gebrochen, von allen Menschen, nicht nur von den Juden. Wir alle waren und gingen verloren. Da schickte Gott seinen Sohn hinunter auf die Erde. Zur Rettung von uns, den Verlorenen. Er bezahlte mit seinem eigenen Blut. Er brachte das Opfer für die Sünden.

Alle unsere Sünden sind vergeben. Es gibt kein böses Karma mehr, das uns anklagt. Kein Teufel kann uns mehr angreifen. Denn wir sind in der Hand des allmächtigen Gottes. Als Christus sein Leben am Kreuz von Golgatha aushauchte, als er sein Blut vergoss, da war das auch der Sieg über den Teufel.

Gott erweckte Jesus von den Toten. Die Herrlichkeit Gottes strahlte schon auf seinem Antlitz, als er am Kreuz von Golgatha hing. Und dann wurde er verherrlicht und sitzt jetzt zur Rechten Gottes, mit aller Macht im Himmel und auf der Erde.

Wir sind Kinder Gottes. Wir sind zwar nur wenige in diesem großen Land. Wir kämpfen nicht gegen irgendwelche anderen Glaubensgemeinschaften, aber wir müssen Zeugen sein für den, der zur Rettung der Welt kam. Nur in Jesus ist die Rettung für die ganze Welt. Darum dürfen wir unsere Lippen nicht geschlossen halten. Wir müssen jedem die Gute Nachricht verkünden.

Wir reden aber nicht nur davon. Wir brechen auch das Brot, wir nehmen auch den Becher und trinken daraus, zur Erinnerung an das Blut, das Jesus vergossen hat. Dieses Brot und der Wein sind das lebendige Zeichen unseres Herrn Jesus Christus. Wir tun dies zum

Gedächtnis an ihn. Und wir wollen den Tod des Herrn verkünden, bis er wiederkommt. Jeder kann diese Zeichen sehen. Vielleicht fragen die Kinder: »Warum macht ihr das?" Wir tun das zum Gedächtnis an Jesus Christus. Zum Gedächtnis an seinen Tod und an sein Wiederkommen.

Als ich elf Jahre alt war, kam der Herr in mein Leben. Durch seine Gnade konnte ich ihm seitdem nachfolgen. Es können also auch junge Leute, auch ihr, die ihr hier vor mir sitzt, dem Herrn nachfolgen. Der Herr klopft an eure Tür. Öffnet ihm die Tür. Er möchte hereinkommen! Lasst ihn ein! Er möchte euer Leben verändern. Er gab sein Leben für euch. Er will euch das Beste geben, ver-traut ihm! Am Ende bekommt ihr dann das ewige Leben. Diese Botschaft gilt natürlich auch den Älteren, die den Herrn noch nicht kennen. Betet zu Jesus, gebt ihm euer Herz!

John David erwähnte, dass wir jetzt auch eine Arbeit in Afrika, in Tansania, begonnen haben. Dies ist eine Gegend, in der die Leute in sehr ärmlichen Verhältnissen leben. Es ist ein völlig vernachlässigtes Gebiet im Süden des Landes, schlechte Landwirtschaft, nur Hütten. Die Frauen müssen das Wasser kilometerweit schleppen, die Hügel hinauf, jeden Morgen, jeden Abend. Viele Leute werden krank. Die offiziellen Apotheken haben keine Medikamente. Es gibt keinen regelmäßigen Schulunterricht. Die Kinder haben keine Chance. Sie leben in verzweifelten Verhältnissen. Unsere schwarzen Brüder sind zu uns gekommen und haben gebeten, in Afrika zu helfen.

Es gab einen afrikanischen Bruder, der von Missionaren nach Deutschland gebracht wurde und dort Medizin studierte. Jetzt ist er bereit, wieder in sein Heimatland zu gehen. Seit zwanzig Jahren lebt er in Deutschland. Einer meiner Neffen ist gut mit ihm befreundet. Also reisten sie beide nach Afrika. Ein tansanischer Bruder, Paul, Pastor und guter Freund, ein Prediger des Evangeliums, ein Evangelist, aber auch einer, der sich mit dem Bauhandwerk auskennt, begann dort unten mit der Arbeit.

So entstanden Gemeinden. Menschen begannen, an Jesus Christus zu glauben. Das ist wirklich etwas Besonderes, denn die Menschen sind der Herkunft nach Moslems, aber in Wirklichkeit glauben sie an Hexerei, an böse Geister.

Beim ersten Mal predigte ich dort: »Wo der Geist des Herrn ist, da ist Freiheit." Auch eine Freiheit von all diesen Gebundenheiten. Betet bitte für diese Arbeit! Sie brauchen eure Hilfe. Ihr seid jetzt so weit, dass ihr auch anderen helfen könnt.

Zur Zeit beschäftige ich mich mit Johannes 6. Dort steht, dass sich eine Menge von Menschen um Jesus Christus versammelte, um ihm zuzuhören. Sie kamen zu ihm, weil er viele heilte. Es war spät geworden an diesem Tag. In den anderen Evangelien lesen wir, dass die Jünger deshalb Jesus aufforderten, die Menschen wegzuschicken. Sie sollten sich Brot in den umliegenden Dörfern kaufen.

Als ich zum ersten Mal große Versammlungen sah, die von John David geleitet wurden, da wollte ich auch sagen: »Schickt sie weg, wir sind jetzt fertig." Er antwortete: »Nein!", genauso wie der Herr seinen Jüngern. Die Menschen würden unterwegs verschmachten. Sie waren schon weit gelaufen, sie brauchten jetzt etwas zu essen.

Jesus sagte den Jüngern: »Gebt ihr ihnen zu essen." Die Jünger fragten: »Was sollen wir ihnen geben?" Sie wussten es nicht. Aber sie fanden einen kleinen Jungen mit fünf Broten und zwei Fischen. Dann betete Jesus, dankte seinem himmlischen Vater und verteilte dieses Brot und die Fische an die, die da saßen. Es waren ebenso viele wie ihr, die ihr jetzt vor mir sitzt, insgesamt 5000. Alle aßen und wurden satt. Zwölf Körbe Brot blieben sogar noch übrig. Die Leute sahen dieses Wunder und sagten: »Das ist wahrlich der Prophet, der in die Welt kommen soll." Da zog sich Jesus allein auf den Berg zurück. Sie wollten ihn zum König machen, den, der ihnen Brot gibt.

Was stimmt hier nicht? Das nächste Kapitel sagt uns, was an dieser Einstellung falsch ist. Welche Situation liegt hier vor? John David und ich, wir geben, weil die Menschen etwas brauchen. Sie sind hungrig, also geben wir Brot. Ich kann mich daran erinnern, als wir der Stadt Chilakaluripet Wasser brachten, da bereiteten sie uns einen Empfang. Sie grüßten uns wie Götter, mit Weihrauch und all den Dingen, die ihr besser kennt als ich.

Als Paulus den Gelähmten in Lystra heilte, da sagten die Leute auch: »Die Götter sind vom Himmel zur Erde herabgekommen!" Sie schlachteten Tiere als Opfer. Aber als Paulus ihnen sagte, dass nicht er, sondern der gekreuzigte und auferstandene Jesus diesen Gelähmten geheilt hatte, wurde er gesteinigt.

Am nächsten Morgen kamen die vielen Menschen, die Jesus und seinen Jüngern gefolgt waren, wieder zu Jesus. Es gab eine Diskussion. Jesus sagte: »Wahrlich, wahrlich, ich sage euch: Ihr sucht mich nicht darum, dass ihr Zeichen gesehen habt, sondern weil ihr von dem Brot gegessen habt und seid satt geworden." Jesus gibt nicht nur das tägliche Brot. Er hat den Menschen mehr zu sagen. Gott selbst kommt vom Himmel auf die Erde. Er will Menschen retten und ihr Leben ändern. Das Königreich Gottes ist nahe. Jesus sagt: Wo ich bin, da ist Gottes Königreich. Ihr müsst euch retten lassen von der ewigen Verdammnis. Ihr geht verloren. Ihr könnt durch mich gerettet werden. Und ihr wollt nur zu essen haben.

Vielleicht wollt ihr nur eine Schule, eine gute Ausbildung, ein gutes Gehalt, eine gute Stellung. Was auch immer in euren Köpfen ist, was euer Verlangen ist. Hört, was Jesus sagt: »Schafft euch nicht Speise, die vergänglich ist, sondern die da bleibt für das ewige Leben!"

Da verstanden sie endlich: »Was sollen wir tun, dass wir das ewige Leben bekommen, dass wir Gottes Werke tun?" Jesus antwortete: »Das ist Gottes Werk, dass ihr an den glaubt, den er gesandt hat." Jetzt vergleicht Jesus das Brot, welches das Volk Israel in der Wüste bekommen hatte, das Manna vom Himmel, mit seiner Sendung. Dieses Brot, dieses Manna in der Wüste kommt nicht von Menschen, nicht von John David, nicht von Arun Kumar, nicht von mir. Jesus erklärte: »Es ist mein Vater, der euch das rechte Brot vom Himmel gibt. Denn Gottes Brot ist das, das vom Himmel kommt und der Welt das Leben gibt." Sie hatten gegessen und sprachen mit Jesus, sahen ihn an und begannen zu verstehen, und dann verschwand ein großer Teil von ihnen.

Jesus sagt: »Glaubt an mich. Dann werdet ihr das ewige Brot erhalten und das ewige Leben." Viermal ist hier das ewige Leben erwähnt. Ich weiß nicht, ob ihr den Ausdruck »ewiges Leben" versteht. Es geht hier nicht um die Wiedergeburt nach hinduistischem Verständnis. So wie Jesus von den Toten auferweckt wurde, so glauben wir Christen auch, dass Jesus kommen wird, um uns von den Toten aufzuerwecken. Er wird uns in den Himmel holen, als die Wesen, die wir sind.

Jesus sagte: »Ich bin das lebendige Brot, vom Himmel gekommen. Wer von diesem Brot essen wird, der wird leben in Ewigkeit. Und das Brot, das ich geben werde, das ist mein Fleisch, welches ich geben werde für das Leben der Welt." Jesus gab seinen Leib am Kreuz von Golgatha für das Leben der ganzen Welt. Wir können ohne ihn nicht leben. Ich möchte, dass ihr darüber nachdenkt. Wir predigen Jesus als den Gekreuzigten. »Also hat Gott die Welt geliebt"!

Wir machen weiter mit dem Brotbrechen, bis er wiederkommt, zu seinem Gedächtnis. Wir wissen genau, dass er wiederkommen wird. Wir warten auf ihn, um vom Zorn des Todes gerettet zu werden.

Ich möchte, dass ihr auf Jesus am Kreuz von Golgatha seht. Seht auf ihn! Eure Gesichter werden glänzen, und am Tag des letzten Gerichts müsst ihr euch nicht schämen. Amen.

Pressemeldungen

Leprakrank: Von 25 DM im Monat hängt das Leben ab

Dr. Deichmann organisiert große Hilfsaktion für 30.000 ausgestoßene Menschen in Indien

Bruni Franke in der NRZ vom 21. Oktober 1977

An 25 DM im Monat hängt das Leben eines kleinen fünfjährigen Mädchens, dessen Eltern leprakrank sind, dessen Vater als Tagelöhner versucht, die Familie zu ernähren, und das selbst bereits am ganzen Körper Lepraflecken hat. An 25 DM im Monat hängt auch das Leben der jungen Mutter, die von der Familie mit ihrem Baby verstoßen wurde, als die Wunden der Leprakrankheit sichtbar wurden.

Das sind nur zwei von vier Millionen Lepra-Fällen in Indien. Das sind aber auch zwei von 30.000 Fällen im indischen Ost-Godavari-Distrikt, in denen der Essener Dr. Heinz-Horst Deichmann und die AMG (Wort & Tat) bereits tatkräftig wirken und weitere Hilfe suchen.

Die Idee, von Essen und dem Ruhrgebiet aus, den Leprakranken, die in ihrer Heimat wie Aussätzige behandelt werden, zu helfen ist ebenso einfach wie gut realisierbar. Dr. Deichmann: »Wir suchen Paten für die Jungen und Mädchen, für die Männer und Frauen, die an Lepra leiden. Für 25 DM im Monat können wir einem Kranken nicht nur die notwendigen Medikamente geben und ihn ärztlich versorgen. Wir helfen da auch noch bei der Ernährung.«

Ein Heim, in dem 100 kranke Kinder Aufnahme fanden, in dem sie versorgt werden, zur Schule gehen und so weit möglich auf eine berufliche Tätigkeit vorbereitet werden, ist bereits in dem Ost-Godavari-Distrikt von der Aktion Leprahilfe gebaut worden. Dr. Deichmann: »Aber das ist bei so vielen leprakranken Kindern nur ein Tropfen auf den heißen Stein.« Dennoch ist gerade die rechtzeitige Behandlung der Leprakrankheit notwendig, die schlimmsten Schäden können so vermieden werden. Und für diese Hilfe werden Paten gesucht.

Die Leprahilfe aus Essen und dem Ruhrgebiet unterstützt und sorgt noch für andere Einrichtungen: So gibt es seit einiger Zeit eine Therapeutisches Zentrum in dem Gebiet, das zusammen mit der Christopherus Blindenmission errichtet wurde. Dort wird versucht, der Krankheit vorzubeugen, dort werden Operationen durchgeführt, und dort erhalten die Menschen Prothesen für die durch die Lepra abgestorbenen Glieder.

Erschüttert berichtet der Essener Dr. Deichmann, der sich auf einem christlichen Leprakongreß an Ort und Stelle informierte: »Wichtig sind auch Decken für die Leprakranken, damit sie im Schlaf ihre abgestorbenen Füße und Gliedmaßen bedecken können. Sonst nagen nachts die Ratten daran und die Menschen merken es nicht gleich.«

Eine weitere Hilfsmaßnahme, die vor allem aus Spenden und auch aus den Patenschaften finanziert wird, sind die mobilen Kliniken und die acht Ambulanzstationen, die es inzwischen in acht Dörfern gibt. Der Vorteil dieser Einrichtungen: Die Menschen können in ihrer gewohnten Umgebung bleiben, erhalten aber die notwendige Hilfe.

Leisetreter

Die Erfolge des Schuhfilialisten Deichmann. Mit Siebenmeilenstiefeln überholte der Essener Schuhhändler Heinz-Horst Deichmann die Konkurrenz. Einen geerbten Provinzladen baute er zur größten deutschen Schuhhauskette aus.
Walter Pellinghausen in »Capital« 4/84

Auf dem Operationsplan des indischen Krankenhauses stand ein Eingriff am Fuß eines Patienten. Operateur: Heinz-Horst Deichmann, Deutschlands größter Schuhhändler. Als Besucher vom gastgebenden fernöstlichen Arzt zum Assistenten erkoren, »hatte ich plötzlich Nadel und Faden in der Hand«, erzählt der Nothelfer. Auf dem Rückflug plagten ihn Gewissensbisse. Wie verheilt die Wunde?

Keine Sorge, der Patient läuft wieder, besser als zuvor. Schuster Deichmann nämlich blieb im Operationssaal durchaus bei seinen Leisten. Denn der 57jährige promovierte in Medizin und praktizierte als Orthopäde, ehe er den deutschen Schuhmarkt zu seinem Operationsfeld machte. Seither gerbt der Umsteiger den etablierten Konkurrenten das Fell. Mit Siebenmeilenstiefeln überlief der Orthopäde alle Mitbewerber – auf leisen Sohlen. Nachschlagewerke wie das »Handbuch der Großunternehmen« haben Deichmann bislang nicht einmal zur Kenntnis genommen.

Dabei ist der Vormarsch des Mediziners in die Fußgängerzonen deutscher Städte beeindruckend. In knapp drei Jahrzehnten eröffnete die Familienfirma über 250 Filialen und kaufte in der Schweiz den Schuhhändler Dosenbach & Cie mit heute 49 Läden. Die Jahreskasse dürfte sicher über einer halben Milliarde Mark liegen.

Wenn sich der umsatzstärkste Schuhfilialist dennoch freuen kann, »zum Glück nicht publizitätspflichtig« zu sein, liegt das wohl eher am Geschick, Veröffentlichungspflichten durch Umverteilen von Umsätzen zu umgehen. Von seinem Geburtsort Essen aus expandiert er auf zwei Wegen. Neben der ursprünglichen Heinrich-Deichmann-Schuhe GmbH & Co. KG ließ er die Deichmann-Schuhe GmbH & Co. Vertriebs KG ins Handelsregister eintragen. Auf den Leim führt er neugierige Konkurrenten zusätzlich durch seine schweizerische Deichmann-

Familienstiftung mit Sitz in Luzern. Dieser eidgenössische Ableger tritt als Alleingesellschafter bei beiden Essener Komplementär-GmbH auf.

Das Leben als Leisetreter entspricht dem Naturell des scheuen Schuhhändlers. Unternehmerkollegen und angestellte Topmanager, »die sich selbst beweihräuchern«, sind ihm »zutiefst zuwider«. Allenfalls von seinen privaten Entwicklungshilfeprojekten spricht er, nämlich über

karitative Hilfe. Der Vater von vier Kindern richtet im Marienwallfahrtsort Neviges bei Wuppertal (»Daher stammt meine Frau«) ein Kinderheim für Sozialwaisen ein, unterstützt im siegerländischen Elkhausen ein Familienferienheim und sitzt in Velbert dem Obdachlosenverein vor;

Leprahilfe: Die von dem Mediziner Deichmann initiierten Hilfsorganisationen AMG-Allgemeine Missionsgesellschaft in Deutschland und Help in der Schweiz bauten im bevölkerungsreichen Indien ganze Dörfer, wo heute etwas 5.000 Leprakranke medizinisch versorgt und deren über 10.000 Kinder ausgebildet werden;

Polenhilfe: Wenn immer Hilfstransporte des Essener Caritas-Verbandes nach Polen rollen, haben sie Schuhe »einer großen Essener Schuhfirma« geladen (Bistumsblatt »Ruhrwort«).

»Wer das Elend in Polen gesehen hat, muss einfach etwas tun«, spielt der Spender Deichmann seine privaten Polen-Missionen herunter. Ruhrbischof Dr. Franz Hengsbach schildert Deichmanns Interventionen bei den polnischen Staatsschustern weniger zurückhaltend. Nur auf Druck ihres größten deutschen Abnehmers verteilten die polnischen Planwirtschaftler Tausende Paar Schuhe an die Bevölkerung. Devisenbringer Deichmann bezahlte das Material – in Westwährung. Wann immer der katholische Oberhirte Hengsbach seither über seine Herde spricht, fällt der Name Deichmann. Nur: Der Christ Deichmann bekennt sich zur evangelisch-freikirchlichen Religionsgemeinschaft.

Deichmanns soziales Engagement verwirrt seine Konkurrenten. Für Otto Büscher, den Hauptgeschäftsführer im Bundesverband des Deutschen Schuheinzelhandels, gibt es praktisch zwei Deichmanns: Der eine »unterhält Warenhäuser«; der andere »hat aber ein paar hundert Schuhmacherexistenzen auf dem Gewissen«. Tatsächlich geht es vielen der knapp 18.000 Schuhgeschäfte »rentabilitätsmäßig miserabel« (Büscher). Fraglos hat der Filialist Deichmann zwar vielen den Absatz abgelaufen, aber bei seinem Start ins Schuhgeschäft hatte er kaum bessere Chancen als Tausende andere; wesentlich schlechtere sogar als etwa der traditionsreiche Konzern Salamander AG.

Heinz-Horst Deichmann war erst 13 Jahre alt, als sein Vater, der Essener Schuhmacher Heinrich Deichmann, 1940 starb. Die Witwe Julie Deichmann, Mutter von vier Töchtern und einem Sohn, führte den Laden an der Borbecker Straße mutig fort. Der Junior unterstützte seine Mutter, machte nach dem Krieg sein Abitur und studierte in Düsseldorf Medizin. Parallel förderte er den Verkauf und ging selbst meilenweit, als die Familienfirma Ende der vierziger Jahre Geld zum Überleben brauchte. Bei Lieferanten in der Pfalz pumpte er Bargeld – gegen Abnahmeverpflichtungen.

Noch als Student stieg Deichmann 1950 zum Prokuristen auf. Sechs Jahr später, seine vier älteren Schwestern zeigten am Handel kein Interesse, schlug der inzwischen approbierte Arzt ein lukratives Angebot aus, sich an einer Gemeinschaftspraxis zu beteiligen. »Da hätte ich damals schon 150.000 Mark im Jahr verdienen können«, verneint er glaubhaft die Frage, ob bessere Gewinnmöglichkeiten im Schuhhandel ihn zum Umsatteln bewegten. In der Tat dokumentiert der Erbauseinandersetzungsvertrag nach dem Tod des Vaters das Reinvermögen aller sechs Erben mit eher bescheidenen 37.959,77 Reichsmark. Das Finanzamt setzte den Einheitswert noch im Jahr 1957 mit ganzen 50.000 Mark an.

Handels-Know-how holte sich der Neuling beim damaligen Branchenführer Salamander. »Ich war da Kunde und konnte viel lernen«, gesteht Deichmann im nachhinein Betriebsspionage. Speziell von dem Salamander-Generaldirektor und »FAZ«-Mitgründer Dr. Alex Haffner »habe ich viel erfahren«.

Sein Glaubensbekenntnis für den Erfolg schrieb er sich freilich selbst: »Gute und modische Schuhe zum günstigen Preis für breite Bevölkerungsschichten.« Das machte ihn zum Aldi der Schuhbranche. Kollegenspott über sein niedrigpreisiges Sortiment ficht ihn nicht an: »Schuhe verkaufen kann ich. Luxusschuhe verkaufen will ich nicht.«

Das Wachstum der Deichmann-Dependancen spricht für das Unternehmensrezept des Dr. med. Deichmann, der seine gemütlichen Wanderschuhe der Gründerzeit bald gegen Rennschuhe austauschte. Konsequent knüpfte er eine immer größere Kette von Schuhläden quer durch Deutschland, exakt 252 Deichmann-Depots bis Ende März. Seine nächsten beiden Eröffnungen stehen in der Münchener Fußgängerzone zwischen Stachus und Marienkirche bevor, »bisher ein weißer Fleck auf unserer Deutschlandkarte«.

Alles addiert, dürfte Deichmann für über 500 Millionen Mark Umsatz gut sein. Das deutet er selbst indirekt an, wenn er die 400-Millionen-Mark-Schätzung des Verbandschefs Bücher als »vorsichtig bewertet« einstuft. Zum Gruppenumsatz steuern verstärkt auch seine schweizerischen Ableger bei. Sein eidgenössischer Einstieg war für Deichmann zwangsläufig, wo er im Kanton Graubünden »seit 31 Jahren im Sommer und Winter Urlaub macht«. Während seiner Abfahrten von Skipisten plante der Hobbybergsteiger seinen Aufstieg ins Schweizer Schuhgeschäft. Bei Marktrecherchen zwischen Basel und Genf stieß er auf die niedergehende Schuhhauskette Dosenbach & Cie. Deichmann kaufte Dosenbach, sanierte, ließ aber den Namensträger Charles Dosenbach jahrelang im Verwaltungsrat verweilen – zur Tarnung.

Als Aufkäufer ist der Essener Expandeur auch stets gesprächbereit, wenn deutsche Kollegen verkaufen wollen. Wenn er auch bei der hochpreisigen Filialkette Elegance »nicht ernsthaft verhandelt« haben will: Die Branche tuschelt über unterschriebene Vorverträge.

Am Verhandlungstisch saß Deichmann auch, als kürzlich der Berliner Schuhhändler Hermann Wielant seine Läden offerierte. Der rührige Händler von der Ruhr passte: »Zu teuer.« Konkurrent Dietrich Bahner aus Augsburg griff an der Spree zu und dürfte in der alten Reichshauptstadt dadurch seinen Marktanteil auf rund 50 Prozent ausgeweitet haben.

Denn in Berlin besitzt Bahner bereits die Leiser-Läden, den Schuhpalast und eine Beteiligung beim Filialisten Stiller. Doch selbst die Berliner Bilanz Dietrich Bahners addiert mit seinen bundesdeutschen Umsätzen reicht nicht, um Deichmanns Dominanz zu gefährden. Ebenso wenig wie 400 Millionen Mark Verkaufserlöse der Salamander AG in 290 eigenen europäischen Schuhläden. Wenn Deichmann bei Schlussverkäufen wie in Berlin nicht zum Zuge kommt, stört ihn das nicht. »Über 90 Prozent unserer Läden haben wir selbst aufgebaut«, rechnet er vor. Sein Credo: »Wenn eine Sache gut ist, wächst sie aus sich heraus.«

Weil aber ein Verkaufsgeschäft mit den Verkäufern steht – oder fällt, achtet Gelegenheitsgeiger Deichmann (»Wir praktizieren in der Familie Hausmusik«) auf den kollegialen Ton in allen Filialen.

Verkaufswettbewerbe mit Prämien für die besten Propagandisten gibt's woanders auch. Doch in den Deichmann-Läden kreuzt der Chef »ein- bis zweimal im Jahr« selbst auf, stimmt bei Weihnachtsfeiern in den Chor ein oder bezahlt seinen Angestellten alle zwei Jahre eine einwöchige Erholungskur im Schweizer Sanatorium Gais bei St. Gallen. Deichmanns Dekret solcher sozialer Zusatzausgaben: »Das Mitmenschliche muss herauskommen.«

Warum der Doktor Deichmann sonntags in Kirchen predigt, über soziales Engagement referiert und am 21. Juni sogar in der Essener Grugahalle beim Gemeindetag (Motto: »Jesus Christus – die Quelle des Lebens«) aufs Podium steigen wird?

Der Schuhhändler sieht sich als Vorläufer und hofft auf Weggefährten: »Wir sollten als Unternehmer nicht schweigen, sondern etwas tun.«

Der Messias aus dem Ruhrpott

Walter Pellinghausen und Klaus-Meyer-Andersen in »Stern« Nr. 51/1986

Ein Chor früherer Tempelhuren singt: »Halleluja!« Verkrüppelte Leprakranke entrollen riesige Transparente: »Du hast unser Leben gerettet«, haben sie in schönster Schrift aufgepinselt. Erwartungsvoll schauen sie immer wieder in die Richtung, aus der gleich ein Mann ins Dorf fahren wird, den sie verehren wie einen Messias.

Die Kunde, dass er mit einer kleinen Propellermaschine auf dem Flugfeld von Vijayawada im indischen Bundesstaat Andhra Pradesh gelandet ist, hat sich verbreitet wie ein Lauffeuer. Als er schließlich im Dorf ankommt, strecken sich dem Besucher lepröse Hände entgegen, verstümmelte Körper geraten in Bewegung, in entstellten Gesichtern ist Freude abzulesen. Etwa 800 000 Menschen leiden hier an Lepra. Doch auch diese Menschen haben noch Hoffnung, und die hat für viele von ihnen sogar einen Namen: Heinz-Horst Deichmann. Seit elf Jahren hilft der Deutsche Leprakranken in Andhra Pradesh, ihr Leben besser zu ertragen, mit guten Worten – und viel Geld. Mehr als 20 Millionen Mark hat der »Botschafter Gottes«, wie er sich bisweilen nennt, seit 1976 für Pflege und Betreuung der Aussätzigen und die Lepra-Vorsorge nach Indien überwiesen, überwiegend aus der eigenen Kasse. Jedes Jahr im November inspiziert Deichmann vor Ort die Hilfsmaßnahmen, packt selbst mit an, teilt Essen aus oder assistiert im Krankenhaus. »Im Operationssaal hatte ich einmal plötzlich Nadel und Faden in der Hand«, erinnert er sich.

Der Eingriff war erfolgreich. Der am Bein operierte Patient läuft wieder, denn der Deutsche ist studierter Mediziner, Facharzt für Orthopädie. Das weiß in der Heimat allerdings kaum jemand. Deichmanns Name steht nämlich auf keinem Praxisschild, sondern prangt an 300 Hauswänden in deutschen Innenstädten oder an den Banden in Fußballstadien: der 60jährige ist Deutschlands größter Schuhverkäufer.

Der Unternehmer ist freilich auch einer der Stillen im Lande. So lautstark und überzeugend er in Indien als hilfreicher Missionar mit einer alten, abgegriffenen Bibel unter dem Arm Gottes Wort verkündet, so zugeknöpft ist er in der Bundesrepublik, wenn es um seine Geschäfte geht: »Firmen, die sich selbst beweihräuchern, sind mir zutiefst zuwider.« Dass er der Konkurrenz mit Siebenmeilenstiefeln davonrennt, ist für ihn denn auch kein Grund, an die Öffentlichkeit zu gehen. Nur wenn es darum geht, Menschen auf die Not in Indien aufmerksam zu machen und Unterstützung für sein privates Engagement zu finden, gibt er seine Verschlossenheit auf: »Wir können nicht warten. Wir leben auf der Erde, um etwas zu ändern. Wer dieses Elend einmal gesehen hat, muss einfach helfen.« Und: »Es war ein Lepra-Kranker, den Jesus Christus berührt und gesegnet hat.«

Doch Spenden allein sind für Deichmanns christliches Selbstverständnis zu wenig. »Es ist ganz wichtig, die Leprakranken anzufassen, ihnen zu zeigen, dass ihr Leiden kein Fluch der Götter ist.« Er sucht deshalb auch ganz bewusst die körperliche Berührung mit den Unberührbaren. Nach indischem Kastendenken wäre er selbst einer der ihren, denn Schuhmacher zählen auf dem Subkontinent zu den niedersten menschlichen Wesen.

Zu Tausenden kommen die Lepra-Kranken zusammen, wo immer Deichmann mit seiner Frau Ruth in Andhra Pradesh auftaucht. Es hat sich längst herumgesprochen, dass es da einen Mann aus Deutschland gibt, der Berührungsangst nicht kennt und überdies auch noch mit Geld freigebig ist.

Die Deichmann-Millionen fließen über die Hilfsorganisation Allgemeine Missionsgesellschaft (AMG) und Help in der Schweiz (Konto-Nummer der AMG: Postgiroamt Essen, 5418-432). »Spenden kommen zu 100 Prozent in Indien an«, garantiert der Hauptgeldgeber, der sämtliche Verwaltungskosten gesondert aus der eigenen Tasche begleicht. Deichmanns Firmen-Controller Willy Welke reist regelmäßig durch Andhra Pradesh und prüft die Bücher. Vor Ort koordiniert der frühere Gospel-Prediger John David die Hilfsaktionen. 1.600 Inder stehen auf der AMG-Lohnliste, zumeist Ärzte und Krankenschwestern, aber auch Bauarbeiter. Denn die AMG stampfte seit 1976 ganze Dörfer für die Aussätzigen und deren Familien aus dem Boden, baute Bewässerungsanlagen, Schulen, Bibliotheken, Krankenstationen. Mehr als 5.000 Leprakranke werden von der AMG mittlerweile versorgt und dazu noch etwa doppelt so viele Angehörige.

Auch einzeln hilft Deichmann. Bauern spendiert er schon mal ein paar Ziegen mit der Auflage: »Den ersten Nachwuchs bekommt die

AMG.« Die Jungtiere gehen dann sofort an die nächsten Bedürftigen. Und weil der Deutsche so viel von Schuhen versteht, richtete er auch in Indien kleine Läden ein, in denen Lepra-Kranke auf eigene Rechnung die Ware verkaufen. Die AMG stellt nur das Startkapital zur Verfügung. Zinslos, bis der Laden läuft. Fließt später Geld zurück, werden davon die nächsten Geschäfte eingerichtet.

»Ich will die Leute von innen her stabilisieren«, ist Deichmanns Credo. »Eines Tages sollen die Inder das alles selbst organisieren«, hofft er.

Dazu, das ist Deichmanns tiefe Überzeugung, gehört ein starker Glaube. Und so sieht er sich dann auch, wenn er Tausende Kilometer in rumpelnden indischen Eisenbahnwaggons zurücklegt, als Missionar. »Öffnet ihm die Tür, wenn Jesus Christus bei euch anklopft«, appelliert er immer wieder an seine hinduistischen Zuhörer, in deren Glauben an die Wiedergeburt und ein anschließendes besseres Leben der deutsche Heilsverkünder die Ursache für viele indische Probleme sieht. Wer nur auf ein besseres späteres Leben setzt, »hat keine Chance, aus dem derzeitigen Dilemma herauszukommen«. Deichmann bekennt offen: »Das Schönste ist für mich, wenn andere zur Gottesgläubigkeit finden.« Dafür nimmt er gern Strapazen auf sich.

In diesem Jahr sind seiner Stresstour durch Andhra Pradesh noch Visiten in China und Indonesien vorausgegangen. Ehe Deichmann missionierte, machte er erst mal Geschäfte. In Peking kaufte er eine halbe Million Paar Schuhe für seine 500 Länden in Deutschland, der Schweiz, Holland und den USA. »China ist ein riesiges Land mit bislang kaum entdeckten Einkaufsmöglichkeiten«, beschreibt der Großeinkäufer seine Erschließungstour.

In Indonesien schaltet er dann bereits von Business auf Bibel, um eine Familientradition fortzusetzen: »Ein Großonkel meiner Frau war dort einer der ersten Missionare.« Deichmann hat vor Jahren auf Sumatra ein Kinderheim finanziert, das sich – so der mittelfristige Plan – durch den Aufbau einer Schweinezucht und einer Kaffeeplantage selbst versorgen sollte. »Es funktioniert. Das Haus trägt sich«, konnte Deichmann nun befriedigt feststellen.

In Indonesien hat es der praktizierende Christ vergleichsweise leicht, weil er auf Glaubensbrüder trifft. »Der dortige Bischof empfängt mich nicht nur als Besucher, sondern auch als Prediger.« In Indien dagegen begegneten die Behörden dem deutschen Helfer lange voller

Misstrauen. Es ist bis heute nicht ganz gewichen, wenngleich er neuerdings auch schon mal von den regionalen Regenten empfangen wird. Das liegt womöglich aber auch an seiner Einkaufsmacht. Unabhängig von seinen Hilfseinsätzen in Andhra Pradesh ordert Deichmann nämlich ordentlich Schuhe in Indien.

Seine Marktmacht setzt der Samariter auch anderswo für gute Zwecke ein. Etwa in Polen nach dem wirtschaftlichen Zusammenbruch und der Verhängung des Kriegsrechts im Jahre 1981. Deichmann, »der größte deutsche Kunde der dortigen Schuhindustrie«, hatte damals bei einem Rundgang durch die Läden große Lücken im Angebot ausgemacht. Was für ihn als Einkäufer in Massen verfügbar war, gab es für die einheimischen Kunden nicht. Kaum wieder zu Hause, vereinbarte Protestant Deichmann mit dem katholischen Bischof Franz Hengsbach in seiner Heimatstadt Essen eine ökumenische Hilfsaktion. Deichmann-Lastwagen rollten fortan für die katholische Caritas nach Polen. Weil das aber noch nicht reichte, machte der Unternehmer seinen polnischen Lieferanten ein Angebot, das die Staatsplaner dem Großkunden nicht abschlagen mochten: »Ich gebe Leder für 10 000 Paar Schuhe. Ihr stellt die Schuhmacher.« Die hätte der devisenarme Staat zwar lieber für Auslandsorders eingesetzt. Doch es wurde so gemacht, wie der Kaufmann es wollte. Die Caritas verteilte anschließend das Schuhwerk.

Seither preist Ruhrbischof Hengsbach den andersgläubigen Deichmann, als ob er ein Wohltäter aus der katholischen Gemeinde wäre.

Beim Bundesverband des Deutschen Schuheinzelhandels hält sich das Lob für den Branchenführer allerdings eher in Grenzen. »Deichmann hat einige hundert Schuhmacherexistenzen auf dem Gewissen«, klagt ein Funktionär. Fraglos hat der führende Filialist vielen anderen Schuhverkäufern das Leben schwer gemacht und macht es noch. Bessere Startchancen jedoch hat er nicht gehabt, um gegen Giganten wie die traditionsreiche Salamander AG mit ihrem funktionierenden Filialnetz zu bestehen.

Vater Heinrich Deichmann hatte 1913 im Essener Stadtteil Borbeck eine Schuhmacherwerkstatt gegründet. Der Junior war gerade 13, als der Vater 1940 starb. die Mutter, Julie Deichmann, führte nach dem Tod ihres Mannes den Laden weiter. Der Sohn unterstützte sie zwar nach Kräften, machte nach dem Krieg aber erst mal sein Abitur und studierte anschließend Medizin. Vor der ersten Vorlesung lud er morgens einen

Kleintransporter voll und belieferte die erste Filiale außerhalb Essens – an seinem Studienort Düsseldorf.

Noch bis Mitte der fünfziger Jahre fuhr Deichmann zweigleisig – erst als Medizinstudent, später als Facharzt für Orthopädie und nach Dienstschluss als Prokurist in den Familienschuhläden. Weil seine vier Schwestern aber keinerlei geschäftliche Interessen zeigten, gab der Mediziner schließlich »schweren Herzens« seine Tätigkeit im Krankenhaus auf. Bessere Verdienstmöglichkeiten waren für den Jobwechsel sicher nicht ausschlaggebend. »Ich hatte ein Angebot, mich an einer Gemeinschaftspraxis zu beteiligen. Mit garantiert 150 000 Mark Jahreseinkommen.«

Über solche Summen könnte Deichmann heute getrost lächeln. Denn seither hat er eine Filiale nach der anderen aufgemacht und ist längst am einstigen Marktführer Salamander vorbeigezogen: »Wir werden in diesem Jahr zwischen 16 und 17 Millionen Paar Schuhe verkaufen.« Zum Vergleich: Europas größte Schuhfabrik, eben Salamander, produziert mit rund 8,3 Millionen Paaren gerade die Hälfte.

Zwölf Millionen Paar Schuhe setzt Deichmann allein über die Ladentheken in seinen 300 deutschen Geschäften ab. Den Rest verkauft er in 90 niederländischen Van-Haren-Häusern, 70 schweizerischen Dosenbach-Läden sowie in knapp 40 US-Shops, denn die deutschen Landesgrenzen waren dem Essener schon bald zu eng geworden. Kollegenspott über sein vergleichsweise billiges Sortiment kränkt ihn nicht. »Schuhe verkaufen kann ich. Luxus verkaufen will ich nicht.«

Das Unternehmenskonzept des Dr. med. Deichmann klingt fast so wie das Einmaleins der deutschen Discount-Könige Karl und Theo Albrecht, die nur wenige Kilometer von Deichmanns Domizil Borbeck entfernt in Essen ihren unaufhaltsamen Aufstieg begannen. Wie Aldi den Lebensmittelhandel dominiert, so diktiert Deichmann bei den Schuhhändlern die Marschzahl. Wie die Albrechts übt auch er sich in Geheimniskrämerei. »Wir sind zum Glück nicht publizitätspflichtig«, verkündet der Laienprediger. Nur in der Kirche sagt er mehr, als er muss. Da predigt er bisweilen von der Kanzel. Und an jedem Mittwochabend kommen in seinem Privathaus 30 Glaubensbrüder und –schwestern zum Bibelkreis zusammen.

Deichmann genießt das Leben auf seine Art. Die Kraft dazu, sich auch für andere krumm zu legen, schöpft er neben der Bibel aus seinem privaten Fitness-Programm: Bergsteigen im Sommer, Skifahren im

Winter und zwischendurch »zu Hause ein bisschen Tennis«. An der Wand in seinem Büro hängen Bilder von Bergen. »In diesem Sommer bin ich wieder drei Wochen auf Gipfel geklettert. Es geht noch.« Seine Augen strahlen, wenn er von seinen Hochgebirgstouren erzählt: »Bergsteigen macht frei.«

Seit 33 Jahren besitzt er in der Schweiz ein zweites Domizil. Dass sich in seiner Umgebung nun verstärkt die internationale Schickeria tummelt, ist dem Vater von vier Kindern eher peinlich. »Das Haus habe ich von einer Tante geerbt«, sagt er. Seine Kontakte zum Ortspfarrer (»Der gibt uns immer eine Kollekte für die Leprahilfe«) oder dem Schuster pflegt er. Der Jet-Set kann ihm gestohlen bleiben. Wenn die ihre Feste feiern, spielt Deichmann lieber Geige. Sind die drei Töchter und der Sohn auch da, spielt ein ganzes Streichquintett.

Kein Zweifel, Deutschlands größter Schuhverkäufer lebt nicht auf großem Fuß. Als er am 30. September 60 Jahre alt wurde, wollten ihn Freunde zu einer opulenten Feier im Hausgarten überreden. Der Münchener High-Society-Lieferant Käfer sollte ein Festzelt aufschlagen und das Feinste aus Küche und Keller servieren. Deichmann fragte tatsächlich bei Käfer an, was so etwas wohl kosten würde. Doch noch ehe die Offerte ankam, überlegte er es sich anders: »So etwas machst du nicht. Das bist du nicht.«

Die Käfer-Kalkulation kam trotzdem, und Deichmann kann's bis heute kaum fassen. »Wissen Sie, was so etwas kostet? 100 000 Markt für 200 Leute«, schüttelt er den Kopf. Und das in seinem Garten, der sonst überwiegend von Waisen aus seiner Heimatregion als Spielplatz genutzt wird.

Für rund 20 milieugeschädigte Kinder haben die Deichmanns – Ehefrau Ruth war früher Pädagogin an einer Grundschule – direkt neben ihrem Haus ein weiteres gebaut, um die Kinder rund um die Uhr betreuen zu lassen und ihnen so etwas wie ein Zuhause zu geben. Denn Heinz-Horst Deichmann hat einen Wahlspruch seines Vaters nie vergessen: »Wer mehr hat, muss auch mehr geben.« Und der Sohn hat reichlich.

Etwa 900 Millionen Mark werden in diesem Jahr in seinen Ladenkassen klingeln. Eine eigene Sekretärin leistet sich der Chef dennoch nicht. »Wann brauche ich die denn wirklich für mich allein«, fragt er und teilt sich zwei Schreibdamen mit seinen fünf leitenden Angestellten.

Für sein Luxus-Auto, einen Audi 200 Turbo quattro (Listenpreis: 61 665 Mark) entschuldigt er sich: »Den muss ich für die Anfahrt zu meinem Haus in den Schweizer Bergen im Winter haben.« Und für seine Inspektionstouren quer durch die Republik. Jede Filiale mindestens einmal im Jahr zu besuchen, wie es frühere sein Grundsatz war, schafft er allerdings nicht mehr.

Vielleicht klappt's demnächst wieder, dass jedes Jahr einmal ein Deichmann nach dem rechten sieht. Sohn Heinrich-Otto soll den Chef jedenfalls in absehbarer Zeit entlasten. Der Junior schreibt gerade an seiner Diplomarbeit in Wirtschaftswissenschaften. »Ich hoffe, dass er in anderthalb Jahren so weit ist.« Ob sich Heinz-Horst Deichmann dann wirklich öfter zurückzieht? Er kennt die Dramen, die sich in Familienfirmen immer wieder abspielen, und weiß, was da an Disziplin auf ihn zukommt, soll sein Sohn wirklich in das Geschäft hineinwachsen: »Wenn man jahrzehntelang fast jeden Schuh selbst eingekauft hat, fällt es sicher nicht leicht zu glauben, andere könnten das genauso gut.«

Keine Absatzprobleme

Ein Interview mit Dr. Heinz-Horst Deichmann, Wuppertal
Dietmar und Andreas Nowottka in »Christen in der Wirtschaft« 1/1988

All over the world nennt der Schuhgigant Deichmann bereits 500 Filialen sein Eigen. Erwartet habe ich eine jener Luxusvillen aus dem Big-Business. Doch Fehlanzeige. An dem unscheinbaren Haus, ganz ohne Prunk und Protz, fahren wir zunächst einmal vorbei. Die Tür öffnet uns weder Butler noch Hausdame, sondern der Chef selber. Erwartet habe ich einen kühlen, berechnenden Managertyp mit christlichem Touch. Wieder falsch. Mit seiner ruhigen, zurückhaltenden Art empfängt uns Dr. Heinz-Horst Deichmann freundlich und fängt an, mein Konzept durcheinander zu bringen. Ganz unvermittelt fragt er uns, wozu das Interview gut sein soll, denn er mag es nicht besonders, in den Vordergrund gestellt zu werden. Trotzdem beantwortet er unsere Fragen offen und ehrlich.

Nowottka: Herr Dr. Deichmann, Sie sind der größte Schuhhändler in Deutschland und Christ. Wie sind Sie beides geworden?

Deichmann: Christ bin ich geworden, indem ich Jesus mein ganzes Leben überantwortet habe. Mein Vater war Schuhhändler, und ich habe von ihm den Umgang mit Schuhen genauso gelernt wie den Umgang mit der Bibel. Um noch weiterzugehen: Ich lernte von ihm auch das Bezeugen des Evangeliums und das Ausüben der Nächstenliebe an Armen, Kranken und an den Juden in den 30er Jahren. Bis heute hat mich das tief geprägt.

Nowottka: Wie war es nun mit dem Schuhhandel?

Deichmann: Mein Vater starb 1940 im Krieg. Als ich 1945 aus dem Krieg nach Hause kam, war es selbstverständlich für mich, das elterliche Geschäft weiterzuführen. Trotzdem fing ich an, Medizin zu studieren, eröffnete in der Zeit die ersten zwei Filialen und arbeitete noch 6 Jahre als Orthopäde.

Nowottka: Was empfinden Sie, wenn Sie auf Ihr Leben zurückschauen?

Deichmann: Wenn ich mein Leben sehe, ist es ein Leben, das sehr vom Evangelium und der Nachfolge geprägt wurde. Ich empfinde das alles als Führung. Im Nachhinein sieht man das noch deutlicher als in den einzelnen Situationen.

Nowottka: War es auch Führung, Unternehmer zu werden?

Deichmann: Ich glaube, dass der unternehmerische Lebenslauf nicht im Widerspruch zur Berufung zum Christen steht. Ich glaube sogar, dass bei mir eines zum anderen gehört.

Nowottka: Kommt man als Christ in der Wirtschaft in Konflikte?

Deichmann: Man fängt nicht gleich mit einem großen Konzern, sondern ganz klein an und tut einfach das, was nötig ist, indem man für die Kunden das Beste will. Das heißt in meinem Fall: Gutes Schuhwerk zu günstigen Preisen. Natürlich gehören auch unternehmerische Fähigkeiten dazu.

Nowottka: War Ihr Ziel ein Großkonzern?

Deichmann: Dass das Geschäft so groß geworden ist, habe ich erst hinterher gemerkt. Ich habe die Expansion nie geplant. Es war nie mein erklärtes Ziel, der Größte zu werden.

Nowottka: Ist Reichtum nicht eine Gefahr für den Christen?

Deichmann: In der Bibel wird die Geldgier als etwas Böses gegeißelt, das den Menschen verdirbt. Aber Reichsein als solches, wenn es benutzt wird, um reich zu sein in guten Werken, öffnet die Tür zum Himmel.

Nowottka: Wie wirkt sich Ihr Christsein auf das Geschäftsleben aus?

Deichmann: Ich glaube, dass sich mein Auftreten in christlichen Vereinigungen herumgesprochen hat. Was meine Konkurrenz darüber denkt, weiß ich nicht. Ich dulde nur keine Ungerechtigkeiten im Geschäft. Man muss allen gerecht werden und darf weder die Mitarbeiter noch die Lieferanten betrügen. Mein erklärtes Ziel ist es, dass das Unternehmen allen Beteiligten zu dienen hat.

Nowottka: Versuchen Sie, den Mitarbeitern etwas von Ihrem Glauben zu vermitteln?

Deichmann: Soweit ich zurückdenken kann, haben wir Weihnachten in verschiedenen Filialen immer Weihnachtsfeste gefeiert. Dort berichte ich z.B. direkt über die missionarische Arbeit der Allgemeinen Missionsgesellschaft (AMG), wo ich beteiligt bin, und über andere missionarische Arbeiten, die durch Mittel der Firma geschehen. Das ist eine gute Gelegenheit, um sehr deutlich das Evangelium zu verkünden. Auch in der Hauszeitschrift »Deichmann intern« tue ich dies.

Nowottka: Wird das als etwas Besonderes angesehen?

Deichmann: Ein gewisser Ruf geht mir ja voraus, aber dass jemand vom Glauben spricht, dazu mit biblischen Termini, verwundert immer wieder viele Leute. Viele halten es auch für sehr erstaunlich, dass ich einen großen Teil meiner Reisen so gestalte, dass ich in Missionsgebiete fahre und dort wochenlang bleibe, missioniere und an sozialen Einrichtungen arbeite. Daran, dass ich selbst hinfahre und nicht nur Geld gebe, merken die Leute, jetzt wird es echt, und es lohnt sich, dem Mann zuzuhören.

Nowottka: Wie wichtig ist für Sie das Reden von Gott?

Deichmann: Ich finde, dass die Verkündigung des Evangeliums heute sehr wichtig ist. Aber auch im sozialen Bereich heißt das, dass ich mich nicht auf den Staat verlasse, sondern für den Nächsten da bin. Ich bin dafür da, dass die Liebe Gottes an dem Nächsten sichtbar wird.

Nowottka: Heißt das, dass wir in erster Linie sozial und politisch tätig sein müssen?

Deichmann: Ich glaube, dass ich als Christ politische und soziale Verantwortung wahrnehmen soll und kann. Aber ich bin in erster Linie Christ, und als Christ nehme ich die Verantwortung wahr. Zu allererst muss ich das Evangelium verkünden. Die Veränderung der Welt kann ich aufgrund dessen erwarten, was Jesus Christus für uns getan hat. Gegenstand der Predigt ist allein das Reich Gottes, der gestorbene, auferstandene und wiederkommende Jesus und nichts anderes. Das wird heute oft vergessen.

Nowottka: Sind Sie in einer Gemeinde Mitglied?

Deichmann: Seit 20 Jahren bin ich in der Evangelisch-freikirchlichen Gemeinde Langenberg. Die Bibelstunde findet sogar in unserem Hause statt, auch wenn ich oft nicht da sein kann. Das Zusammenkommen, das gemeinsame Auslegen des Wortes und das Gebet sind mir sehr wichtig. Ich möchte nicht ohne konkrete Gemeinde sein.

Nowottka: Wir danken für das Gespräch.

(Mit freundlicher Genehmigung entnommen aus Clou, Oktober ‘86)

»Wer mehr hat, muss auch mehr geben«

Schuh-Profi(t) für die Leprahilfe
Heinz-Horst Deichmann: Unternehmer, Prediger, Arzt
Bernd Kassner in der »Westdeutschen Allgemeinen« vom 26. März 1988

Wenn Heinz-Horst Deichmann (61) wie früher jedes seiner Schuhgeschäfte mindestens einmal pro Jahr besuchen wollte, dann wäre er wohl das ganze Jahr unterwegs. 350 Filialen gibt es allein in der Bundesrepublik, in Holland kommen über 100 dazu, in der Schweiz mehr als 80, und in den USA ist der Essener Schuhkonzern mit 60 Shops vertreten. Kritiker haben einst von der »Deichmannisierung« der Innenstädte gesprochen, als die Filialen des heutigen Marktführers der Schuhbranche wie Pilze aus dem Boden schossen. Doch Heinz-Horst Deichmann »nur« als Unternehmer zu bezeichnen, täte seiner Persönlichkeit Unrecht. Denn da ist mehr.

Heinz-Horst Deichmann spricht leise. In seiner Stimme liegt etwas wie Bescheidenheit, als er von seiner Karriere und seinen Projekten spricht. Dass er schon während seines Studiums zwei Filialen eröffnet hat, erwähnt er fast nebenbei. »Ich habe da gemerkt, dass bei mir die Veranlagung zum Unternehmer sehr stark ist«, sagt er schlicht.

Das Abitur hat er erst nach dem Krieg nachgeholt; Theologie und Medizin hat Dr. Deichmann studiert, als Chirurg und Orthopäde gearbeitet. Doch schon nach diesen paar Daten aus seinem Lebenslauf kommt der Firmenchef auf das, was ihm besonders wichtig ist: Die Synthese zwischen seinem Beruf und seiner tiefen Religiosität. »Als Unternehmer höre ich nicht auf, Christ zu sein. Das Unternehmen muss den Menschen dienen – den Mitarbeitern ebenso wie den Kunden und Lieferanten. Mein erklärtes Ziel ist es, dass das Unternehmen darüber hinaus einen Ertrag abwirft für Menschen, die in Not sind.« Unerwartete Worte aus dem Mund von Deutschlands Schuhverkäufer Nummer eins, an dessen Anfang das Borbecker Schuhgeschäft stand, das seine Eltern vor fast 75 Jahren gegründet haben.

Seine beiden Fähigkeiten, die des Unternehmers und die des Arztes, will Heinz-Horst Deichmann in den Dienst des christlichen Auftrages stellen, zu dem er sich berufen fühlt.

Das ist Gemeindearbeit und Mission, das sind die Stiftungen, die in allen Firmen seiner Kette bestehen, das ist auch Predigerdienst und persönlicher Einsatz vor Ort. Und zwar in kleinen Dörfern in Andhra Pradesh, im tiefsten Indien.

Die Armen dieser Welt brauchen unsere Solidarität

Europas größter Schuhverkäufer Dr. Heinz-Horst Deichmann steckt Millionen in aktive Missionsarbeit / Zu Gast in der Friedenskirche »Marler Zeitung« am 19./20. März 1994

MARL (gge) Der erste Blick auf die Schuhe anderer Menschen ist sozusagen berufliches Interesse. »Schuhe verraten viel«, sagt Europas erfolgreichster Schuhverkäufer, Dr. Heinz-Horst Deichmann. Was den Essener Unternehmer, der den seit 81 Jahren bestehenden Familienbetrieb zu einem weltweit operierenden Konzern ausgebaut hat, aus dem Kreis vieler erfolgreicher Manager und Millionäre heraushebt, ist nicht sein Blick für Schuhe, sondern für die Not von Menschen. »Ich bin Christ«, begründet er schlicht sein ungewöhnlich großes soziales Engagement.

Am Mittwochabend stellte er sich in der Friedenskirche in der öffentlichen Veranstaltungsreihe »Das Forum – Christen nehmen Stellung«. Ein erfolgreicher Unternehmer, ein bekennender Christ, eine ungewöhnliche Biografie. Dr. Deichmann ist promovierter Arzt und hat während des Medizinstudiums auch Theologie belegt sowie eine aktive Missionsarbeit in Indien empfahlen ihn als interessanten Gesprächspartner. »So viele Zuhörer hatten wir selten«, freute sich dann auch Organisator Ulrich Effing über die große Resonanz.

Silberhaar, Hornbrille, dunkelblauer Anzug, hellblaues Hemd, Deichmann-Schuhe der gehobenen Preisklasse, wache, freundliche Augen, gebräuntes fast faltenfreies Gesicht. Dem Publikum präsentierte sich kein »Macher«, kein Selbstdarsteller, sondern ein höflicher und zurückhaltender Mann mit Sinn für Humor.

Dr. Deichmann ist 67 Jahre alt. Man sieht sie ihm nicht an. Auch nicht, dass er erst vor einem halben Jahr eine schwere Herzoperation gut überstand. Es war eine Wiedergeburt, sagt er, der mit ähnlichen Gefühlen das letzte Kriegsjahr an der Ostfront überlebte, zurück nach Hause kam, Medizin studierte und gleichzeitig die erste Filiale des vom verstorbenen Vater übernommenen Schuhgeschäftes im eigenen Studienort Düsseldorf eröffnete.

Im Glauben hatte ihn schon das christliche Elternhaus geprägt. Als

Sohn eines Schuhmachers, der schon früh die geschäftlichen Chancen nicht in der Reparatur, sondern im Verkauf fertiger Schuhe sah, erbte er dessen unternehmerischen Instinkt. Seine Tätigkeit als Orthopäde im Krankenhaus gab Dr. Deichmann deshalb auch nach wenigen Jahren auf, um sich ganz dem Aufbau des Unternehmens zu widmen.

48 Millionen Paar Deichmann-Schuhe wurden allein im letzten Jahr weltweit verkauft. Der Erfolg des Unternehmens ist ein Beispiel, dass hohe ethische Grundsätze im immer rauer werdenden Wind in der Wirtschaft nicht unmöglich sind. Wie sich sein Christsein im eigenen Unternehmen zeigt? »Ich hoffe, man merkt es«, sagt Dr. Deichmann: »Am modernen offenen Führungsstil, an der Fürsorge für die Mitarbeiterinnen und Mitarbeiter, der im Einzelhandel einmaligen betrieblichen Altersvorsorge…«

Sein Christsein zeige sich auch daran, dass ein Teil des Firmenertrags in Stiftungen geht. Neben sein Wohnhaus baute er schon 1965 ein Kinderheim, gründete aktuell vor einigen Jahren in Velbert eine Initiative, die sich um Obdachlose kümmert und in Zusammenarbeit mit der Stadt schon eingreift, bevor Menschen obdachlos sind. Dass es nicht genügt, nur vor der Haustür zu helfen, weiß er durch viele Reisen und vor allem, seit er das erste Mal in einer Leprastation in Indien war. Obwohl er angesichts der entsetzlich verunstalteten Menschen am liebsten weggelaufen wäre«, hat er ihnen als Christ die Hand gereicht. Getreu dem Bibelwort »Wer mehr hat, muss auch mehr geben« engagieren er und seine Frau sich seit nunmehr 18 Jahren mehrere Monate im Jahr in einem ganz persönlichen Entwicklungshilfeprojekt in Indien.

»Wort & Tat« heißt die in Essen beheimatete Allgemeine Missionsgesellschaft (AMG), die die Arbeit der AMG India für die Leprakranken in den Slums von Andhra Pradesh in Süd-Indien tatkräftig unterstützt. Millionenbeträge hat die Dr. Heinz-Horst Deichmann-Stiftung in den Bau von Krankenhäusern, Schulen, Altenheimen und ganzen Dörfern für Leprakranke gesteckt. Hier werden die Kranken nicht nur ärztlich betreut, sondern können auch ihren Möglichkeiten entsprechend lernen und arbeiten.

»Die Armen dieser Welt brauchen unsere Solidarität«, sagt er und hätte viel an offizieller, staatlicher Entwicklungshilfe zu kritisieren, die oft an den Bedürfnissen der Menschen vorbeigehe: »Doch das ist ein neues abendfüllendes Thema.« Genauso wie sein jüngstes Engagement in Israel.

Helden von heute

Kampf gegen Lepra
Robert Förster in »Reader's Digest« Nr. 2, Februar 1996

Vor etwa 20 Jahren besuchte Heinz-Horst Deichmann, Deutschlands größter Schuhhändler, zum ersten Mal Indien. »Damals saß ich auf einmal Lepra-Kranken gegenüber«, erzählt er. »Ich sah ihre entstellten Gesichter und ihre verstümmelten Gliedmaßen. Dabei wusste ich: Mit modernen Medikamenten kann man die Krankheit heilen.« Der heute 69jährige hatte ein Medizinstudium absolviert, bevor er das väterliche Unternehmen in Essen übernahm, und war als praktizierender Protestant seit langem sozial engagiert. »Ich werde, um den Armen zu helfen, einen Teil meiner Firmengewinne spenden«, entschied er.

Deichmann sprach mit Mitgliedern der AMG India International, einer indischen Missionsgesellschaft. Sie berichteten, dass die Lepra im südindischen Bundesstaat Andhra Pradesh am Golf von Bengalen zahlreiche Opfer forderte. Die Aussätzigen führten ein Leben am Rand der Gesellschaft, lebten vom Betteln und wurden von der übrigen Bevölkerung geächtet. »Eine gezielte Behandlung und Rehabilitationszentren würden den Kranken eine Rückkehr ins normale Leben ermöglichen«, meinten die AMG-Mitarbeiter. Deichmann sicherte der karitativen Organisation seine Unterstützung zu.

Seit damals hat er über 50 Millionen Mark für verschiedene Projekte gespendet. In seinem Auftrag hat die AMG vier Dörfer mit Kliniken für die Aussätzigen und ihre Familien gebaut, in denen derzeit rund 2.500 Menschen wohnen, und ein Gesundheitsprogramm hat sich dort als sehr erfolgreich erwiesen. Litten vor zwei Jahrzehnten in der Regi on zehn von 1.000 Menschen an Lepra, so liegt die Rate heute nur noch bei etwa eins zu 1.000.

Zu den Geheilten gehört auch der Teenager Pushpalata. Eines Tages hatten die Eltern am linken Unterarm des Mädchens einen Leprafleck entdeckt. Sie waren verzweifelt, denn wenn die Krankheit unbehandelt bleibt, kommt es später zu Lähmungen und Deformierungen. Dann hörten sie von der kostenlosen Klinikbehandlung und brachten ihr Kind in eines der Dörfer. Weil das Leiden noch im Frühstadium war, konnte Pushpalata nach sechs Monaten gesund nach Hause zurückkehren.

»Wir wollen den Kranken aber auch eine neue Lebensperspektive geben«, sagt Karl-Heinz Ehring, der stellvertretende Vorsitzende von Wort & Tat, der Partnerorganisation der AMG. »Sie sollten unabhängig von fremder Hilfe werden.« Um die Zahl der Analphabeten in Andhra Pradesh – mehr als die Hälfte der rund 66 Millionen Einwohner – zu verringern, hat die Organisation mit Deichmanns Unterstützung Schulen eingerichtet, in denen sich Jugendliche unter anderem in Stenographie, Schneiderei oder Schlosserei ausbilden lassen können. Die erwachsenen Dorfbewohner verdienen sich mit Milchwirtschaft, Schweinezucht sowie Limonen- und Bananenanbau eine Existenzgrundlage. Den Frauen werden zudem Kurse im Nähen und Weben angeboten.

Deichmann unterstützt auch andere Projekte in Indien. In der Stadt Chilakaluripet hat der Unternehmer vor vier Jahren mit der Missionsgesellschaft zusammen eine Klinik für Tuberkulose-Kranke gegründet. »Mit den Medikamenten, die wir durch die Unterstützung der AMG kaufen können, retten wir jedes Jahr etwa 2.500 Patienten«, berichtet Dr. Puvvada Venkatarao, ein junger Lungenfacharzt.

Deichmann selbst reist mindestens einmal im Jahr für drei Wochen mit seiner Frau Ruth nach Andhra Pradesh. Wie jeder andere Helfer teilt er dann Essen aus, kümmert sich um die Patienten auf den Pflegestationen und spendet Sterbenden Trost. »Es war ein Lepra-Kranker, den Jesus Christus berührt und gesegnet hat«, sagt er. »Nach diesem Vorbild fasse auch ich die Leidenden an und zeige ihnen so, dass kein Fluch auf ihnen lastet, sondern dass es Hoffnung für sie gibt.«

Wo Kühe geschont und Kinder geschunden werden

Ein deutscher Schuhhändler hilft Menschen in Indien dreifach: durch Gottes Wort, medizinische Versorgung und Ernährung
Jürgen Werth in »idea Spektrum« vom 6. März 1996

Indien, du armes, reiches Land. Mehr als 900 Millionen Menschen ziehen durch deine Straßen, lungern auf Bahnhöfen, schwitzen auf deinen Feldern, schuften in Steinbrüchen und Fabriken. Bald werden es tausend Millionen sein. Mehr als die Hälfte von ihnen kannst du schon heute eher schlecht als recht ernähren. Indien, du Land der Hoffnungslosen, der Ausgegrenzten, der Bettler. Warum kannst du trotzdem so herzerfrischend lächeln? Warum ziehst du trotzdem Jahr für Jahr Hunderttausende aus dem scheinbar reichen Westen in deinen Bann? Indien macht süchtig, sagen sie. Was ist dein Geheimnis, du Land der Gegensätze?

Ein Land mit 1056 Sprachen

1056 Sprachen und Dialekte sprichst du. Teilst deine Menschen unbarmherzig in Kasten. Schonst Kühe und schindest Kinder. Ich habe sie gesehen: sieben, acht, zehn Jahre alt. Tag für Tag klopfen sie Felsen zu Schottersteinen. Zwölf Stunden am Tag. Sechs Tage in der Woche. Für 150 Rupien. Sechs Mark. Im Monat.

Aber ich habe auch Hoffnung gesehen. Strahlende Menschen. Glückliche Kinder. Statt Steineklopfen Englisch und Mathematik. Keine zerfetzten Kleidchen, dafür eine schmucke Schuluniform. Keine Aussichtslosigkeit mehr, dafür kühne Lebensentwürfe: »Ich will Lehrer werden.« »Ich Arzt.« »Und ich Ingenieur.« Hoffnungskinder.

Zwei Wochen lang habe ich immer wieder in ihre Augen geschaut, ihre Händchen gedrückt. Ihre leuchtenden Blicke habe ich mit nach Hause genommen. Viele von ihnen kannten einen deutschen Namen. Nur einen. Doch der hatte ihr Leben verändert: »Deichmann.«

Seit vielen Jahren steht dieser Name im indischen Bundesstaat Andhra Pradesh für Hoffnung. Schulen für die Kinder der Armen, Krankenstationen für die, die sich keinen Arzt leisten können, eine warme

Mahlzeit täglich für Slumkinder, Hilfe und Heimat für Lepraopfer, Tbc-Kranke und Poliogeschädigte. Für den Orthopäden Heinz-Horst Deichmann (Essen) ist Geschäftserfolg Verpflichtung. Der Herr über 1400 Schuhgeschäfte, 820 davon in Deutschland, investiert über die Hilfsorganisation »Wort & Tat« jedes Jahr Millionenbeträge in »seine« Kinder, Kranken, Armen. Tat und Wort. Denn in den Einrichtungen, die er unterstützt, wird das Evangelium gepredigt, kommen Menschen zum Glauben an Christus, lebt neben der Diesseits- eine kräftige Jenseitshoffnung. Allein 1994 wurde rund 78.000 Menschen durch Wort & Tat geholfen. Es wurden 10.100 Lepraopfer behandelt, 18.000 Augenkranke, 2.400 Tbc-Patienten. 14.250 Menschen besuchten Kurse der Erwachsenenbildung. 6.000 Kinder fanden in Schulen und Wohnheimen ein Zuhause und bekommen eine Ausbildung. Hunderte von Lehrern, Ärzten, Therapeuten und Sozialarbeitern sind im Einsatz. Aber auch Prediger und Evangelisten. Eben: Wort und Tat. Heinz-Horst Deichmann: »Wir tun einen dreifachen Dienst: Predigen, heilen und Brot geben. Und zwar in der Nachfolge Jesu Christi.«

Die Zahl der Menschen, die sich finanziell an den Indien-Projekten beteiligen, wächst. Neben der Kasse jeder Deichmann-Filiale wartet eine kleine Spardose auf Spenden. Die Not ist zu groß, als dass ein Unternehmer allein damit fertigwerden könnte.

Waisen können nur betteln

Während eines Schulfestes stehen plötzlich fünf Kinder an meinem Tisch. Vor Jahren ist die Mutter gestorben, nun auch der Vater. Für Waisen gibt es in Indien nur ein Schicksal: betteln. Kann die Schule sie aufnehmen? Reicht der Etat auch noch für diese Kinder?

Helfen kostet aber nicht nur Geld. Wer helfen will, muss sich eindenken, einfühlen. Jede Hilfe greift in zum Teil jahrhundertealte Lebens- und Denkgewohnheiten ein. Beispiel Kinderarbeit: Um die Steinbruchkinder in die Schule zu bekommen, muss ihren Eltern der verlorene Verdienst erstattet werden. Das sind Kosten, die man zunächst nicht auf der Rechnung hat.

Beispiel Wasserversorgung. Im 100.000 Einwohner zählenden Chilakaluripet, dem indischen Zentrum der »Wort & Tat«-Arbeit, wird mit Deichmann-Geld eine Wasserleitung gebaut. Zur Zeit wird die Stadt über einen Kilometer langen offenen (!) Wasserkanal versorgt. Das ist hygienisch höchst problematisch. Zudem bleibt die Stadt im Sommer häufig auf dem Trockenen, da die Bauern der Umgebung abzweigen, was sie brauchen. Das geht nicht mehr, ist die Leitung erst fertiggestellt.

Nur zwei Prozent Christen

Das zeigt: Praktische Hilfe allein reicht nicht. Menschen müssen sich ändern, anders denken, anders leben lernen. Helfen macht Mühe, es macht zuweilen auch mürbe. Dazu kommt die nimmermüde Frage, ob das alles angesichts der großen Not nicht doch nur ein Tropfen auf den heißen Stein ist. Doch die Frage wird akademisch, wenn man in die Augen der Menschen schaut. Die verstehen die Frage nicht. Sie haben neue Hoffnung und sind zu Hoffnungsträgern für andere geworden. Viele Leute, die nun viele kleine Schritte tun und so gewaltig vorankommen.

Statistisch gesehen spielen Christen im Subkontinent Indien nur eine Nebenrolle. Sie machen geradeмal zwei Prozent der Gesamtbevölkerung aus. Doch sie bewegen viel. Etliche Kirchen und Organisationen sind hier tätig. Besonders im Süden, der stärker christlich geprägt ist als der Norden. Auch das Radio ist zum Hoffnungsträger geworden. Viele Kirchen haben das erkannt. Trans World Radio Indien (TWR), vergleichbar mit dem deutschen Evangeliums-Rundfunk, bekommt als Reaktion auf seine Sendungen in 51 Sprachen jeden Monat mehr als 50.000 Zuschriften. 80 Prozent sind von Menschen, die keine Christen sind. Über 500 einheimische Mitarbeiter in rund 140 regionalen Büros beantworten die Post, nehmen wenn nötig persönlich Kontakt auf und führen Menschen in Gesprächen und Seminaren zu Christus. Gibt es keine christliche Gemeinde am Ort, wird eine gegründet. Mittlerweile bestehen über 150 solcher durch Radiomission gegründeten Gemeinden.

Manche ist ohne äußeres Zutun entstanden. Emil Jebasingh, TWR-Regionaldirektor für Südasien: »In einem Dorf trafen wir über 200 Christen, ohne das jemals ein Missionar dorthin gekommen war. Sie hatten über Jahre unser Programm gehört.« Und Ebenezer Samuel, Chef von TWR Indien, berichtet, dass einer seiner Mitarbeiter demnächst in ein Dorf in der Nähe von Vizag fahre, um dort über 600 Menschen zu taufen. Menschen, die durch Radioprogramme zu Christus gefunden haben.

Wort und Tat. Tat und Wort. Im Lepradorf Bethel bei Chilakaluripet wird das besonders anschaulich. Auf die Frage, wer Trans World Radio kenne, streckt die Hälfte der 350 Bewohner die zum Teil verstümmelten Hände. Strahlen. Hier in Bethel ist ihnen geholfen worden. Medizinisch und sozial. Aber vielen von ihnen noch nachhaltiger: Sie haben den kennengelernt, der ewiges Leben verspricht.

Indien, du armes, reiches Land. Du Land der Hoffnungslosen, der Ausgegrenzten, der Bettler. Du Land der strahlenden Kinder, der glücklichen Kranken. Indien, du Land der Hoffnung!

Bibel und Business – Von den Reichtümern des Schuhverkäufers Deichmann aus Essen

Ausbildung: Arzt. Beruf: Unternehmer. Berufung: Missionar. Heinz-Horst Deichmann ist ein erfolgreicher Mann. Er hat das väterliche Geschäft zum größten seiner Art in Europa gemacht. Noch bemerkenswerter ist sein Engagement für Entwicklungsländer.
Matthias Kasper in der »Welt am Sonntag« vom 17. März 1996

Spreche ich mit einem Arzt, Unternehmer oder Missionar? Die Frage bleibt bei Heinz-Horst Deichmann ungelöst. Doch auf gewisse Weise erlösend ist ein Gespräch mit dem 69jährigen Schuhverkäufer aus Essen. Der promovierte Mediziner hat das väterliche Geschäft zum größten Schuhhandelshaus Europas gemacht, gleichzeitig schuf er sich einen ganz eigenen Ruf: der missionierende Manager.

Die Hände lässt er beim Reden meist bescheiden im Schoß ruhen, so, als gehöre ihm das Polster nicht, auf dem er sitzt. Doch: »Einen Mann, der 1.450 Schuhgeschäfte in fünf Ländern besitzt, kann man wohl reich nennen«, sagt er nach kurzem Überlegen. 16.000 Menschen gibt er in fünf Ländern Arbeit, davon 10.000 in Deutschland, mehr als 2,5 Milliarden Mark setzte das Unternehmen 1995 um.

»Ich fühle mich auch in einem anderen Sinne reich: Familie, vier Kinder, acht Enkelkinder«. Seit 46 Jahren führt er mit seiner Frau Ruth eine »sehr gute Beziehung«, beide gehen noch auf Bergtouren und laufen Ski. Und: »Ein weiterer Reichtum kommt daher, dass ich mein Vertrauen und meine Hoffnung auf Gott und die Zukunft in Jesus Christus gesetzt habe.«

Das sind keine leeren Floskeln bei dem Mann mit schlohweißem Schopf und leichter Berg-Bräune, der im September seinen 70. Geburtstag feiert. Indien, Israel, Afrika – »Wort und Tat«, wie das Monatsblatt seiner Stiftung »Allgemeine Missions-Gesellschaft« heißt, gehören für Deichmann zusammen wie Bibel und Business. »Meine Mitarbeiter erzählen mir, dass durch unsere Projekte in Indien heute 78.000 Menschen versorgt werden.«

Die große Zahl wirft nur ein Schlaglicht auf mehr als 20 Jahre Engagement in Indien. Krankenhäuser und Dörfer für Lepra- und Tuberkulosekranke hat der Christ aus Deutschland im Land der Hinduisten errichtet, Schulen und Ausbildungsstätten gegründet, Kinderheime eröffnet.

»Ich weiß nicht, wovon ich zuerst erzählen soll«, schreibt er an seine Mitarbeiter über seine jüngste Indien-Reise im November. »Doch da ist ein Projekt, das ganz neu ist: In Yeleswaram haben wir ein Schulheim errichtet.« Es soll zunächst 400 Kinder zwischen fünf und zehn Jahren aufnehmen, die bisher in einem Steinbruch »wie moderne Sklaven« arbeiteten.

Wieder hat Deichmann, der einer Freikirche angehört, verstümmelte Lepra-Kranke in den Arm genommen, Kinder gestreichelt, Essen an Kranke ausgeteilt und ihnen gesagt, dass ihre Krankheit nicht ihr Karma, nicht ihr Schicksal aus einem vorherigen Leben sei, sondern Gott wolle, dass sie geheilt werden.

»Zu allem braucht man Glauben und Vertrauen«, sagt der Missionar. Dann zitiert der Mediziner eine Reihe von Medikamenten, die kombiniert erfolgreich gegen Lepra und Tuberkulose eingesetzt wurden. Und der Unternehmer zitiert für seine Mitarbeiter seine liebste Bibelstelle: »Lassen Sie sich anstecken von der Liebe Gottes der Welt gegenüber, ›der seinen einzigen Sohn dahingab, auf dass jeder, der glaubt, in ihm ewiges Leben habe‹. (Johannes 3,16).«

Öffentlich mag er sich bekennen, weil er sich privat immer treu geblieben ist. Der öffentliche Deichmann ist der private, und umgekehrt. Noch heute liest er täglich in der Bibel sowie in den Berichten aus seinen Filialen. Glaube und Geschäft – die zwei Konstanten in seinem Leben, seine innere Heimat.

Auch äußerlich ist er seiner Heimat treu geblieben. »Schauen Sie mal aus dem Fenster«, sagt er in seinem Büro im vierten Stock der Zentrale in Essen-Borbeck. »Auf den Feldern, die Sie da sehen, mussten wir im Krieg als Flak-Helfer Dienst tun.« In der Reichskristallnacht waren Steine auch gegen das Geschäft der Judenfreunde Deichmann geflogen. Aber die Nazi-Herrschaft stärkte seinen Glauben nur. 1944, als 18jähriger Luftwaffen-Helfer an der Oder, verkündete er das Wort Gottes seinen Kameraden bei der Weihnachtsfeier.

Ein Glaube von Kindesbeinen an. Schon der tief religiöse Vater, der Schuhmacher und Firmengründer Heinrich Deichmann, nahm seine fünf Kinder Anfang der 30er Jahre oft zu Krankenbesuchen mit. Heinz-Horst ist jüngstes Kind der Familie und einziger Sohn.

An der Oder wird er 1945 verwundet, kann sich aber zu Fuß retten. Er kommt nach Hamburg, wandert von dort zurück nach Essen-Borbeck. Zwei Wochen braucht er dafür.

Sofort kümmert er sich um das Geschäft, sein Vater war 1940 verstorben. Doch Unternehmer ist er eher nebenbei. Morgens beliefert er die ersten Filialen in Essen und Düsseldorf mit Schuhen, tagsüber studiert er Theologie und Medizin, denkt daran, Missionsarzt zu werden. Fünf Jahre lang praktiziert er als Chirurg und Dr. med. der Orthopädie.

1956 wird er ganz Geschäftsmann, übernimmt den Betrieb, der bisher als Erbengemeinschaft geführt worden war, auf eigene Rechnung. Diese ging mehr als auf, darf er 40 Jahre später feststellen. Sein Rezept beschreibt er in wenigen Worten: »Gib den Kunden, was sie haben wollen, und den Mitarbeitern auch.«

Deichmann richtete schon in den 50er Jahren für sein Produkt (»Gute Schuhe günstig«) in den Läden Wühltische ein und präsentierte das Sortiment gut sichtbar auf »Vorwahlständern«. Beschäftigte dürfen einmal im Jahr in der Schweiz einen Gesundheitskursus besuchen, es gibt eine Deichmann-Rente und eine Kasse für in Not geratene Mitarbeiter.

Und: »Ich glaube, mein soziales Engagement kommt bei den Mitarbeitern wie ein geistiger Besitz an, der verbindend wirkt. Ich habe noch nie Widerspruch erlebt.«

Zum gemeinsamen geistigen Besitz zählt auch der Deichmann-Einsatz in Israel. Regelmäßig gibt er Geld für die Ben-Gurion-Universität in der Negev-Wüste. Deren Hauptziel ist es, Wege zu erforschen, wie die Wüste begrünt werden kann.

In einem anderen Sinne ist das auch das Ziel von Deichmann. Bei seinem ersten Besuch in Israel, Deichmann hatte einen Lehrstuhl mitfinanziert, sagte er vor einem vollen Hörsaal: »Golgatha und Jadwaschem, die Gedenkstätten für die Opfer des Nationalsozialismus, gehören für mich zusammen. Ich weiß, dass durch Golgatha auch mir als Deutschem vergeben ist. Und ich bitte Sie, vergeben auch Sie mir und nehmen Sie mich an.« Zu Tränen gerührt schüttelten die Zuhörer seine Hände.

Der Glaube gibt ihm Antworten, auch für das Geschäft. Ist es ethisch vertretbar, dass ein Unternehmer in Ländern einkauft, wo Menschenrechte missachtet werden? »Ich würde das uneingeschränkt mit ja beantworten. Denn die Menschen dort müssten sonst noch mehr Not leiden.« Je mehr man im Warenaustausch Wohlstand teile, desto besser sei dies für beide Seiten.

Deichmann kehrt an seinen Schreibtisch zurück. Wie lange noch, steht ihm doch sein Sohn, Diplom-Kaufmann Heinrich-Otto Deichmann, 33, dem Senior bereits zur Seite? »Schreiben Sie, dass ich noch auf absehbare Zeit das Tagesgeschäft lenke. Sonst sind die Leute beunruhigt.«

Die Firma jedenfalls scheint gut gerüstet. Wie viele Filialen Deichmann in zehn Jahren haben werde? Noch einmal zögert der Unternehmer: »1000 mehr.« Sein anderer Reichtum lässt sich nicht messen.

Mir gehört nur, was ich verschenke

Göttliche Ökonomie nicht allein zu Ostern
»Welt am Sonntag«, 30. März 1997

»Wirtschaftsethik«, welch fast surrealistische Verbindung gegensätzlicher Sphären auf engstem Raum. Da kommt einem »Wirtschaftskriminalität« schon bekannter vor.

Sollen wir »Wirtschaftsethik« definieren als das Ideal einer Abwesenheit all der Tricks, mit denen Manager professionellerweise versuchen, Bilanzen und Steuererklärungen zurechtzurücken, Umweltauflagen zu umgehen, Konkurrenten auszuschalten und Auftraggeber beziehungsweise Kunden liebevoll einzufangen? Ich lasse die schwere Frage der »Gerechtigkeit«, also des Verhältnisses zwischen Wirtschaft und Gesellschaft, im Raume stehen.

Ein langes, ein fast das Jahrhundert füllendes Experiment verstaatlichter Wirtschaft hat es ans Licht gebracht, mit einem epochalen Fiasko endend, wie unentbehrlich persönliche, eigenverantwortliche, eigentumsmäßig freie Formen des Wirtschaftens sind, ebenso unentbehrlich wie ein der Mathematik verpflichtetes Rechnungswesen.

Das heißt jedoch nicht, dass eine Wirtschaft besonders ethisch genannt werden kann, die ihren Wirtschaftserfolg einzig den Aktionären zuwendet (»shareholder-value«), die Arbeitenden aber in die Arbeitslosigkeit schickt, die Kunden mit Monopolisierung nötigt und die Politik mit den Folgekosten siegreicher Börsenmanöver belastet.

»Die Wirtschaft ist unser Schicksal«, hat der deutsche Staatsmann Walter Rathenau gesagt, jemand, der dann ein Opfer nazi-deutschen Hasses wurde gegen alles, was Geist war, Weltoffenheit und Sensibilität. Von Rathenau stammt auch die Beobachtung: »Ich habe niemals einen wirklich großen Geschäftsmann gesehen, dem das Verdienen die Hauptsache war.«

Wirtschaft ist nicht alles. Sie ist eine wichtige, eine fundamentale Voraussetzung. Sie ist eine Frage schwarzer und roter Zahlen und ihres faktoriellen Zusammengangs.

Wirtschaft ist eine bedeutende Aufgabe in einer Welt, die unvermeidlich, so scheint es, auf immer höhere Steigerungsstufen von Technik, Rationalität, Finanzabstraktion und Globalität zusteuert.

Globalisierung der Wirtschaft? Uneingeschränkt ja. Wir müssen im Kommunikationszeitalter an den neuen, boomenden Märkten mitwirken. Wir müssen darauf achten, dass unsere Märkte nicht verschlossen sind für Produkte früherer Entwicklungsländer und unsere Produkte passend machen für diese Märkte, auch preislich. Das heißt, wir werden unsere Einkommen anpassen, mit ärmeren Ländern teilen müssen. Deshalb brauchen bei uns keine Arbeitsplätze unterzugehen.

Wo ist die innovative Kraft der Unternehmer, die neue Produkte und Strukturen herstellen? Ein sklerotisches Erstarren an Gewohntem reicht als unternehmerische Leistung nicht aus: an Verdienst ohne Verdienen, an finanziellen Höchsterfolgen bei Betriebsschließungen und an Produktionsverlagerung in Billiglohnländer ohne Beschäftigungslösungen für die Menschen hier, die die Beziehung zur Arbeit und die damit verbundene Würde verlieren.

Der Mensch braucht Wohlstand wie die Gesundheit. Aber der Mensch benötigt auch Maß, Mäßigung, Maßhalten. Ist für den Gewinn die Betriebswirtschaftslehre, für die Grundtugend des Maßes die Ethik zuständig? Wie können beide einander treffen?

Kants kategorischer Imperativ als Zentralbegriff vernünftiger Sittlichkeit (»Handle so, dass die Maxime deines Willens jederzeit zugleich als Prinzip einer allgemeinen Gesetzgebung gelten könne«) klingt akademisch genug, um gehörig zu imponieren. Auf Kants Schreibtisch lag auch, so wird überliefert, ein Buch zu täglicher Lektüre aufgeschlagen: die Bibel.

Erwähnen will ich die Zehn Gebote, an denen wir Maß nehmen können. Im Zehnten ist von Eigentum die Rede, aber nicht so sehr von dem, was mir gehört, sondern von dem, was dem Nächsten verbleiben soll. Begehre nicht! So lange der arbeitende Mensch seine Mitmenschlichkeit, ohne die er nicht Mensch sein kann, vergisst und seinen echten Lebensanspruch mit seinen leeren Begierden verwechselt, muss seine Arbeit im Zeichen der Konkurrenz (Kapitalismus) oder des Klassenkampfes (Sozialismus), also im Zeichen eines Krieges stehen.

Von Belang scheint mir auch das sechste Gebot, das von der Heiligkeit des siebenten Tages handelt. Dieser Tag ist der eigentliche Augenblick des Menschseins: die Zeit zu denken und zu danken. Wenn wir beides tun, wird uns überwältigend deutlich, dass Gott eine eigene

Ökonomie hat, der wir nahe kommen, wenn wir verstehen, dass uns eigentlich nur das gehört, was wir verschenken.

Was bedeutet das für ein Unternehmen wie Deichmann? Es muss dem Menschen dienen:

dem Kunden durch eine bestmögliche Qualität bei günstigstem Preis und Service (nicht erst seit »total quality management«);

den Herstellern durch partnerschaftliche Beziehungen bei gerechter Bezahlung und gegenseitiger Meistbegünstigung;

den Mitarbeitern durch gerechte, leistungsbezogene Bezahlung, Partizipation am Gewinn mit Tantiemen sowie großzügige Altersversorgung;

der Allgemeinheit durch Mitwirken an sozialen Aufgaben im In- und Ausland.

Pioniere auf leisen Sohlen: Eine ungewöhnliche Partnerschaft in Nahost

Der deutsche Schuhriese Deichmann hat einem israelisch-palästinensischen Joint-Venture den Sprung in den Export ermöglicht.
Inge Günther in der »Schwäbischen Zeitung« vom 21. Juni 1997

HEBRON – Man könnte sagen, dass der Nahost-Friedensprozeß in Deutschland an die 165.000 Hoffnungsträger hat. Jedenfalls tragen sie Schuhwerk an den Füßen, das zugleich als Modell für eine erfolgreiche israelisch-palästinensische Wirtschaftskooperation herhalten kann. Es handelt sich dabei um ein Joint-Venture zwischen dem Kibbuz Hulata im nördlichen Galiläa und der Schuhfabrik Tossetti in Hebron, der südlich gelegenen, größten Westbank-Stadt. Dass dieser ungewöhnlichen Partnerschaft der Sprung in den Export geglückt ist, hat mit einem dritten Kompagnon zu tun: dem deutschen Schuhriesen Deichmann, der seit 1996 orthopädische Sandalen wie Sport- und Laufschuhe made in Hebron in seinen deutschen Filialen vertreibt. 65.000 waren es im ersten Jahr, bereits 100.000 in der aktuellen Frühjahrssaison. Als friedenssuchende Idealisten verstehen sich freilich alle drei Beteiligten erklärtermaßen nicht. »An erster Stelle kommt das Business«, sagt der Kibbuznik und Manager von »Hulata Shoes«, Schlomo Hazav. Und Farhad Ahmad Siag, der bei Tossetti die Geschäfte des Familienunternehmens führt, stimmt heftig nickend zu.

Die beiden sind Pioniere des Versuchs, einen Missstand zum gegenseitigen Gewinnvorteil auszuhebeln. Denn die Abriegelung, die Israel immer wieder aus »Sicherheitsgründen« über die autonomen palästinensischen Gebiete verhängt, ist nach wie vor Wirtschaftshemmnis. Nummer eins in Westbank und Gaza. Das Joint-Venture von Hulata und Tossetti ermöglicht davon weitgehende Unabhängigkeit – mittels einer simplen Arbeitsteilung: Der Kibbuz organisiert Materialbeschaffung und Vertrieb, während in Hebron produziert wird.

Eine Reihe von Preisvorteilen

Daraus resultieren zugleich eine Reihe von Preisvorteilen. Die Palästinenser profitieren vom Rabatt, den die Israelis bei den – für die eigene Fabrikation mitbestimmten – Großeinkäufen von Leder und Kunststoffen herausschlagen. Den Israelis wiederum kommen beim Marketing von Tossetti-Shoes die billigen Arbeitslöhne der Palästinenser zugute. Diese Zusammenarbeit funktioniert schon seit einigen Jahren auf dem lokalen Markt. Doch es war der Schuh-Großhändler Deichmann, der eine solche Kooperation als export-tauglich befand.

Den Anstoß dazu, erinnert sich Schlomo Hazav, hatte der später ermordete Premier Yitzhak Rabin gegeben. Als er von Kanzler Helmut Kohl – im Sommer 1995 mit einer bundesdeutschen Wirtschaftsdelegation auf Israel-Reise – gefragt wurde, was denn zur Unterstützung des Friedens-

prozesses getan werden könnte, soll Rabin in seinem typisch trockenen Ton geantwortet haben: »Nichts, das einzige, an dem es fehlt, ist Arbeit für die Palästinenser.« Deichmann, ohnehin seit Jahren in Israel engagiert, hakte daraufhin bei seinen Geschäftsfreunden vom Kibbuz Hulata nach. Das war der Beginn der israelisch-palästinensisch-deutschen Schuh-Connection.

Seitdem treffen sich mindestens einmal pro Woche die Manager Hazav und Siag. Mal in Nordgaliläa, mal in der Tel Aviver Geschäftsstelle der Kibbuzim oder in Hebron. Fast immer wartet auf beide eine neue Herausforderung an ihr Improvisationstalent. »Wer in dieser Ecke der Welt produziert«, sagen sie, »steht jeden Morgen vor veränderten Bedingungen.«

Längst eingespielt hat sich, dass Material und Ware an den israelischen Militär-Checkpoints rund um das teilautonome Hebron die Lastwagen wechseln muss, weil den Palästinensischen Trucks wieder mal die Passiererlaubnis entzogen worden ist. »Hier zu arbeiten«, erklärt der Palästinenser Siag, »ist kein Problem. Aber das Zeug pünktlich zur Verladung an den Seehafen nach Aschdod zu schaffen, ist eine Kunst für sich.« Auch ein der politischen Konfliktlage bewusster Mann wie Deichmann bestehe schließlich auf termingerechter Lieferung.

Weniger sorgen muss sich Tossetti – »ein Marketing-Name«, so Siag, »den wir gewählt haben, weil er so musikalisch klingt« – um Qualität und ein konkurrenzfähiges Angebot. Über sechzig Modelle, mal mehrfarbig kombiniert, mal klassisch angelegt, zählt die aktuelle Kollektion. Entworfen hat sie ein Designer aus dem Kibbuz Hulata, der mehrmals im Jahr internationale Messen besucht.

Ohnehin besitzt das Schuh-Handwerk in Hebron eine lange Tradition. Über 10.000 Beschäftigte produzieren hier täglich bis zu 80.000 Paare, von der Sandalette bis zum Stiefel – von denen nebenbei nicht wenige an die israelische Armee verkauft werden. Die Kapazitäten der insgesamt dreißig Schuhfabriken und mehr als tausend Manufakturen, die Zubehör fertigen, sind damit längst nicht ausgelastet. Das Modell Tossetti ist bislang eine Ausnahme geblieben.

Große gemeinsame Firmenfete

Doch es funktioniert, auch wenn im Friedensprozess fast schon ein politischer Bankrott anzumelden ist. Und das nicht nur im wirtschaftlichen Sinne. So reisten die Kibbuz-Kollegen im letzten Jahr zur großen Firmen-Fete nach Hebron an. Ebenso war die 120köpfige Tossetti-Belegschaft mit von der Partie, als es gemeinsam zum Mount Hermon im Golan ging. »Tiefe Beziehungen zwischen unseren Arbeitern sind daraus nicht unbedingt entstanden«, räumen die Manager Siag und Hazav ein. Aber wo gibt es das schon, einen israelisch-palästinensischen Betriebsausflug?

Ein Unternehmer lebt seinen Glauben

»Esslinger Bibeltage« mit Dr. Heinz-Horst Deichmann
»Esslinger Zeitung« vom 8. Oktober 1997

Esslingen (gz) – Dass Menschen den Zusammenhang zwischen den Aussagen der Bibel und ihrer persönlichen Lebensführung erkennen, ist eines der Ziele der »Esslinger Bibeltage«. So umschrieb Dekan Klaus Scheffbuch die von der Evangelischen Allianz und der katholischen Kirche gemeinsam getragene Reihe. Zum Auftakt sprach der Essener Konzernchef Dr. Heinz-Horst Deichmann. Er erzählte aus seinem Leben und von seiner Arbeit.

Viermal werden in dieser Woche in der Öffentlichkeit stehende Christen in den beiden Esslinger Hauptkirchen St. Dionys und St. Paul über ihre Erfahrungen mit der Bibel berichten. Als Christ und Unternehmer sprach in der ersten Veranstaltung Dr. Heinz-Horst Deichmann aus Essen.

Von Birgit Pieper interviewt, erfuhren die Zuhörerinnen und Zuhörer, dass Dr. Deichmann Inhaber und Geschäftsführer von 1650 Einzelhandelsunternehmen ist, davon 900 in Deutschland, 180 in den neuen Bundesländern und über 200 in den Südstaaten der USA. Man hatte ihn eingeladen, weil er begründen sollte, wie ihn die Bibel in seinem unternehmerischen Handeln begleitet. Ausführlich schilderte er, wie er Christ wurde und was ihm seine freikirchliche Gemeinde in Essen bedeutet.

»Man kann als Christ nicht alleine sein. Die Verheißungen liegen bei der Gemeinde.

Gerne wäre er Missionsarzt geworden und studierte deshalb Medizin. Dann aber übernahm er schon während seines Studiums das elterliche Geschäft und gründete Filiale um Filiale.

»Wenn Geld und Gewinn an erster Stelle stehen sollen«, so der Referent, »geht man besser zur Mafia.«

Der wahre Unternehmer diene seinen Mitarbeitern, den Kunden und auch Lieferanten. Eindrücklich schilderte er sein christliches Elternhaus und seine Bekehrung als Elfjähriger. Damals habe er erkannt, was Leben in der Vergebung bedeutet. »Dieses Wissen hat mich im Naziterror und auf dem Schlachtfeld an der Oder durchgetragen.« Schützend habe sich sein Vater nach der »Reichskristallnacht« vor die verfolgten Juden gestellt.

Sein Christsein als Unternehmer zeigt Dr. Deichmann, indem er seinen Mitarbeitern mitteilt, was ihn im Glauben bewegt. In seinem Betrieb gebe es eine Unterstützungskasse für Menschen in Not, es gebe Gesundheitswochen und eine betriebliche Altersversorgung, berichtete der Referent. Einen Teil seiner Gewinne investiere er in die Mission. »Das wirkt steuermildernd«, meinte er schmunzelnd. So engagiert er sich mit der Missionsgesellschaft AMG in Indien für Lepra-Kranke.

Auch seine Mitarbeiter, so Deichmann, versuchten mit einem Teil ihres Einkommens Projekte zu unterstützen, die soziale Missstände beseitigen wollen. Im vergangenen Jahr habe seine Firma über eintausend neue Mitarbeiter eingestellt und 245 Auszubildende, doppelt so viele als im Jahr zuvor.

Was für ihn Wettbewerb und Konkurrenz bedeuten, wurde Deichmann nach dem Vortrag in einer kleinen Gesprächsrunde im Chor der Stadtkirche gefragt. Haben Sie keine Skrupel, wenn Sie in Entwicklungsländern produzieren lassen? Wie halten sie es mit der Werbung? So der Tenor der Fragen. »Leute kaufen, wenn Sie etwas brauchen; Konkurrenz gehört zu unserem Wirtschaftssystem und dient dem Kunden. Es gibt in Deutschland genügend seriöse, ehrliche und verlässliche Kaufleute«, so umschrieb der Essener Christ und Unternehmer Deichmann seine positive Sicht der Dinge.

Den Menschen dienen

Der Unternehmer Horst-Heinz Deichmann wirtschaftet im Glauben
»DIE WELT«, Samstag 11. Oktober 1997

Sommerlicht flutet in das geräumige Zimmer im Essener Vorort Borbeck und sickert in die weiße Wolle eines Wandteppichs, der in schwarzen Strichen die Konturen eines Chagall-Werkes nachzeichnet: Moses mit Gesetzestafeln. Die Mahnung der Bibel stets vor Augen, leitet Horst-Heinz Deichmann ein Imperium, das zu den erfolgreichsten der Branche zählt: In 1600 Läden wechseln übers Jahr 65 Millionen Paar Schuhe den Besitzer. Keiner verkauft mehr in Europa, eine Kombination aus modischem Design und moderatem Preis machte Deichmann zum Umsatzmilliardär. »Für unser Ziel, passende, schöne Schuhe zu erschwinglichen Preisen zu verkaufen, muss jeder von uns etwas mehr arbeiten. Doch das ist nicht nur hartes Tun, sondern auch eine beglückende Tätigkeit.« Für Deichmann ist es glückliches Tun, 1996, als Shareholder Value zum Zauberwort und Freisetzungen zum unternehmerischen Massensport wurden, nicht nur niemand entlassen, sondern 1000 Mitarbeiter eingestellt zu haben. Mit der Unternehmensphilosophie, nach der die erklärte Ausrichtung auf Rendite und Aktienkurse das oberste Ziel jeder Ökonomie ist, mag sich Deichmann nicht anfreunden.

Deichmann ist gläubig, er zählt sich zu den evangelischen Freikirchlern. Er spürt kein schlechtes Gewissen, als Unternehmer erfolgreich zu sein, doch ermahnt, ein christlicher Geschäftsmann dürfe sein Handeln nicht nur von Rentabilität leiten lassen. Er scheut sich nicht, in einer Zeit, die sich aufgeklärt wähnt und einem Gläubigen eher mit Spott denn mit Achtung begegnet, seine Arbeit einzubetten in ein Glaubensbekenntnis: »Für mich als Christ, dem das Christsein dem unternehmerischen Tun vorangeht, ist die Frage nach dem guten menschlichen Handeln auch im Wirtschaftlichen durch die Offenbarung Gottes in Jesus Christus gegeben.« Deichmann nennt es Ethik, »ohne die wirtschaftliches Handeln nicht sein kann«, und formulierte den Leitsatz: »Das Unternehmen muss dem Menschen dienen.«

Die Ben-Gurion-Universität in der israelischen Stadt Beer Sheva benannte einen Lehrstuhl für Wirtschaftsethik nach ihm. Bei der Eröffnung jonglierte er mit Weisheiten, die dem Kodex einer globalisierten Wirtschaftswelt zu entgleiten drohen: »Könnte wirtschaftlicher Ethik der Beweis gelingen, dass ehrlich am längsten währt, dass Loyalität sich auszahlt, dass vielleicht sogar soziale Marktwirtschaft wirtschaftlicher sein könnte als Shareholder Value pur?« Die Antwort will der 71jährige den anderen überlassen, die künftig im Negev »Business Ethik« lehren. Volks- oder Betriebswirtschaft haben ihn während seiner Studienzeit nie interessiert (»Da bin ich ahnungslos und inkompetent«), er war Flakhelfer mit Kriegsabitur, holte das richtige 1946 nach, studierte Theologie und Medizin, schloß mit Staatsexamen und Promotion ab.

Der Vater war schon 1940 gestorben, und der Sohn ließ das elterliche Schuhgeschäft auch zur Studienzeit nie aus den Augen, baute sogar ein paar Filialen auf, ehe er dann vollständig in des Vaters Branche wechselte. Der reinen Wirtschaftslehre unkundig, wählte er zwei Fixpunkte, an denen er noch heute sein Handeln zu messen pflegt. Der eine ist Kants Kategorischer Imperativ, der Zentralbegriff vernünftiger Sittlichkeit. Der zweite Gedanke ist eng verwandt mit dem ersten, was wohl damit zu tun hat, dass auf Kants Schreibtisch ein Buch zur alltäglichen Lektüre lag, das auch Deichmann Halt und Antrieb ist: die Bibel. Nächstenliebe als ökonomisches Erfolgsrezept? Blüht die Pflanze Wirtschaft nicht dort am besten, wo mit harten Bandagen um Markt und Macht gekämpft wird? Deichmann lächelt nachsichtig. »Hartes wirtschaftliches Handeln steht der Nächstenliebe nicht im Wege, auch wenn dies vordergründig so erscheinen mag. Natürlich weiß ich, dass einem im Leben nicht alles von alleine zufällt, dass man für seinen Lebensunterhalt hart arbeiten muss. Dem steht nicht entgegen, dass auch dies in Fürsorge geschieht. In Fürsorge für die Menschen, die im Unternehmen arbeiten.«

Kluge Köpfe werden wohl einmal in der Negev-Wüste analysieren, ob der Erfolg des Christen aus Essen womöglich eng verknüpft ist mit tiefempfundenem Glauben. Verbinden sich in Sätzen wie »Gib den Kunden, was sie wollen, und den Mitarbeitern auch« Nächstenliebe und Geschäftssinn zur Erfolgsmelange? Der Sozialkatalog des Unternehmens ist lang und beginnt bei übertariflicher Bezahlung und geht bis zu präventiven Gesundheitskursen in der Schweiz. Fürsorge heißt für ihn auch, in schweren Zeiten nicht schnell zu entlassen, um die

Bilanz zu schönen. »Ein richtiger Unternehmer schaut rechtzeitig danach, seine Leute mit anderen Aufgaben zu betrauen. Da muss man eben innovativ sein. Nur Mitarbeiter entlassen, um schnellen Profit der Aktionäre zu erreichen, ist kein von Verantwortung geprägtes Verhalten.«

Was er als Verantwortung empfindet, wollte er bisher nicht aus der Hand geben und verweigerte sich daher standhaft allen Ratschlägen, die Firma in eine Aktiengesellschaft umzuwandeln. Ein Unternehmer, meint er, empfinde eine größere Verantwortung sein Werk und die Menschen, die ihm dabei helfen, als ein Manager, der darauf achten muss, dass ihm die Aktionäre den Vertrag verlängern. »Der angestellte Manager ist für mich kein Unternehmer im eigentlichen Sinne. Ohne die Fähigkeit vieler Manager mindern zu wollen, ist bei nicht wenigen eben doch zu spüren, dass sie ihre Verantwortung dem Kapital gegenüber ausrichten. Das ist menschlich zu verstehen, verdeutlicht aber zugleich den Unterschied zum Unternehmer, der sich voll mit Kraft und Vermögen einbringt.«

Er spannt einen Bogen, der weit hinausgeht über Börse und Bilanzen. Er spricht von der Kraft des Glaubens und von der Gewissheit, »meine körperlichen und geistigen Kräfte auf Zeit empfangen zu haben; einer Zeit, in der ich Gott zu dienen habe«. Reichtum und Erfolg sind ihm »Gnadengaben« mit der Verpflichtung, anderen zu dienen und zu helfen.

Deichmann, der Vorsitzender der evangelikalen Missionsgesellschaft »Wort und Tat« ist, organisiert seit Jahren ein gewaltiges Hilfswerk in Afrika und vor allem in Indien, wo mehr als 80.000 Menschen Heilung, Bildung und bessere Lebenschancen erhalten. Mitarbeitern der 180 Deichmann-Läden in den neuen Bundesländern erzählte er davon. »Die wollten erst nicht glauben, dass ein Unternehmer aus dem Westen soviel soziales Engagement entwickelt, bis sie Fotos und Filme gesehen haben. Sie waren tief bewegt, und jetzt machen diese Leute mit und freuen sich, dass sie in einer Firma arbeiten, die sich mit viel Einsatz um Menschen kümmert, die nicht zum Unternehmen gehören.«

Und so hegt er auch die Hoffnung, der Lehrstuhl für Wirtschaftsethik in Israel möge die Idee der besonderen Verantwortung wie einen Samen hinaustragen in die raue Welt der Wirtschaft. »Auch meine jüdischen Freunde klagen, dass viele junge Studenten nur rasch das Studium beenden und einen Posten in der Industrie bekommen wollen, um schnell viel Geld zu verdienen. Diesen jungen Menschen wollen wir mit auf den Weg geben, dass es neben dem Job und dem Geldverdienen noch andere Werte gibt. Christliche und jüdische Values, die ja gar nicht so weit auseinander liegen.«

Dank für Deichmanns »Selbstverständlichkeit«

Schuh-Unternehmer jetzt »Umweltpartner der Stadt«
Frank Stenglein in der »NRZ« vom 24. Oktober 1997

Sonst reden sie gerne selber, und oft müssen sie's ja auch. Gestern aber hörten Kommunalpolitiker und Verwaltungsbeamte einfach mal überwiegend zu. Nicht nur aus Höflichkeit, auch weil ihr Gesprächspartner Heinz-Horst Deichmann das besitzt, was man landläufig Charisma, Ausstrahlung nennt. Das zwingt zur Aufmerksamkeit. Der Anlass für den Besuch in der Borbecker Zentrale des Schuh-Konzerns: Die Auszeichnung des Seniorchefs als »Offizieller Umweltpartner der Stadt Essen«.

Man erinnert sich: Deichmanns Zusage, pro Jahr 40 000 Mark zweckgebunden für die Pflege des Schlossparks und der benachbarten Residenzaue zu spenden, hat das Grünflächenamt von den ärgsten Finanzsorgen befreit, wenigstens was diesen beliebten Park angeht. Auch künftig gibt's hier Blumenschmuck und kurzen Rasen statt die rasant um sich greifenden »Öko-Wiesen«. Hochwillkommen waren auch die Zuwendungen des Unternehmers für ein Biotop in Frintrop, die Sanierung der Dubois-Arena und das Ferienspatz-Programm.

Warum das alles, wo doch sonst meistens der Hinweis wohlfeil ist, man zahle schließlich Steuern? »Ich bin schon als Kind mit meinen Eltern durch den Schlosspark spaziert und wohne ja auch bis heute in Borbeck«, berichtet der 71jährige Deichmann. »Deshalb war es mir schon ein Bedürfnis, etwas zu tun.« Und: »Es wäre seltsam, wenn ich mich für die eigene Vaterstadt nicht engagieren würde.«

Deichmann lässt andererseits durchblicken, dass er schon zuviel von der Welt gesehen hat, um die Essener Probleme über die Maßen dramatisch finden zu können. »In Indien betreuen wir 85 000 Menschen«, berichtet der Unternehmer, erzählt von Kinderarbeit im Steinbruch und entsetzlicher Armut. »Wir sollten mehr darüber nachdenken, damit wir unsere eigenen Probleme richtig einordnen.«

Der christliche Glaube, in dem Deichmann fast spürbar ruht, und das Beispiel des stets hilfsbereiten Vaters sind die entscheidenden Motive für das mit gewiß beschwerlichen Reisen verbundene Engagement in Afrika und Indien. Dort sieht er die Möglichkeit, mit den ihm zur Verfügung stehenden Mitteln besonders viel zu erreichen. Etwa, indem er Kindern eine Ausbildung ermöglicht, die sie vielleicht einmal befähigt, dem Elend aus eigener Kraft zu entrinnen.

Es ist diese Hilfe zur Selbsthilfe, die Deichmann auch hierzulande für richtiger hielte als jene passive Erwartungshaltung, wie sie die Auswüchse des Sozialstaats hervorgebracht hätten. »Da haben alle Parteien Fehler gemacht, obwohl es gutgemeint war«, lässt er die Politiker wissen. Ob Sozialhilfeempfänger und Langzeitarbeitslose nicht zuletzt in ihrem eigenen Interesse stärker für öffentliche Arbeiten herangezogen werden könnten, ob dies nicht sinnvoller sei, »als den ganzen Tag fernzusehen«, und ob Parks und Straßen dann nicht anders aussehen könnten, fragt er in die Runde. Da liege doch »viel Potential brach«.

Aber dieses Thema ist zumal unter Sozialdemokraten immer noch ein ziemlich heißes Eisen. Oberbürgermeisterin Annette Jäger ließ es gestern lieber liegen.

Göttliche Ökonomie

Harald Schumacher in der »Wirtschaftswoche« vom 20. November 1997

In diesem Jahr setzt die Deichmann-Unternehmensgruppe erstmals mehr als drei Milliarden Mark um. Und was sagt Heinz-Horst Deichmann dazu? »Wichtiger, als Schuhe zu verkaufen und Geld zu verdienen, ist es, von Jesus zu erzählen.«

Deichmanns Umsatz wuchs in diesem Jahr wieder um fast elf Prozent, während die Gesamtbranche seit 1992 von über 17 Milliarden Mark Jahresumsatz auf rund 14,5 Milliarden Mark zurückfiel. Doch Europas größter Schuhhändler redet lieber über höhere Werte: »An diesem Arbeitsplatz muss etwas von dem Licht Gottes sichtbar werden, das er in die Welt gebracht hat. Das ist das Entscheidende.«

Deichmann – silberweißes Haar, weiche Lippen und strahlender Blick – ist in heutigen Unternehmer- und Managerkreisen ein Exot. Charles Dickens könnte ihn erfunden haben – als Gegenpart des verknöcherten Unternehmer-Raffzahns Ebenezer Scrooge.

Der 71jährige gehört – wie schon sein Vater – einer freikirchlich-evangelischen Gemeinde an, die den Baptisten nahe steht. Sonntags ist Gottesdienst, mittwochs treffen sich die frommen Leute bei Deichmanns in Velbert zur Bibelstunde. Gottesdienst allerdings ist für Deichmann immer und überall. Er pflegt das »Weitersagen der Botschaft auch im Unternehmen«. In der Mitarbeiterzeitung begrüßt er die 17.000 Beschäftigten mit dem irischen Wandersegen: »Der Herr sei um dich herum, um dich zu verteidigen, wenn andere über dich herfallen.« »Christ und Unternehmer« betitelte er ein autobiographisches Büchlein. Gern predigt er die »göttliche Ökonomie: Uns gehört nur das, was wir verschenken«.

Deichmann verschenkt Millionen. In Velbert gründete er ein Pflegeheim für Kinder und finanziertg einen Verein »Lebenshilfe«, der Langzeitarbeitslose und Alleinerziehende vor Obdachlosigkeit bewahrt. An der Ben-Gurion-Universität des Negev wurde Ende Mai ein Lehrstuhl für Wirtschaftsethik nach dem Förderer benannt. Dabei habe er, kokettiert Deichmann, nie Volks- oder Betriebswirtschaft studiert und sei da »völlig inkompetent«.

Zentrum seines Einsatzes ist seit zwanzig Jahren die Wort & Tat Allgemeine-Mission-Gesellschaft – eine Entwicklungshilfegesellschaft, die er über die Dr. Heinz-Horst-Deichmann-Sozialstiftung, die bei allen Unternehmen des Konzerns als stille Teilhaberin fungiert, mit Geld versorgt. Außerdem wirbt er emsig um Fremdspenden.

Wort & Tat investierte allein in Indien über 50 Millionen Mark. Der Einsatz begann mit der Gründung eines Dorfes für Leprakranke im Bundesstaat Orissa. Mittlerweise sind Schulen und Ausbildungsstätten entstanden. Die Wort & Tat-Mitarbeiter vor Ort betreuen rund 80.000 Menschen. Jedes Jahr im November reist Deichmann mit Gattin Ruth nach Indien. Gerade wurde für 300 Kinder, die in Steinbrüchen arbeiteten, eine Schule gebaut. Den Eltern ersetzt Wort & Tat die Hälfte des Geldes, das ihre Kinder bis dahin verdienen mussten: monatlich rund zehn Mark.

Kirchliche und staatliche Entwicklungshilfeinstitutionen attestieren der Gesellschaft gute Arbeit. Als Selbstzweck betrachtet Deichmann die Entwicklungshilfe nicht. Das eigentliche Anliegen ist für ihn auch bei diesem Engagement »das Missionarische«. Und indirekt, blaut er, profitiert sogar sein Unternehmen davon: »Das kommt bei den Mitarbeitern wie ein geistiger Besitz an, der verbindend wirkt.«

»Erwirb, soviel du kannst, spare, soviel du kannst, und gib, was du kannst«, predigte der Gründer der englischen Methodistenkirche, John Wesley. Die calvinistisch-puritanischen Lebensweisen betrachtete der Soziologe Max Weber als ethisch-religiöse Grundlage des Kapitalismus. Die These ist umstritten. Deichmann aber (»Wo ich hinkomme, wächst was«) könnte als ihr Prototyp dienen.

Als Kind zweigte er Leckereien vom eigenen Weihnachtsteller ab und verschenkte die Süßigkeiten an arme Nachbarn. Als der Vater 1940 verstarb, führte die Mutter das Schuhgeschäft in Essen-Borbeck weiter, das aus der 1913 gegründeten Deichmann-Schuhmacherei entstanden war. Sein Sohn Heinz-Horst studierte nach Kriegsende in Düsseldorf Medizin und richtete dort nebenbei zwei Filialen ein. Auf dem Weg zur Uni lieferte er neue Ware ab. 1956 gab Deichmann seine Anstellung als Facharzt für Orthopädie auf und entschied sich für das Unternehmen.

Aus diesem Verzicht wurde eine Wirtschaftswundergeschichte. 1963, beim 50jährigen Firmenjubiläum, gab es 16 Verkaufsstellen in Deutschland, 1975 hundert. Jetzt sind es 1600 weltweit. Luxus überließ

Deichmann anderen und bot an Standorten mit Massenpublikum tragbare Schuhe zu niedrigen Preisen an – Volkswagen für die Füße. Eigenmarken wie »5th Avenue« lässt er von Markenherstellern fabrizieren. Die lasten so ihre Überkapazitäten aus, und er kann solide Schuhe 25 bis 50 Prozent billiger ordern als die kleinen Fachhändler. Kaum ein Paar Damenschuhe kostet im Verkauf mehr als 40 Mark. Nur bei »Bentley«-Herrenschuhen mit Ledersohle und Fußbett wird die 100-Mark-Grenze überschritten.

Trotzdem liegen der Schuhkönig und die Produzenten über Kreuz. Auf Betreiben der deutschen und europäischen Schuhindustrie verhängte die EU Antidumpingzölle gegen vor allem von Deichmann importierte Textilschuhe aus Asien.

Viele Konkurrenten messen Deichmann nicht am marktüblichen Gebaren, sondern unterstellen ihm Scheinheiligkeit. Einer beschwert sich – anonym natürlich –, dass »ein Mediziner und Orthopäde den Leuten solchen Dreck an die Füße werfen kann«. Ein anderer schimpft »ausbeuterische Arbeit« über Deichmann-Aufträge in Dritte-Welt-Ländern. Juniorchef Heinrich Deichmann, gerade zurückgekehrt von einer Geschäftsreise durch China, Hongkong, Taiwan und Vietnam, widerspricht: »Die Leute werden, an dortigen Verhältnissen gemessen, gut bezahlt. Mittelfristig tragen unsere Aufträge dort zur Wohlstandsentwicklung bei.«

Tatsächlich stehen die Angriffe gegen Deichmann auf schwachen Füßen. Der mittelständische Einzelhandel, sagt Manfred Willsch vom Fachblatt »Schuhmarkt«, betrachtet ihn »als Feind Nummer eins«. Denn der Preisdrücker beschleunigt den Konzentrationsprozeß in der Branche. Doch Schuld sind auch die Händler selber. Ihre Einkaufsgenossenschaften garantierten ihnen regionalen Konkurrenzschutz. Vielerorts füllte Deichmann das so entstandene Wettbewerbs-Vakuum: »Wir haben nie versucht, Konkurrenten gezielt Schaden zuzufügen.«

Trends hingegen haben die Essener oft früh erkannt. Nicht nur mit ihrer »konsequenten Eigenmarkenpolitik«, sagt Michael Weck, Marktforscher bei der BBE Unternehmensberatung in Köln, sind sie »führend in der Branche«. Auch Wühltische und Selbstbedienungsregale führte die Kette ein, als anderswo noch jedes Paar einzeln präsentiert wurde.

Deichmann trug, sagt die Augsburger Unternehmerin Susanne

Bahner, Geschäftsführerin der drittgrößten Schuhhandelsgruppe, »zur Aldisierung der Gesellschaft bei«. Fortschrittlicher als andere löste der Marktführer auch Logistikprobleme. Als einer der ersten, weiß Klaus Schoene vom Europäischen Bildungsforum des Schuheinzelhandels (EBS), verfügte Deichmann über Zentrallager und vernetztes Warenwirtschaftssystem. Dabei blieb die Verwaltung effektiv: Gerade mal 300 Menschen arbeiten in der Zentrale in Borbeck.

Deichmann passt in keine Schublade. Einerseits schimpft der Patriarch, 32-Stunden-Woche und »totale Sozialstaatsversorgung« entwürdigten den Menschen. An Deutschland und Westeuropa bemängelt er »kostspielige Sozialsysteme und sklerotische Arbeitsmärkte«. Müßiggang ist für Pietisten des Teufels.

Andererseits lehnt der Senior die Shareholder-Value-Huldigungen moderner Manager ab: Er gehe »nicht bis zur letzten Konsequenz den Weg, möglichst wenig Menschen anzustellen«. Von reinen Selbstbedienungskonzepten hält er schon deshalb nichts, »weil das Arbeitsplätze kosten würde«. Im vergangenen Jahr hat Deichmann rund tausend Mitarbeiter mehr beschäftigt und dennoch den Pro-Kopf-Umsatz gesteigert. 1997 stellt er 300 zusätzliche Lehrlinge ein, weil das »eine unternehmerische Aufgabe« sei.

Von Deichmanns Fürsorge profitieren auch die Angestellten. Seit 1970 gibt es eine Unterstützungskasse, die in Not Geratenen hilft. Bei Hochzeit oder Geburt überweist die Firma bis zu 700 Mark, bei der Silberhochzeit 300 Mark. Vom 10jährigen Jubiläum an gibt es alle fünf Jahre stattliche Sonderzahlungen. Rund 200 Mitarbeiter pro Jahr verbringen in einer Schweizer Kurklinik auf Firmenkosten eine »Gesundheitswoche«. Eine Seltenheit im Einzelhandel ist die Betriebsrentenkasse, die bereits über 200 Ehemalige mit durchschnittlich 230 Mark pro Monat versorgt. Helmut Deterding, Betriebsratchef seit 18 Jahren: »Wir haben Dinge, von denen andere träumen.« Und anders als der erzkatholische Textilkonzern C&A halte sich Deichmann aus dem Lebenswandel der Mitarbeiter heraus.

Ein bisschen Spendenbereitschaft allerdings erwartet er. Die Mitarbeiter werden per Postkarte aufgefordert, sich an der Aktion »Meine Mark für die Steinbruchkinder« zu beteiligen, bei der der Obolus direkt vom Gehalt abgezogen wird. Und auch die Kunden sollen zahlen. In allen Läden stehen an der Kasse Wort & Tat-Sammelbüchsen.

Einer Partei gehört Deichmann nicht an. Parteien sind nämlich, sagt

Gattin Ruth, »gottlose Haufen« – auch die, die sich christlich nennen. Die Amtskirche meint er, solle »nicht den Sozialismus predigen, sondern das Reich Gottes verkündigen«. Deichmann ignoriert das Fernsehen, abonniert keine Wirtschaftsmagazine, liest sporadisch die »FAZ« und nimmt überhaupt »nur die Informationen auf, die ich nötig habe für meine Arbeit«, vor allem also die Schuhfachpresse und eine christliche Zeitschrift.

Zu seinem Freundeskreis zählen der für seinen Schatz an Bibelzitaten berüchtigte nordrhein-westfälische Ministerpräsident Johannes Rau und der CDU-Politiker Horst Waffenschmidt, Parlamentarischer Staatssekretär im Bundesinnenministerium und Autor des Büchleins »Erlebnisse geben Mut zum Glauben«. Im Beirat des Unternehmens allerdings hat Kompetenz Vorrang vor der Frömmigkeit: Da sitzen Handelsexperten wie Rewe-Chef Hans Reischl und Uwe-Harro Cloppenburg, Chef des Düsseldorfer Textilfilialisten Peek & Cloppenburg.

Und wie geht's weiter mit dem Branchenprimus? Einige Probleme haben sich angestaut: Die 150 Geschäfte der niederländischen Van-Haren-Kette arbeiten nicht rentabel. Und Branchenexperten erkennen Defizite in Deutschland. Die Deichmann-Läden wirken betulich, meint EBS-Geschäftsführer Schoene: »Der Kunde wird erschlagen von der Vielzahl der Produkte.« Konkurrent Reno drohe, mit seinem US-Sparkonzept die modernere Billigkette auf die Beine zu stellen. Auch die 1988 gekaufte Roland-Kette, meint Schoene, »dümpelt vor sich hin«. Der »von allen erwartete große Relaunch«, also eine Generalüberholung von Konzept und Gestaltung, blieb trotz Erweiterung des Roland-Filialnetzes aus.

Trotz notwendiger Korrekturen geht die Expansion weiter. In den acht Filialketten gehen 1997 rund 70 Millionen Paar Schuhe über die Theken. Kürzlich wurde der erste Laden in Polen eröffnet. Pro Jahr sollen weitere zehn Verkaufsstellen hinzukommen.

Der Senior überlässt das Tagesgeschäft inzwischen weitgehend seinem Sohn. Der schließt einen Börsengang aus. Die internen Zahlen des Familienunternehmens sollen schließlich geheim bleiben. Ein Geflecht von GmbH & Co. KG, bei denen die Deichmann-Familienstiftung mit Sitz in Luzern Alleingesellschafter ist, fungiert als Bollwerk gegen die Publizitätspflicht. Redselig werden die Deichmänner nur, wenn es um Gott und gute Werke geht.

Der Juniorchef garantiert, dass sich an der Unternehmenskultur nichts ändert. Heinrich Deichmann, 34, rühmt die Harmonie mit seinem Vater, gehört derselben Kirche an und möchte beim sozialen Engagement »in seine Fußstapfen treten«. Ansprachen an die Mitarbeiter beendet auch er mit »Gottes Segen«.

Engagement für Afrika

Borbecker Nachrichten, 24. September 1998

In der Evangelisch-Freikirchlichen Gemeinde am Weidkamp berichteten jetzt Dr. Heinz-Horst Deichmann und Pastor Noah Masima über ihre Arbeit für das Missionswerk Wort & Tat in Tansania/Ostafrika. Deichmann ist Vorsitzender von Wort & Tat, über dessen Einsatz für Lepra-Kranke und Steinbruch-Kinder in Indien die Borbecker Nachrichten bereits berichteten. Inzwischen werden die Helfer auch in Süd-Tansania tätig.

Im Beisein des tansanischen Staatspräsidenten Mkapa konnte am 1. Juni in Matemanga ein Ausbildungsprojekt eröffnet werden; das im ersten Abschnitt je 20 jungen Afrikanern und Afrikanerinnen das Erlernen des Schreiner- oder Maurerberufs ermöglicht. Im nächsten Jahr sollen Schlosser- und Schreinerwerkstätten mit Klassenräumen und Wohnhäusern für weitere Schüler hinzukommen.

Auch eine medizinische Grundversorgung soll für das wenig entwickelte Gebiet Tansanias geschaffen werden. Dafür wird sich Dr. Matomora, selber aus Matemanga stammend und Initiator des Projektes, vor Ort einsetzen. Hilfe zur Selbsthilfe ist die Maxime von KIUMMA- die Abkürzung von »Matemanga Gemeindezentrum für Ausbildung und Entwicklungsförderung« in der Sprache Suaheli.

Their Shining Eyes is the Reward

»Wort & Tat« for the benefit of 80,000 people in India
»GERMAN NEWS", monthly magazine from the German Embassy, New Delhi, by Dieter Kohl, December 1998

More than two decades have gone by since a German businessman set out on an eventful journey. Indian friends of the German shoe entrepreneur, Dr. Heinz-Horst Deichmann, had invited him over to their country. The visit turned out to be a decisive experience.

Dr. Deichmann met people who made him witness the endless extent of human suffering of those people afflicted by leprosy. But Heinz-Horst Deichmann did not turn his back on the mutilated leprosy patients. He extended his hand to them by establishing a relief organization, the charitable society called AMG »Wort & Tat«, which has now been doing highly effective and meaningful developmental work for the past 22 years along with its partner-organization, AMG-India, in Chilakaluripet (AP).

»I am happy here. I want to spend the rest of my life here«, says Ratnan Veeramma about her new home in the lepers' village Chengiskanpet, built by »Wort & Tat« not very far from Chilakaluripet in the state of Andhra Pradesh. The 35-year-old recalls her past only with tears. She used to live with her husband in the village of Solasa, till she fell prey to dreaded disease of leprosy. Her husband abandoned her. Ratnan lost her work as a washerwoman and villagers started avoiding her presence. Finally she had to live in squalor on the outskirts of her village. A fate shared by many leprosy patients. But today, Ratnan has reason to laugh again. Just like hundreds of other lepers, she has also regained her zest for life. Till now the AMG has set up four rehabilitation centers for lepers. Deprived women, mutilated men and neglected children can recover here and lead a life of dignity. And most importantly: they can do meaningful work here. Whether it is farming or weaving, making hemp rope, foot-mats or breeding of silk worms, the people who had once been discarded can finally feel as Ratnan Veeramma very aptly put it »that disease is no ill fate«.

»The reward for our work is the shining eyes of the people«, says Dr.

Deichmann. Dr. Deichmam is at the helm of a business empire with 1,700 shoe shops world-wide, employing 18,000 people and a turnover of three billion DM. The first shop owned by the family was run by Dr. Deichmann together with his mother after the death of his father in 1940. Later, he opened other branches simultaneously studying theology and acquiring a doctor's degree in medical sciences. He devoted himself completely to the shoe-industry in the mid-fifties. The objective of »offering good shoes at a fair price« brought rich dividends to the company which recorded enormous growth. Today, the company sells more than 65 million pairs of shoes in Germany, Austria, Switzerland, the Netherlands and the USA each year.

The activities of the AMG have long since extended into other areas. In Germany »Wort & Tat« can count on the support of a large circle of friends. In India, the decades-long commitment of Dr. John David, founder director of »AMG International«, and his colleagues has been very successful. Today, more than eighty thousand needy persons profit from the AMG. When a disastrous cyclone raged on the East Coast of India two years ago, the AMG immediately swung into action promptly initiating swift relief measures in co-ordination with the Chief Minister of Andhra Pradesh. Towards the end of last year, the homeless people could move into the first batch of 1,000 newly-built houses. In addition, every family also received a pen with two laying hens. »Wort & Tat« supported the Andhra Pradesh government for the construction of additional 3,000 houses and also provided substantial funds in order to end the water shortage in the city of Chilakaluripet inhabited by 100,000 people in the province of Guntur in Andhra Pradesh. With the help of these funds, a kilometer-long pipeline could be laid for the supply of fresh drinking water to alleviate the difficulties of the population to a large extent.

The AMG lays considerable emphasis on the provision of basic medical care. Apart from numerous »rural clinics« and medical units in slums there is also an intensive mother-child-health care facility. In the AMG-eye clinic at Rajavolu and in the hospital in the poorer areas of Vishakhapatnam, people without means are provided with medicines, treated by doctors and are operated upon, free of cost. However, the biggest cause for concern over the last few years has been the evidently drastic increase in the number of tuberculosis cases. In a hospital near Chilakaluripet, Dr. Venkata Rao treats around 2,500 serious patients every year. And the number is on the rise. »Thousands of emaciated people drag themselves to this place after marching on foot for days . They would have definitely been doomed to die without medical care«, says Dr. Rao and elaborates: »The problem can be attributed to social factors. The spread of tuberculosis is a measure of the low standard of living. Terrible poverty and poor living conditions coupled with extreme malnutrition as well as lack of education are responsible for the spread of this disease«.

This is where AMG steps in with its support. Many children receive daily rations of milk as part of the nutrition programme and are looked after and fed in day-creches. Polio-afflicted children are treated surgically in a home called »Abode of Hope«. Here, they learn to master their lives inspite of their handicap through intensive physio-therapeutic training programmes. Several thousand children get a chance to receive education and training and thereby an opportunity to qualify for some vocational schools. Like the children quarries of Yeleswaram. Not far from the city, around 3,000 children, aged between five and fourteen have to hammer at black granite from morning to evening. The remuneration for this work is so paltry that parents are forced to take their children along to these quarries.

»One's heart bleeds when one sees children pounding away at stones with their hammers in the daytime heat", says Heinz-Horst Deichmann. This is the reason why the AMG founded a »Residential English Medium School" in Yeleswaram three years ago. Around 570 former quarry children are currently living and learning in this school located at a distance of barely five minutes on foot from the quarries. According to the school principal, Mr. Samuel Peter, »After barely a couple of months in our school, the children start blooming once again". Last November, Heinz-Horst and his wife Ruth laid the foundation stone for a new school and training centre in Yeleswaram for 1,200 children.

Shiva, Valluri and Bora, who had to wield a sledgehammer at the tender age of five to six years are fourteen years old today and full optimism for a better future. Together with sixty other girls from Yeleswaram they are learning the vocation of dressmaking in their own tailoring school. Shiva Koti will complete her three-year training this year. She shows her hands a trifle bashfully. »They have already become beautifully soft«, she stresses even though her horny and scarred hands still bear traces of her one-time drudgery in granite quarries. Bat Shiva smiles and presents a lovely sari to which she has just been giving the finishing touches of embroidery. Like all the girls, she is proud of her work. And grateful! For she knows: as a trained dressmaker, she and her family will finally be able to escape from the vicious cycle of poverty.

Elend im staubigen Grau des Granits

Der Schuhunternehmer Heinz-Horst Deichmann holt indische Kinder von der mörderischen Arbeit in den Steinbrüchen in seine Schulen
Rolf Bauerdick im General-Anzeiger vom 24./25. Dezember 1998

Wenn die Familien frühmorgens in die Steinbrüche ziehen und zwischen den Granitfelsen der monotone Klang der Klanghämmer widerhallt, dann trottet die kleine Raja schlaftrunken hinter ihren Eltern her. Ihre verschwielten Hände greifen zum Hammerstiel und schlagen zu. Mit der ganzen Wucht ihres kleinen Körpers zertrümmert das Mädchen den schwarzen Granit. Große Steine zu kleinen Steinen. Von morgens bis abends, jeden Tag. Rajas geschundene Beine sind mit Narben übersät. Splitter vom harten Gestein. Ihr linker Fuß rutscht ständig aus einer verschlissenen Ledersandale, in der früher einmal der Fuß eines Erwachsenen gesteckt hat. Und wenn der Hammer nicht den Stein, sondern ihre Zehen trifft, dann beißt die Siebenjährige die Zähne zusammen und sagt mit tonloser Stimme: »Es tut nicht weh.«

In den fünfzig Steinbrüchen am Rande des ostindischen Städtchens Yeleswaram regiert das staubige Grau des Granits. Gleich einem tristen Schleier umhüllt es die Landschaft, legt sich auf Palmen und Strohhütten, auf streunende Köter, bucklige Rinder und schwitzende Menschen. Der Staub brennt in den Augen und verklebt die Poren der Haut. Er kriecht in die Lungen, lässt die Gesichter ergrauen.

»Der Steinbruch ist gut. Hier arbeite ich gern«, sagt die kleine Raja. Dabei schaut sie ins Leere, aus alten Augen, die viel zu früh den wachen Kinderblick verloren haben. Wie vielen Arbeitssklaven der Granit hier die Kindheit raubt, ob 2000 oder 3000, niemand will es genau wissen.

»Das Herz dreht sich einem im Leibe um, wenn man die Kinder mit ihren Hämmern in der Hitze des Tages Steine klopfen sieht.« Das sagt ein deutscher Unternehmer, von dem man annehmen dürfte, dass ihn Bilanzen und Profite weitaus mehr interessieren als das Schicksal indischer Steinbruchkinder. Heinz-Horst Deichmann leitet ein Wirtschaftsimperium, das weltweit in 1700 Schuhläden mit 18 000 Mitarbeitern über drei Milliarden Mark Umsatz erzielt. Die Kluft zwischen der Firmenzentrale der »Deichmann-Schuhe« im Essener Stadtteil Borbeck, wo mit modernster Logistik der Verkauf von 65 Millionen Paar

Schuhen organisiert wird, und den Steinbrüchen in dem indischen Bundesstaat Andhra Pradesh könnte kaum größer sein. Die Brücke schlägt der 71jährige Heinz-Horst Deichmann als Unternehmer und als bekennender Christ.

Nachdem sein Vater 1940 gestorben war, führte Deichmann das erste Schuhgeschäft der Familie mit seiner Mutter weiter und eröffnete weitere Filialen. Gleichzeitig studierte er Theologie, promovierte in Medizin und wurde Arzt, bis er Mitte der fünfziger Jahre ganz in die Schuhbranche einstieg. Das enorme Wachstum der Firma, so Deichmann »war niemals Selbstzweck. Ich habe nie darüber nachgedacht, einmal der größte Schuhhändler Europas zu sein. Was heißt das denn auch? Morgen ist vielleicht ein anderer da. Das ist nicht entscheidend.«

In Zeiten, in denen der Aktienmarkt boomt, in denen die Renditen der Aktionäre wichtiger sind als neue Arbeitsplätze, weiß Heinz-Horst Deichmann, dass seine vom christlichen Evangelium durchdrungenen Gedanken in den oberen Etagen des Business bisweilen antiquiert wirken. Vor allem, weil er das unternehmerische Wirtschaften »nicht als Mehrung von Kapital, sondern als Dienst am Menschen« versteht. Aber er weiß auch, dass es dort, wo ungehemmtes Wachstum und Profitgier das Maß aller Dinge sind, »sehr vielen Leuten dreckig geht«. Den erschreckendsten Anblick menschlichen Elends erlebte Deichmann vor vielen Jahren in Indien. »Da saß ich auf einmal 500 Leprakranken gegenüber. Ich sah ihre entstellten Gesichter, ihre Gliedmaßen ohne Hände, ohne Füße. Einige waren blind. Ich wäre am liebsten weggelaufen.«

Statt dessen gründete Deichmann die Missionsgesellschaft »Wort&Tat«, ein Hilfswerk, das seit über zwanzig Jahren eine beachtliche Entwicklungsarbeit vor allem in Indien leistet. Die kommt eher unaufdringlich und still daher, denn publikumswirksame Auftritte meidet der pressescheue Unternehmer. Über 80.000 Menschen profitieren von seinem Engagement. Für die Leprakranken ließ »Wort&Tat« Dörfer erbauen, in denen die einst Ausgestoßenen wieder in Würde leben und arbeiten können: entrechtete Frauen, die von ihren Männern verstoßen wurden, verwahrloste Kinder, die sich auf Rollbrettern ein paar Rupien erbettelten oder von ihren Eltern aus Scham in Bretterverschlägen versteckt wurden. In einer Augenklinik werden die Ärmsten kostenlos operiert, ebenso wie in einer Klinik für Tuberkulosekranke. Tausende von ausgemergelten Schwerkranken schleppen sich in tagelangen Fußmärschen hierher. Ohne medizinische Versorgung wären sie dem sicheren Tod geweiht. Viele Kinder erhalten durch Hilfsprogramme tägliche Milchrationen, werden in Kindertagesstätten betreut und bekommen in Ganztagsschulen die Chance auf Erziehung und Bildung.

»Bis zum Jahr 2000 will die indische Regierung die Kinderarbeit abgeschafft sehen«, sagt Deichmann. »Aber was tut sie dafür?« Wir dürfen einfach nicht länger warten.« Den zwölfjährigen Danbapati, der für acht Deutsche Mark pro Woche Schotterkörbe schleppt, hat der Steinbruch um die Kindheit gebracht, ebenso wie den siebenjährigen Surya und die 14jährige Bora Mani. Sie stürzte von einem Felsen und brach sich einen Arm, der ohne medizinische Versorgung einfach nicht mehr heilen wollte. Valluri ist, wie viele im Steinbruch, auf einem Auge blind. Ein Granitsplitter kostete sie ihr rechtes Augenlicht.

Ein Wort der Klage jedoch kommt nicht über ihre Lippen. »Schicksal«, sagt sie, »Karma«. Immer wieder fällt unter den Steinbruchmenschen dieses Wort. Für sie sind die vielen tödlichen Unfälle keine Folge der katastrophalen Arbeitsbedingungen, sondern Karma. Der Karmaglaube liefert das Erklärungsprinzip für alles, was den Menschen widerfährt. Jedes Glück und jedes Unglück, jedes Lachen der Freude und jede Träne der Trauer folgt aus ewigen Gesetzen, ist die Konsequenz aus früheren Leben, aus guten und schlechten Taten. »Immer wieder nimmt die Gesellschaft an, auf den Opfern laste ein Fluch der Götter«, hat Deichmann erfahren. Dagegen setzt er den Gott der Frohen Botschaft, »der nicht den Tod will, sondern das Leben.«

Den Tod brachte vor zwei Jahren ein verheerender Zyklon an der indischen Ostküste, der 4.000 Menschen das Leben kostete und ganze Landstriche verwüstete. 1.000 neue Häuser ließ Wort&Tat für die Opfer bauen. Allerdings, Deichmanns Menschenfreundlichkeit stieß hier an ihre Grenzen. Ein indischer Architekt, der bei dem Hausbauprojekt in die eigene Tasche wirtschaften wollte, bekam den Auftrag entzogen. Deichmann erbost: »Mit korrupten Leuten arbeiten wir nicht zusammen.«

»Das Dilemma der indischen Massen«, sagt Dr. Balla Jyothiraju, der ein von »Wort&Tat« erbautes Kolleg für Jugendliche leitet, »ist ihre unglaubliche Leidensfähigkeit. Die Ärmsten sind zufrieden mit dem, was ihnen die Reichen übriglassen.« Balla möchte junge Menschen dazu bewegen, »aktiv für ihre Rechte zu kämpfen«. »Weil sie wirklich nichts von der Welt wissen.« Wie sollen sie auch. Der vom Granitstaub erblindete Venkanna weiß nicht einmal, wie alt er ist. 55 Jahre, vielleicht aber auch sechzig. Eine Schule hat er nie besucht. Wie alle Steinbruchmenschen. Niemand liest hier eine Zeitung. Kaum jemand hat die Umgebung seines Steinbruchs jemals verlassen. »Doch die Kinder«, sagt Venkanna, »die sollen es besser haben. Sie sollen etwas lernen. Die neue Schule ist genau richtig.«

1995 gründete »Wort & Tat« in Yeleswaram eine »Residential English Medium School«. Hier, nur fünf Minuten Fußweg von den Steinbrüchen entfernt, leben und lernen zur Zeit rund 570 ehemalige Steinbruchkinder. »Schon nach ein paar Minuten in unserer Schule«, so der Schulleiter Samuel Peter, »blühen die Kinder wieder auf.« Nun haben Heinz-Horst Deichmann und seine Frau Ruth in Yeleswaram den Grundstein für ein neues Schul- und Ausbildungszentrum gelegt. Für 1.200 Steinbruchkinder.

Die geschundenen Kinder aus den Steinbrüchen herauszuholen, ist für Deichmann ein Gebot christlicher Nächstenliebe. »Kehrt um, denkt um«, so versteht er das Jesus-Wort von der Bekehrung. Er weiß, dass viele Leute »damit nicht mehr viel anzufangen wissen«. Doch, so sagt der Unternehmer: »Ich werde einmal nicht gefragt, ob ich Verkäufer oder Chef war, sondern ob ich die Arbeit mit ganzer Hingabe gemacht habe und ob dabei etwas ausgerichtet wurde.«

»Treffe Entscheidungen im Vertrauen auf Gottes Hilfe«

Interview mit Heinz-Horst Deichmann, dem Chef der größten Schuhhandelskette Europas
Günter Saalfrank in »Evangelisches Sonntagsblatt aus Bayern« Nr. 27 vom 2. Juli 2000

Er gilt als Exot unter deutschen Unternehmern. Dr. Heinz-Horst Deichmann, der Inhaber der größten Schuhhandelskette Europas, setzt sich stark für missionarische und soziale Projekte ein. Zeitungsberichten zufolge hat er bereits über 50 Millionen Mark für Maßnahmen in Indien investiert. Mit dem engagierten evangelischen Christen und Chef von rund 19.000 Voll- und Teilzeitkräften, die im letzten Jahr 72 Millionen Paar Schuhe verkauften, sprach in Essen Sonntagsblatt-Chefredakteur Günter Saalfrank.

Sonntagsblatt: Herr Deichmann, Sie sind Chef der größten Schuhhandelskette Europas. Inwieweit haben Sie damit ein Lebensziel erreicht?

Deichmann: Es ist nie mein Lebensziel gewesen, einmal Chef der größten Schuhhandelskette Europas zu werden. Das ist das Ergebnis konsequenter einzelhändlerischer Arbeit. Ich bin natürlich froh darüber, dass das so geschafft werden konnte. Vor allem dass mein Sohn nun an meiner Seite steht und mehr und mehr Verantwortung übernimmt. So kann das Geschäft als Familienunternehmen weitergeführt werden. es gibt in der Größe nicht mehr viele Betriebe als Familienunternehmen.

Vertrauen zur Ware

Sonntagsblatt: Sie sind von Beruf Facharzt für Orthopädie. Was ist denn das Rezept dafür, dass Sie die Firma so erfolgreich führen konnten?

Deichmann: Bevor ich Medizin studiert habe, bin ich mit dem Geschäft meines Vaters aufgewachsen. Seit meiner Kindheit ist mir der Schuhhandel bekannt. Im Studium habe ich gelernt, Dinge systematisch anzugehen. Mein Ziel ist – das habe ich von meinem Vater gelernt

– zuallererst die Kunden im Auge zu behalten und das beste Produkt zum bestmöglichen Preis zu verkaufen. Also Markenschuhqualität zu erschwinglichen Preisen. Die Geschäfte müssen zudem so ausgestattet sein, dass sie dem Kunden gefallen – ohne überflüssigen Luxus. Entscheidend ist, dass die Kunden Vertrauen zur Ware haben.

Sonntagsblatt: Was bedeutet für Sie beruflicher Erfolg?

Deichmann: Beruflicher Erfolg hat mir die Möglichkeit gegeben, mich finanziell für soziale und missionarische Projekte außerhalb der Firma einzusetzen. Ohne geschäftlichen Erfolg wäre dies nicht möglich gewesen.

Sonntagsblatt: Wie lautet denn Ihre Firmenphilosophie?

Deichmann: Neben dem Kunden gilt den Mitarbeitern im Haus das größte Interesse. Wir versuchen, sie am Erfolg zu beteiligen. Zum Beispiel durch Prämien oder durch eine Altersversorgung, wo inzwischen erhebliche Beträge zurückgelegt sind. Außerdem gibt es einen Fonds für Hilfe in Not und kostenlose Gesundheitswochen in der Schweiz. Die Mitarbeiter sollen sich wohlfühlen. Wir wecken bei ihnen auch das Verständnis für soziale Projekte in Deutschland und der Dritten Welt, damit sie sich dort persönlich engagieren können.

Sonntagsblatt: Wie ist denn die Resonanz in der Mitarbeiterschaft auf die Projekte?

Deichmann: Es hat mir noch niemand gesagt: Das Geld könntest du auch uns geben und den Lohn erhöhen. Viele haben von sich aus angefangen, die Projekte zu unterstützen – und wenn's nur kleine Summen sind.

Christ und Unternehmer

Sonntagsblatt: Sie verstehen sich als Christ und als Unternehmer. Wie versuchen Sie, dies in die Firmenphilosophie einfließen zu lassen?

Deichmann: Es geht darum, den Mitarbeitern gegenüber Gerechtigkeit walten zu lassen. Etwa durch die Beteiligung am Erfolg oder durch die gesundheitsvorbeugenden Maßnahmen. Neben dem mitmenschlichen Interesse möchte ich als Christ ihnen auch das Evangelium weitergeben.

Sonntagsblatt: Auf welche Weise?

Deichmann: Etwa bei den verschiedenen Feiern, die es im Unternehmen gibt. Oder bei der Mitarbeiterzeitung fließt das Evangelium mit hinein.

Sonntagsblatt: Wie reagiert die Mitarbeiterschaft darauf?

Deichmann: Interessant war die Reaktion von Mitarbeitern in Filialen der neuen Bundesländer. Sie hatten kaum Ahnung vom christlichen Glauben. Zunächst war ein Unternehmer, der zu ihnen kommt, ein Unikum. Für sie waren Unternehmer Ausbeuter. Heute sind die Mitarbeiter in den neuen Bundesländern diejenigen, die die sozialen und missionarischen Projekte am meisten unterstützen. Anhand der Projekte versuche ich den Mitarbeitern deutlich zu machen, was christlicher Glaube und christliches Leben bedeuten.

Zeugnis von Jesus Christus

Sonntagsblatt: Was möchten Sie den Mitarbeitenden nahe bringen?

Deichmann: Christliches Leben und Denken sind geprägt von der Barmherzigkeit und der Liebe Gottes. Nicht abstrakt, sondern persönlich in Jesus Christus. Die Nähe zu ihm ist kennzeichnend für den christlichen Glauben. Das macht mich zum Christen, dass ich Zeugnis von ihm ablege – ernsthaft und nachvollziehbar.

Sonntagsblatt: Sie schreiben in einem Buch, am Arbeitsplatz als Unternehmer muss etwas vom Licht Gottes sichtbar werden, das in die Welt gekommen ist. Was bedeutet das für Sie konkret?

Deichmann: Es kann nicht das Ziel des Unternehmens sein, das Maximum an Geld zu verdienen. Sondern die Firma erfüllt eine Aufgabe, die die Kunden, die Mitarbeiter und auch die Not in der Welt berücksichtigt. Als Schuhhandelskette versuchen wir, auf solide Weise und nicht durch schnellen Gewinn unsere Aufgabe am Markt zu erfüllen. Ich persönlich kontrolliere auch meine eigenen Ausgaben. Ich erlaube mir nicht jeden Luxus, der möglich wäre. Menschen in der Dritten Welt zu helfen ist für mich viel befriedigender als an der Côte d'Azur zu sein und mein Geld dort im Spielcasino los zu werden.

Sonntagsblatt: Manche sagen, die Bibel sei gut für die persönliche Erbauung. Aber für das Geschäft eignet sie sich nicht. Was sagen Sie dazu?

Deichmann: Die Bibel ist absoluter Gradmesser auch im Geschäft. Wenn es um Ethik in der Wirtschaft geht, dann ist diese für mich auch christlich begründet.

Sonntagsblatt: Wie zeigt sich das bei Entscheidungen?

Deichmann: Dass Entscheidungen vor Gott gefällt werden. Dass schwierige Entscheidungen im Gebet vor Gott gebracht werden und ich mit Gottes Güte und Führung rechne. Das heißt, nicht alles von vornherein in eigener Machtvollkommenheit zu lösen. Für mich ist es wichtig, dass ich jede geschäftliche Entscheidung auch im Vertrauen auf Gottes Hilfe mache.

Ehrlichkeit gefragt

Sonntagsblatt: An welchen Punkten ist der christliche Glaube in Ihrem beruflichen Alltag immer wieder einer Nagelprobe ausgesetzt?

Deichmann: In allen Fragen, die mit dem Personal und der Einstellung zum Personal zusammenhängen. Zudem in Fragen der Ehrlichkeit und der Behandlung der Lieferanten. Es gehört dazu, hier ein ehrlicher Partner zu sein.

Sonntagsblatt: Inwieweit ist der christliche Glaube Garant für geschäftlichen Erfolg?

Deichmann: Er ist kein Garant für Erfolg. Das liegt in Gottes Hand.

Sonntagsblatt: Was sagen Sie zu Auffassungen wie »Mitarbeiter sind in erster Linie Kostenfaktoren« oder »Es geht um den schnellen Gewinn«?

Deichmann: Gewinn ist sicher auch wichtig. Aber Mitarbeiter sind in erster Linie Mitmenschen. Wenn Mitarbeiter sich als Menschen fühlen, bringen sie Anderen gegenüber einen besseren Service als unzufriedenes Personal. Unsere Mitarbeiter bringen eine höhere Leistung als der Durchschnitt der Mitarbeiter im Einzelhandel. Dafür werden sie auch entsprechend bezahlt und erhalten einige Vergünstigungen.

Sonntagsblatt: Sie zählen zu den 20 Unternehmern in Deutschland, die im Laufe des Lebens die meisten Jobs geschaffen haben. Welche Rolle spielt für Sie ein Arbeitsplatz?

Deichmann: Weil unsere Arbeit gewachsen ist, ist auch die Zahl der Mitarbeiter gestiegen. Wir haben nicht bis aufs Letzte rationalisiert, weil ich das nicht für gut halte. Der Wert eines Unternehmens liegt auch darin, wie die Mitarbeiter sich dort präsentieren. Bei der Lehrlingsausbildung haben wir über das zumutbare Maß hinaus Lehrlinge eingestellt, um für die Zukunft genügend Mitarbeiter zu haben. Allein in diesem Jahr fangen 700 neue Lehrlinge an.

Sonntagsblatt: Wie ist es möglich, den Überblick zu behalten, wenn die Firma weiter wächst?

Deichmann: Wichtig für einen Unternehmer ist, herumzugehen und sich umzusehen. Ich bin viel unterwegs in den Filialen. Die Übersicht zu behalten, ist mehr als Zahlen zu studieren oder Listen vor sich zu haben. Es bedeutet, sich vor Ort umzuschauen – in den eigenen Geschäften und denen der Konkurrenz.

Sonntagsblatt: Seit über 20 Jahren unterstützen Sie soziale und missionarische Projekte vor allem in Indien. Wieso eigentlich?

Deichmann: Bei einer Einkaufsreise in Indien stand ich das erste Mal einer Gruppe von 500 Leprakranken gegenüber. Das hat mein Leben verändert. Es war ein schrecklicher Anblick, kranke und entstellte Menschen zu sehen. Da wurde mir schlagartig klar, dass Jesus diesen Anblick auch ausgehalten hat. Und ich musste daran denken, wie er sich der Kranken angenommen und ihnen geholfen hat. Ich habe es als Auftrag empfunden, mich um diese Menschen zu kümmern.

Prediger des Evangeliums

Sonntagsblatt: Bei Besuchen in der Dritten Welt informieren Sie sich nicht nur über die Projekte, sondern halten auch Ansprachen, wo jeweils ein Bibelwort im Mittelpunkt steht.

Deichmann: Es führt zu einem tieferen Verständnis eines Bibelwortes, wenn es praktisch angewendet wird. Wenn man es Anderen weitergibt, wird es auch für einen selbst bedeutsam.

Sonntagsblatt: Stichwort Bibelwort. Wie hören Sie als Schuhhändler die Aufforderung aus dem Alten Testament, die Schuhe auszuziehen, weil hier heiliges Land ist?

Deichmann: Der Beruf, Schuhe zu verkaufen, ist nicht das letzte Ziel. Es ist zwar eine wichtige Aufgabe, aber im Reich Gottes gibt es noch andere Ziele. Die Verkündigung des Evangeliums ist noch wichtiger als Schuhe zu verkaufen.

Deichmann tritt nun doch dem Stiftungsfonds bei

Trotz sozialem Engagement und Gründung nach '45
Dirk Hautkapp in der »NRZ« vom 10. Juli 2000

Wer ihn kennt, hätte ganz sicher erwartet, dass Heinz-Horst Deichmann zu den Gründungsmitgliedern der Stiftungs-Initiative für die Entschädigung von NS-Zwangsarbeitern gehören wird. Der 74-jährige Borbecker, dessen Unternehmen als Deutschlands größter Schuh-Einzelhändler gilt und Milliarden-Umsätze erwirtschaftet, ist für sein christliches und soziales Engagement bekannt. Ob Obdachlose in Essen oder Leprakranke in Indien – Deichmanns Projekte für Menschen in Not gibt es seit langem. Sie brachten ihm Mitte der 80er Jahre in der Illustrierten »Stern« die Schlagzeile »Der Messias aus dem Ruhrpott« ein.

Auf der Liste mit den beigetretenen Firmen, die von der Stiftungsinitiative täglich aktualisiert ins Internet gestellt wird, tauchte der Name Deichmann jedoch bislang nicht auf. Warum? Im Gespräch mit der NRZ erläuterte der Firmen-Patriarch jetzt erstmals die Gründe für das »lange Zögern« und dafür, dass »wir in einigen Tagen doch noch beitreten werden«.

Die Entschädigung von Zwangsarbeitern in der Nazi-Zeit betrachtete Deichmann lange Zeit als ein Thema, mit dem sein Unternehmen nichts zu tun habe. »Wir haben nach dem Krieg mit einer einzigen Filiale in Borbeck angefangen, wir hatten nie Zwangsarbeiter.«

Der andere, vielleicht schlagendere Grund. Seit vielen Jahren praktiziert Deichmann die deutsch-jüdische Aussöhnung, in dem er auch unter intensivem persönlichen Einsatz die Ben-Gurion-Universität in Beer Shewa unterstützt. Deichmann zur NRZ: »Über die Zeit ist da ein zweistelliger Millionen-Betrag zusammen gekommen.«

Der Stiftungs-Initiative für die NS-Zwangsarbeiterentschädigung will er darum nicht »mit einer riesigen Summe« beitreten. »Aber ein sechsstelliger Betrag wird es auf jeden Fall.«

Walking to peace

A German-Israeli-Palestinian centure manufactures in Hebron Israel's trademark »biblical-style" sandals for export to Europe
Patricia Golan, »Jerusalem Post« vom 11. Juli 2000

Every year the employees of the Tossetti Shoe Company in Hebron travel to the north of Israel for a get-together with the employees of the Kibbutz Hulata shoe factory. The friendly, publicity-free social event is one of the fruits of a highly successful five-year Israeli-Palestinian partnership in the production and marketing of high-quality sandals and slippers.

Most of the shoes produced for the joint venture – some 300,000 pairs annually – are designed and manufactured for the German shoe giant Deichmann Shoe Inc., the biggest shoe chain in Europe, with 1,750 stores in Germany alone.

The economic project was the brainchild of company CEO Dr. Heinz-Horst Deichmann (he is a medical doctor), who in 1994 accompanied the then-chancellor of Germany, Helmut Kohl, during his tour of the country.

The late prime minister Yitzhak Rabin encouraged the businessmen in Kohl's entourage to contribute to the peace process by creating joint ventures to encourage peace in the region. »Rabin said to us, 'please take care that the Palestinians get work,'« recalls Deichmann. »'We Israelis can help ourselves, but they need work, and then the problems will be solved.«

Deichmann, a devout Christian who talks freely about his love for the Jewish people, was the only German businessman to take up Rabin's challenge. Immediately on his return to Germany he set about finding prospective companies for a joint venture. Deichmann asked Hulata Shoes, whose slippers his company had bought in the past, to find a Palestinian partner. Hulata, which owns 50 % of its sister kibbutz's Dafna Shoes, hat already been buying sandals from the Tossetti-company in Hebron for local distribution. Their shoes were considered the best quality in the area.

The match was made.

Deichmann remembers his first visit to Hebron to see the factory and meet the family as »an overwhelming feeling for me to see how this family clan works together. We sat under the vine trees and I was thinking of the olden days when [Joshua's] spies returned carrying grapes. I felt quite at home.« Sandals may have been a natural choice of product for the joint venture, as they are characteristic of the region, but the first attempt at marketing »biblical-style« sandals in Europe was a failure. »The Germans didn't understand what these ›biblical‹ sandals were all about," laughs Hulata export manager Yonatan Weil. »They laughed at us and said, ›what's biblical about them?‹ But since then we've developed models more to the German and American taste – they're much more sophisticated and certainly more comfortable than the sandals we made in the beginning.« Everyone lost money on the first attempt – but patience and perseverance, and above all, Deichmann's belief in the project paid off. Both companies have doubled their output, expanded their quarters and hired more staff.

Tossetti (the name was chosen at random to give the company an Italian flavor) is owned by the Syaj family – five brothers and a cousin. Each is in charge of a different aspect of the business, and each one's sons are also involved in the company. Today the plant boasts state-of-the-art machinery and turns out some 600,000 pairs of high quality reinforced leather sandals annually – 40 % of which go to the local market. In addition to the Deichmann chain, Tossetti also sells shoes to Saudi Arabian (those shoes are stamped »Made in Palestine,« the others, »Made in Israel«).

Deichmann notes that despite some periods of violence in Hebron, Tossetti has always met its production quotas. »There was some fighting and shooting in the Palestinian territory, but our shoes were delivered in due time and also in good quality. We have never had any problem.« Tossetti general manager Farhat Syaj credits the Civil Administration with the factory's success at getting out the shoes no matter what. »At first I was afraid to sign the contract to supply so many pairs of shoes to the Deichmann chain,« admits Syaj today. »I told the Civil Administration people that I was totally dependent on them. If there were problems in the city my merchandise would be held up. But they were supportive and promised to help, and this is what happened.« Since the Israeli army withdrawal from Hebron, Tossetti has continued to move its merchandise on time.

The results of the successful joint venture are apparent in the Hebron factory: two floors have been added to the original building, the owners drive expensive new cars and a brand-new plant, owned and managed by the Syaj sons – New Tossetti Shoes – has been built across town.

According to Tossetti's Internet Web site the company has a $4 million annual turnover. Although the Web site does not mention the connection with Hulata or Deichmann, Syaj insists that he and the other owners have not been criticized for the partnership with the Israelis. »Everyone understands that people's ability to earn a living is extremely important," he says (speaking through an interpreter). »So it's logical that there won't be any resistance to this sort of cooperation when it brings people jobs. Work is the basis for [being able to] maintain a constructive and calm atmosphere."

In addition to the production of slippers for the Deichmann chain, the Israeli partners deal with the marketing, quality control, purchasing of raw materials, and export of all the shoes. Together the Israelis and Palestinians decide on shoe models and negotiate prices with Deichmann. The latter is often a difficult undertaking. The overwhelming bulk of shoes sold in the Deichmann chain are from the Far East, where prices are considerably lower, though the quality is not as good. »We are competing with Spain, Italy and Portugal," explains export manager Weil, adding that Deichmann's personal commitment to the joint project has helped them adjust. »It's true that everything is done on a market basis and there is no market charity in this business, but still, without the goodwill of Deichmann, who decided to do this project as part of his beliefs that economic interests are the only safe bridge between the Palestinians and the Israelis, we couldn't have managed."

Deichmann agrees. »We have to subsidize the project a little bit, by goodwill, and by finding means to make it possible," commented Deichmann during a recent visit to Israel. »Without us, it would not work, because the Hulata people have not found other customers in Europe or in America, and we [have helped] in the production of the Palestinian shoe factory." Deichmann has encouraged other German businessmen to follow his example, but so far, with no success.

Deichmann was recently honored at Ben-Gurion University of the Negev for his commitment to community action. He has funded four major buildings on campus, including the mathematics building and the new medical science building, as well as endowing several chairs and underwriting the desert aquaculture project at Sde Boker.

Deichmann recalled his surprise at the cultural differences between the Israelis and the Palestinians during that first encounter in Hebron: the kibbutz delegation included some women, but the wives and daughters of the Hebronites were not permitted to meet the guests.

As the Israeli partners would discover, there were far more difficult cultural differences that had to be overcome in order to make the joint venture a success. Because the Syaj brothers are devout Moslems they will not use banks that charge or give interest. When Hulata itself hat to advance the money to get things rolling at Tossetti, there were complaints in the kibbutz company. »We had to learn how to move the production without banks,« says Weil. »There are a lot of cultural differences between us, but each one has learned to accept the other and his culture.« The kibbutzniks and Hebronites have clearly developed a genuine sense of camaraderie. Weil credits one of Hulata's managers, Shlomi Hatzav, who speaks fluent Arabic, for a good part of the success of the project. The partnership, he notes, needs an enormous amount of patience and goodwill.

»We see Tossetti not just as a factory with which we can build a business together, but today as friends, simply also friends.«

Der Schuh-König ist ein einmaliger Chef und Retter. Heinz-Horst Deichmann sagt:

Wer viel Geld hat, muss Menschen in Not helfen

Mirko Schwanitz in«Bild der Frau« vom 20. Juli 2000

Er könnte sich Luxus leisten. Irgendwo, wohlverdient, seinen Lebensabend genießen. Aber so ist Heinz-Horst Deichmann (73) nicht. Er unterstützt mit seinen Millionen lieber Obdachlose, drogenabhängige Jugendliche, Waisenkinder. Und er hilft Zehntausenden bettelarmen Menschen im fernen Indien. Ein ungewöhnlicher Chef, ein ganz besonderer Mann. »Bild der Frau« hat ihn besucht.

Die Deichmann-Firmenzentrale in Essen. Der Chef sitzt in seinem Büro im 4. Stock. Mit ein paar Pflanzen, einem Sessel und einer Couch ist es fast spartanisch eingerichtet. Durchs Fenster schaut man auf die Dächer des Stadtteils Borbeck. Auch der ist eher schlicht. Hier ist Heinz-Horst Deichmann geboren. Hierher kehrte er, nach seiner Soldaten-Zeit im Zweiten Weltkrieg, verwundet zurück. Und hier hat er, eigentlich studierter Mediziner mit Doktor-Titel, aus dem kleinen Schuhladen seines Vaters ein Imperium gemacht: 72 Millionen Paar Schuhe hat Deichmann letztes Jahr verkauft, 18.000 Angestellte arbeiten für ihn in 1.700 Filialen. Er ist Europas größter Schuh-Händler, hat auch in Amerika 329 Läden. Und doch ist er viel mehr als der typische Erfolgs-Unternehmer.

Heike Stahlschmidt (37) kommt herein. Sie arbeitet in der Firma als Einkaufsberaterin und erzählt: »Als Kind habe ich in einem Kleinkinderheim gelebt, das Herr Deichmann gleich neben seinem eigenen Wohnhaus bauen ließ. Manchmal hat er uns Kinder sogar mit in den Urlaub nach Holland und in die Schweiz genommen. Es war, als gehörten wir zur Familie.«

Seit 1950 ist der Essener mit Ruth (75) verheiratet. Sie haben sich auf einem Bauernfest kennen gelernt, haben drei Töchter, einen Sohn und acht Enkel. Wenn die Deichmanns noch in diesem Jahr Goldene

Hochzeit feiern, wird auch Heike Stahlschmidt gratulieren. Und viele, viele andere Kollegen. Denn: »Wir haben einen Chef, der sich wirklich um seine Leute kümmert.«

Der alte Herr winkt ab. Weise und gütig sieht er aus mit seinen schlohweißen Haaren, den warmen Augen und den vielen Lachfältchen. Soziales Engagement ist für ihn kein Grund zu Lob – sondern selbstverständlich. »Ein Unternehmer in Deutschland hat die Verantwortung, die er für seine Angestellten trägt, gefälligst ernst zu nehmen.«

Über 1.000 Mitarbeiter hat er schon in den Gesundheits-Urlaub geschickt – in eine Schweizer Kur-Klinik. Kostenlos, versteht sich. »Viele haben danach ihre Lebensweise geändert«, sagt Deichmann zufrieden, »sie rauchen nicht mehr, machen mehr Sport, essen gesünder.«

Den Lohn seiner Arbeit sieht er nicht in ständig steigendem Umsatz. Er geht auch nicht in Fernsehsendungen, um Spenden-Schecks zu überreichen und so sein Image zu polieren. Seinen Lohn sucht und findet er in den glücklichen Gesichtern der Menschen, denen er helfen konnte. Im Städtchen Velbert zum Beispiel verdanken viele Obdachlose ihm eine neue Wohnung. Als Vorsitzender des »Vereins zur Verhütung von Obdachlosigkeit« holt er Betroffene aus Heimen, verhandelt mit Vermietern, bürgt im Notfall sogar für seine Schützlinge. In Essen finanziert er Sozialarbeiter und Streetworker, die drogenabhängige Jugendliche vorm endgültigen Abstieg retten. Der Wille, Gutes zu tun, der sitzt bei Heinz-Horst Deichmann tief.

»Ich glaube, unser irdisches Leben ist nicht das letzte«, sagt er lächelnd. »Mir war nie wichtig, der größte Schuh-Händler zu sein. Gott wird mich nicht fragen, wie viele Paar Schuhe ich verkauft habe. Er wird wissen wollen, ob ich wie ein wahrer Christ gelebt habe.« Und dann erzählt er leise von seinem Vater, der starb, als Heinz-Horst erst 13 Jahre alt war. »Es war in der Reichskristallnacht. Mein Vater stieg mit mir über Dachböden, um verängstigten jüdischen Nachbarn Brot und Trost zu bringen. »Überall, wo du bist«, hat er damals zu mir gesagt, »muss ein klein wenig vom Licht Gottes sichtbar werden.« Der Sohn hat diesen Satz nie vergessen. Er lebt bis heute danach. Und: Sein Einsatz endet nicht an Ländergrenzen.

Deichmann ist 52, als er das erste Mal nach Indien reist. »Wir waren in einem Dorf namens Mandapeta. Vor mir saßen 500 Menschen in der brütenden Hitze. Als ich genau hinsah, packte mich das Grauen. Arme voller Geschwüre, fehlende Gliedmaßen, viele blind. Lepra.« Im ersten Moment will Deichmann weglaufen: »Mein Gehirn schrie: Hau ab – so schnell wie möglich!" Er hat es nicht getan. Im Gegenteil. An diesem Tag im November 1977 beginnt Deichmanns Einsatz für die Ärmsten der Armen in Indien.

Wie Perlen fädeln sich vier Lepra-Dörfer im Norden der indischen Hafenstadt Vishakapatnam an einer Straße auf, links und rechts Hügelketten. »Tal der Liebe« nennen die Einheimischen diese Gegend, weil der deutsche Unternehmer die frühere Ödnis in blühende Gärten und Gemüsefelder verwandelt hat. Alles bewirtschaftet von denen, die er bei seinem ersten Besuch todkrank im Staub betteln sah. »Ich habe eine Stiftung gegründet«, erklärt Deichmann das Wunder »Und dann haben wir gemeinsam mit der Missions-Gesellschaft ›Wort & Tat‹ Krankenhäuser eingerichtet, um die Lepra-Opfer zu heilen. Und Dörfer gebaut, damit sie endlich ein Zuhause haben.«

Sieben bis acht Millionen Markt steckt er jedes Jahr in sein Indien-Projekt. Tausende schleppen sich in tagelangen Märschen in die Krankenhäuser seiner Stiftung – verwahrloste Kinder, Prostituierte, Tuberkulose-Kranke. Für die ausgemergelten Jungen und Mädchen, die in den staubigen Granitgruben von Yeleswaram barfüßig Steine Brechen mussten, bezahlt er Schule und Ausbildung. 80.000 Menschen hat er so schon geholfen. Und es werden noch mehr: Als Nächstes will der 73-jährige die 100.000 Einwohner-Stadt Chilakaluripet mit Wasser-Leitungen versorgen.

Heinz-Horst Deichmann weiß, dass er von einigen Unternehmer-Kollegen belächelt wird. Von denen, die den Aktienmarkt zu ihrer Religion erhoben haben, für die der Firmen-Umsatz Selbstzweck ist. Aber ihr Spott stört den Essener nicht. Er faltet die Hände, zuckt mit den Achseln: »Natürlich muss auch ich Geld verdienen. Aber pure Profitgier finde ich schlimm. Wo die das Maß aller Dinge ist, geht es den Menschen am dreckigsten. Wer viel Geld hat, muss es einsetzen, um Menschen in Not zu helfen.« Er sei zwar Unternehmer, klar. »Aber vor allem Christ!«

Der gute Mensch aus Essen

Der Unternehmer Heinz-Horst Deichmann herrscht über das größte Schuh-Imperium Europas. Doch Nächstenliebe ist ihm ebenso wichtig wie das Geschäft. Jedes Jahr spendet er acht Millionen Mark für Leprakranke in Indien
Ingeborg Prior in der » Welt am Sonntag« vom 8. Oktober 2000

Essen – Der erste Eindruck in der gläsernen Firmenzentrale der Deichmann Unternehmensgruppe in Essen-Borbeck: Licht und Heiterkeit. Ein riesiger Wandteppich von Victor Vasarely in leuchtenden Farben verstärkt diesen Eindruck noch. Eine anmutige Mädchenskulptur von Gerhard Marcks zieht die Blicke auf sich. Und am Empfang sitzt Ute Zwadlo, umgeben von einer Hundertschaft von Teddybären. Sie darf ihr Hobby mit an den Arbeitsplatz nehmen, der Chef hat es erlaubt.

Und der Chef wartet bereits im vierten Stock. Er ist Arzt, Christ, Missionar, Sozialarbeiter und Herr über das größte Schuhimperium Europas: Ein weißhaariger Mann von 74 Jahren ist Heinz-Horst Deichmann. Freundlich lächeln seine blauen Augen hinter Brillengläsern. Oft faltet er beim Gespräch die Hände, so, als wolle er beten. Und wenn er dann noch von seiner großen Mission spricht, hat er Ähnlichkeit mit einem Pastor. Das Kreuz über dem Schreibtisch jedoch fehlt, dafür ziert die Besucherecke ein Wandteppich, der Moses mit den Gesetzestafeln zeigt – gewebt nach einem Entwurf von Marc Chagall. Auch eine Skulptur von Käthe Kollwitz zeugt vom besonderen Interesse des Unternehmers an christlich geprägter Kunst.

Heinz-Horst Deichmann ist einer der erfolgreichsten Unternehmer Deutschlands. In seinen 1800 Filialen, davon 300 in Amerika, wurden im vergangenen Jahr 72 Millionen Paar Schuhe verkauft. Preiswerte der Marke Deichmann, gehobene der Marke Roland, aber »immer das bestmögliche Produkt zum bestmöglichen Preis«. 3,6 Milliarden Mark betrug der Umsatz 1999, in diesem Jahr rechnet er »mit einem schönen Zuwachs«.

Deichmann – das ist eine beispiellose Erfolgsstory, die bei Kriegsende begann. Verwundet kehrte der 18-Jährige von der Oder zurück nach Hause. Er war 1944 als »Kanonenfutter« eines längst verlorenen

Krieges an die Ostfront geschickt worden. Der Vater, ein couragierter Nazi-Gegner, der immer wieder sein Leben für verfolgte Juden aufs Spiel setzte, war 1940 gestorben. Die Mutter versuchte, die 1913 gegründete Schuhmacherei in Essen-Borbeck am Leben zu erhalten. »Weil es zunächst nichts zu verkaufen gab, gründeten wir eine Reparatur-Werkstatt für Schuhe und beschäftigten bald zwölf Leute. Ich studierte Medizin – Fachgebiete Chirurgie und Orthopädie – und wurde Arzt. Aber immer kümmerte ich mich auch ums elterliche Geschäft.«

1956 entschied sich der junge Arzt, der inzwischen seine Jugendfreundin Ruth geheiratet hatte, die Firma Deichmann mit der Eröffnung eines vierten großen Geschäftes ganz zu übernehmen. Hat er es bedauert, nicht mehr als Arzt Menschen zu heilen? »Ich habe nie aufgehört, Arzt zu sein«, lächelt er. Und da war ihm der Vater ein großes Vorbild. »Er war ein glaubwürdiger Christ. Bei uns zu Hause wurde jeden Tag die Bibel gelesen und bei jeder Mahlzeit gebetet. Und er ging hinaus, besuchte Alte und Kranke. Uns Kinder nahm er dabei häufig mit.«

Diese praktische Nächstenliebe setzte der Sohn, der einer evangelischen Freikirche angehört, fort. Im Städtchen Velbert verdanken ihm als Vorsitzendem des »Vereins zur Verhütung von Obdachlosigkeit« viele Menschen ein neues Heim. In Essen finanziert er Sozialarbeiter und Streetworker. Mit 52 Jahren reiste er zum ersten Mal nach Indien. Sah die ersten Leprakranken seines Lebens. Erst wollte er weglaufen vor diesen Elendsgestalten. Dann beschloss er zu helfen. Heute hat die Krankheit für ihn ihre Schrecken verloren, heute weiß er mehr über sie als der Durchschnitt der Ärzte hier.

Inzwischen hat Deichmann mit seiner Stiftung die Missionsgesellschaft »Wort & Tat« gegründet, Hospitäler für Leprakranke eingerichtet und Dörfer für sie gebaut. »Tal der Liebe« nennen die Einheimischen die einst öde Gegend im Norden der indischen Hafenstadt Vishakapatnam, wo die vier Dörfer liegen. Sieben bis acht Millionen Mark steckt Deichmann jährlich in sein Indien-Projekt, das inzwischen auch verwahrloste Kinder, Prostituierte und Tuberkulose-Kranke in seine Hilfe einbezieht. Weitere Hilfsprojekte wurden in Israel (er unterstützt die Ben-Gurion-Universität in Beer Sheva) und in Tansania gegründet. Dort fördert er den Aufbau von Gesundheitsdiensten, Landwirtschaft und die handwerkliche Ausbildung von Jugendlichen. Einmal im Jahr reist Dr. Deichmann, meist begleitet von seiner Frau Ruth, in diese Länder. Seine Mitarbeiter bekommen die Reiseerlebnisse hautnah in der eigenen Zeitschrift »Wort & Tat« geschildert. Er glaubt, dass das soziale Engagement des Chefs eine Identifikationsmöglichkeit für die Mitarbeiter ist, »ein geistiger Besitz, der verbindend wirkt«. Unternehmer und Christ, diesen nur scheinbaren Gegensatz, räumt er gern aus: »Es gibt kein christliches Unternehmen, keinen christlichen Staat – aber einen dem Christentum und der Nächstenliebe verpflichteten Unternehmer.« Daran hält er fest, auch wenn die Konkurrenz ihn gelegentlich belächelt.

Seine Mitarbeiter – 19 000 insgesamt, ungefähr 11 000 in Deutschland – tun es nicht, denn auch sie profitieren von seiner Lebensphilosophie, »den Menschen dienen«. »Ohne sie könnten wir keine Schuhe verkaufen, keinen Umsatz machen, keine hilfsbedürftigen Menschen unterstützen«, erklärt Deichmann. Ihr soziales Netz ist deswegen einmalig für ein Unternehmen dieser Größenordnung: Eine Unterstützungskasse hilft schnell und unbürokratisch in Notfällen. An den Gesundheitswochen in der Schweiz kann jeder Mitarbeiter kostenlos teilnehmen. Die Deichmann-Betriebsrente, in Form einer Art Gewinnbeteiligung, hat es in dieser Form im Einzelhandel bisher nicht gegeben.

Deichmann: Indien braucht auch Christen

Ein Unternehmer und seine Botschaft
»Westdeutsche Allgemeine Zeitung« am 16. Oktober 2000

Gleich zwei Ehrungen durfte der Unternehmer und bekennende Christ Heinz-Horst Deichmann gestern entgegen nehmen: Er wurde zum Honorarkonsul von Indien ernannt und erhielt das Große Bundesverdienstkreuz.

»Ich will hier unkompliziert sein und mich einfach freuen«, sagt Deichmann vor den Ehrengästen im Saalbau. Doch dem seit Jahrzehnten im In- und Ausland mit vielen Hilfsprojekten engagierten Unternehmer gelingen keine kurzen Reden. Er hat eine christliche Botschaft, einen Auftrag, und wenn er seine Ziele formuliert, sind sie durchsetzt davon.

Ihm sind seine Hilfsprojekte in Indien, Israel und Tansania Christenpflicht. Und auch der »Mammon« beinhalte die biblische Verpflichtung, Gutes für die Menschen zu tun. »Ich habe kein Verständnis für jene, die nur ihre persönliche Bereicherung und ein übertriebenes Shareholder-Value im Sinn haben«, sagt der 74-jährige seinen Zuhörern. Froh sei er darüber, dass sich solch egoistisches Denken in Deutschland noch nicht durchgesetzt habe.

Dann spricht er über Indien, und es spricht ganz offenbar ein Kenner. Deichmann hat dieses komplizierte Gesellschaftsgefüge, seine Geschichte, die Religion, die Werte durchdrungen. Er will Hilfe dort anbieten, wo die »Geringsten« sind. »Denn ich sehe in ihnen unseren Herrn«, sagt Deichmann. Und er möchte ihnen die christliche Botschaft mitteilen. »Indien hat seine Götter. Aber Indien braucht auch Christen.«

Großes Bundesverdienstkreuz für Honorar-Konsul Prof. Dr. Dr. h.c Heinz-Horst Deichmann

Borbeck jetzt Sitz des Honorar-Konsulats der Republik Indien für Nordrhein-Westfalen
Walter Wimmer, Borbecker Nachrichten am 16. Oktober 2000

Die Fahnen der Republik Indien und des Bundeslandes Nordrhein-Westfalen schmücken die Stirnseite des Weißen Saales im Städtischen Saalbau an der Huyssenallee.

In diesem Saal, der rund 200 Personen fasst, ist schon manches Kapitel Essener Nachkriegsgeschichte geschrieben und besiegelt worden. Bis zur Fertigstellung des neuen Essener Rathauses tagte hier viele Jahre einmal im Monat der Rat der Stadt Essen.

Alles, was in der Wiederaufbauphase an Borbecker Stadtentwicklungs- und Bebauungsplänen beraten und beschlossen wurde, erblickte in diesem Saal das Licht der Öffentlichkeit.

Heute, am Sonntag, 15. Oktober 2000, steht im Weißen Saal wieder ein Borbecker Thema auf der Tagesordnung: Prof. Dr. Dr. h. c. Heinz-Horst Deichmann nimmt aus der Hand des Botschafters der Republik Indien, Ronen Sen, die Urkunde seiner Ernennung zum Honorar-Konsul von Indien in Nordrhein-Westfalen entgegen.

Erste Gratulanten sind Oberbürgermeister Dr. Wolfgang Reiniger, wie Heinz Deichmann in Borbeck-Mitte aufgewachsen, und der Ministerpräsident des Landes Nordrhein-Westfalen, Wolfgang Clement.

Der Landesvater hat zur Feier des Tages die Insignien des Großen Verdienstkreuzes des Verdienstordens der Bundesrepublik Deutschland mitgebracht, Bundespräsident Johannes Rau dem neuen Konsul, seinem alten Freund aus Borbeck, verliehen hat. Dr. Wolfgang Reiniger überreicht als Festgeschenk der Essener Bürgerschaft die Nachbildung einer Plastik der Essener Stadtpatrone Cosmas und Damian, der beiden christlichen Ärzte und Märtyrer aus dem vierten Jahrhundert.

Ein weiteres Geschenk hat der Geehrte sich und seinen Gästen mit der Einladung von Vesselin Paraschkevov (Violine) und Young-chang

Cho (Violoncello) gemacht. Vesselin Paraschkevov spielt nach den Eingangsworten des Oberbürgermeisters die Ciaccona d-Moll von Johann Sebastian Bach und später mit Young-Chang Cho das Duo Opus 7 von Zoltan Kodláy.

Der Violinist steht bei Bachs Violinsolo nur zwei Schritte vor der ersten Stuhlreihe, in der Wolfgang Clement und Heinz-Horst Deichmann ihre Plätze haben. Ähnlich gebannt muss der zwölfjährige Geigenschüler Heinz-Horst damals auf dem Instrument seines Geigenlehrers Hans Pluta im Weidkamp 39 geschaut haben, als der spätere Konzertmeister der Städtischen Bühnen Oberhausen ihn in die Welt der Musik einführte.

Deichmann war ein guter Schüler des Sexta-Jahrgangs 1937 des alten Borbecker Gymnasiums an der Prinzenstraße und eine der stillen, großen Hoffnungen des bei seinen Schülern unvergessenen Oberstudiendirektors Wilhelm Vollmann, der allerdings wohl überrascht war, als sich Heinz Deichmann später nicht für das dauernde Studium der geisteswissenschaftlichen Fächer Philosophie und Theologie entschied, sondern einen anderen Weg wählte, einen Weg, der es ihm schon bald erlaubte, seine Vorstellungen von christlicher Nächstenliebe zu verwirklichen – und dies in einem über die Jahre ständig steigenden Umfang.

Dazu sagte Wolfgang Clement in seiner Festansprache zur Ordensübergabe: »Sie haben als Unternehmer viel erreicht. Aber Ihnen war dieser unternehmerische Erfolg nicht genug. Sie sind jemand, der sich dem Christentum und der Nächstenliebe verpflichtet fühlt, wie man es selten antrifft. Da zu wirken, wo wirklich Not ist, wo etwas bewegt werden kann, zum Wohle von Menschen. Von einzelnen, von vielen Menschen. Diesen zutiefst christlichen Anspruch haben Sie zu leben versucht. Das zeichnet Sie, den Unternehmer und den Menschen Heinz-Horst Deichmann, aus. Gemeinsam mit Ihrer Frau haben Sie in Indien eine Fülle von Projekten ins Leben gerufen, die Sie auf ganz ungewöhnliche Weise begleiten: Ein Unternehmer, der Lepra- und Tuberkulose-Kranken hilft, untererernährten Kindern und Menschen, deren allgemeine Lebensbedingungen dringend verbessert werden müssen. Eine wahre Kette von Projekten und Hilfeleistungen, die Sie erbringen! Es gibt wenige Persönlichkeiten, die dies können und die es dann auch tun.«

In seiner Dankesrede entwirft Dr. Deichmann ein gewaltiges Bild der indischen Geschichte und Kultur: »Es gibt indische Christen seit dem Jahre 50. Das hat Indien und seine Götter nie gestört. Sollen doch auch die Christen mit allen anderen zum Wohle des Landes wirken. Und so lange es möglich ist, wollen wir alle mithelfen. Ich bin überzeugt, dass Indien eine große Zukunft hat und dass Indien eine der Schlüsselmächte des 21. Jahrhunderts sein wird.«

Ausdrücklich dankt Heinz-Horst Deichmann seiner Frau Ruth, seiner Familie und seinen Mitarbeitern. Und ausdrücklich allen, die sich von ihm haben helfen lassen.

Sein besonderer Dank gilt dem indischen Botschafter Ronen Sen, der an diesem Tag über 900 Millionen seiner Landsleute repräsentativ vertritt und der mit Deichmann davon überzeugt ist, dass aus der Zusammenarbeit deutscher Firmen Nordrhein-Westfalens und des riesigen Subkontinents Indien Nutzen und Wohl für viele Menschen in Ost und West gewonnen werden können.

»Noch wissen wir zu wenig voneinander«, sagt der Botschafter. Man müsse mehr voneinander erfahren und sich näher kommen im kulturellen und kommerziellen Bereich. Anzustreben sei als nächstes ein verstärkter Handelsaustausch, der für beide Seiten Vorteile bringe.

Ein Drittel aller in Deutschland arbeitenden Inder lebt in Nordrhein-Westfalen. Mehr als dreihundert NRW-Firmen sind in Indien aktiv. Mit der Eröffnung des indischen Honorar-Konsulats in der Deichmann-Hauptverwaltung in Borbeck beginnt ein neuer Abschnitt in der Geschichte der deutsch-indischen Beziehungen.

Mit 74 Jahren fühlt sich der erste Honorar-Konsul der Republik Indien in Nordrhein-Westfalen noch jung und stark genug, diese neue Aufgabe mit voller Zuversicht und Vertrauen anzugehen – wie so vieles andere zuvor.

Schuhkönig Deichmann schuf das Tal der Liebe

Bild-Zeitung vom 16. Oktober 2000 – Britta A. Friedrich

Essen – Mit 19.000 Mitarbeitern macht sein Unternehmen 3,6 Mrd. Jahresumsatz: Doch dafür ließe sich Schuhkönig Dr. Heinz-Horst Deichmann (74) gewiss nicht ehren und auszeichnen. »Mit Mammon muss man Freude machen und ihn dort einsetzen, wo er gebraucht wird!« lautet sein Motto.

Der indische Botschafter, seine Exzellenz Ronen Sen, überreichte ihm gestern im Saalbau vor 150 Gästen die Ernennungsurkunde zum Honorarkonsul der Republik Indien. Die Vertretung wird in Deichmanns Essener Firmenzentrale eingerichtet.

Sen: »30.000 Inder leben in Deutschland. Es ist unser größter Handelspartner. Wir brauchen ein größeres Verständnis der Kulturen. Dr. Deichmann liebt Indien. Deshalb haben wir größtes Vertrauen, dass er die Beziehungen unserer Länder stärkt.«

MP Wolfgang Clement überreichte Deichmann das Bundesverdienstkreuz: »Er ist eine faszinierende Persönlichkeit, die sich dem Christentum verpflichtet, wie man es selten sieht. Mit seinem Engagement gibt er uns ein bewegendes Beispiel.«

8 Mio. Mark spendet Deichmann jährlich für Leprakranke in Indien. Über 80 000 Bedürftigen (auch verwahrlosten Kindern, Tuberkulose-Kranken, Prostituierten) schenkte er nahe der indischen Hafenstadt Vishakapatnam ein »Tal der Liebe«: Der ausgebildete Chirurg Deichmann unterstützt sie mit Hospitälern, Ärzten, Ausbildungszentren. Weitere Hilfsprojekte laufen in Israel und Tansania. In seiner Heimat schafft er jährlich 1.000 Ausbildungsplätze.

Dr. Deichmann nahm Orden, Urkunden und Ehren mit Stolz und Freude entgegen: »Ich gebe sie an meine Mitarbeiter und meine Frau Ruth weiter – und an die Menschen, denen wir helfen dürfen.«

Da wird ein Schuh draus

Heinz-Horst Deichmann ist Europas größter Schuhhändler. In Glaubensdingen geht der Unternehmer barfuss. Nicht Familientradition und christliches Milieu sind entscheidend – er schreibt: Der Anruf Gottes war es.
»DIE WELT« vom 16. Dezember. 2000

Der Grund dafür, dass ich Christ sein darf, liegt nicht in mir. Aus dem Gesetz von Ursache und Wirkung – im indischen Denken dem Karma und der schuldhaften Verstrickung allen menschlichen Lebens im tragischen Schicksal – resultiert ein religiöses Gefühl wie eine Wunde im Herzen des Menschen. Diese Wunde bleibt offen, bis Gott sie schließt.

Ich habe nach dem Krieg in Bonn Medizin studiert. Dort habe ich Karl Barth gehört. Der große Theologe hatte 1946/47 zwei Gastsemester in Bonn. Ich habe auch, neben meinem Medizinstudium, seine Seminare belegt. Er hat mich tief beeindruckt, er beschäftigt mich bis heute, beinahe täglich.

»Wir sind Christen«, sagt Karl Barth, »indem es geschieht, dass Christus uns dazu beruft, Christen zu sein. Wir sind also nicht etwa Christen, in dem wir Menschen des so genannten christlichen Abendlandes sind. Wir sind auch nicht Christen, indem wir Glieder eines so genannten christlichen Volkes sind. Wir sind es auch nicht, weil wir in einer so genannten christlichen Familie und Umgebung aufgewachsen sind. Wir sind es aber auch nicht, weil wir eine so genannte religiöse Veranlagung haben.«

Barth ist ganz Geist-Theologe. Das bedeutet, der Geist Gottes eröffnet mir die Heilige Schrift. Gott offenbart sich selber. Er hat sich in Jesus geoffenbart, nicht in einzelnen Menschen. Er selbst beruft mich zum Glauben. Dass ich glaube, ist nicht mein Verdienst, es ist das Werk Gottes. Hier ist der Grundimpuls der Reformation in reiner Gestalt. Glauben bedeutet: berufen, erwählt werden. Zu Jesus kommen heißt: zu den Erwählten kommen. Das ist entscheidend – der Anruf Gottes – und nicht die historisch-kritische Erforschung der Geschichte der Religion.

Oder mit Barths Worten: »Um also zu erfassen, wer und was wir

Christen sind, müssen wir vor allem fragen: Wer und was ist Christus? Darauf ist zu antworten: Er ist erstens ein Mensch, Jesus von Nazareth, der als solcher Gottes Wort ist und als Gottes Wort für uns lebt und handelt. Und er ist zweitens Gott selber, der in diesem Wort und als dieses Wort für uns lebendig und kräftig ist. Er ist Gottes Wort für uns, indem er zu uns redet und uns anruft. Der Inhalt aber dieses Gotteswortes ist ganz einfach wieder Er selber. ›Ich bin für dich und du bist mein!‹ Insofern ist das Wort Anrede und Aufruf und Berufung: ›Folge mir nach!‹ In dieser Berufung besteht die Kraft des christlichen Seins und Namens.«

Ich habe das als Kind in meinem eigenen Leben erfahren dürfen, nach dem Hören einer Predigt des Evangeliums. »Der Glaube kommt aus dem Hören der Verkündigung, die Verkündigung (Predigt) durch das Wort Christi.« So steht es in Römer 10,17. Martin Luther sagt es in seiner Erklärung zum dritten Artikel so: »Ich glaube, dass ich nicht aus eigener Vernunft noch Kraft an Jesum Christum meinen Herrn glauben oder zu ihm kommen kann, sondern der Heilige Geist hat mich durch das Evangelium berufen.«

Was mir damals geschah? Es geschah, dass ich glauben durfte an Jesus Christus, meinen Heiland. Das gilt bis heute unverändert und hat auch gehalten durch Nazizeit und Krieg und im Leben als Familienvater und Unternehmer bis heute. Ich bin dankbar für mein Elternhaus, in dem das Wort Gottes viel galt und meine Eltern ihren Glauben an Jesus Christus bezeugten, nicht nur den Kindern, sondern auch vielen Menschen, denen sie im Geschäft begegneten, und auch Armen und Kranken, die sie besuchten und denen sie Hilfe brachten und den Trost des Evangeliums. Ich vergesse nie, dass mein Vater auch in gefährlicher Zeit sich für Deutsche jüdischen Glaubens einsetzte und sie in der »Kristallnacht« in ihren Verstecken besuchte.

Nach dem Medizinstudium und fünf Jahren ärztlicher Praxis bin ich mit Leib und Seele Unternehmer geworden – Schuhhändler, nachdem ich schon während des Studiums das elterliche Geschäft weiterführen musste, da mein Vater 1940 gestorben ist. Oberster Leitsatz seit vielen Jahren: Das Unternehmen muss dem Menschen dienen! Dem Kunden zuerst, dann allen Mitarbeitern und dann, neben den Bedürfnissen der Familie, Menschen in Not – in Deutschland und vielen ärmeren Ländern. Seit 24 Jahren Arbeit tut er das durch ein missionarisches Sozialwerk »Wort & Tat« in Indien und seit einigen Jahren auch in Afrika.

Ich habe oben vom Karma gesprochen. Seit 24 Jahren fahre ich regelmäßig nach Indien, und natürlich habe ich auch ein bisschen indische Geschichte und Kultur studiert. Ich nehme das indische Denken so, wie es ist, wie eine Naturerscheinung. Da ist ja nicht mein Urteil gefragt. Ich versuche da einzudringen. Ich kann ja nicht gegen eine jahrtausendealte Kultur sein. Aber natürlich reise ich als Christ nach Indien; ich stelle die Freiheit eines Christenmenschen dar.

Gandhi wollte die Diskriminierung durch das Kastenwesen, besonders die Unberührbarkeit der untersten Kasten, durchbrechen. Die heutige indische Regierung will das auch. Sie unterstützt unser Missionswerk. Wir haben vor 24 Jahren mit der Leprabekämpfung angefangen. Heute helfen wir vielen Tausenden. Allein im Staat Andhra Pradesh, dessen Chefminister kürzlich vor 20.000 Gästen unsere neue Trinkwasseranlage eröffnete, betreuen wir 70.000 Menschen auf unterschiedlichste Art. Wir haben zum Beispiel 1000 Steinbruchkinder aus ihrer harten Arbeit herausgeholt und ihnen eine neue Schule gebaut.

Erst mussten wir ihren Eltern ein bisschen Geld geben, damit sie den Verlust der Arbeitskraft verschmerzen konnten. Jetzt tun wir jedem dieser Kinder nach und nach eine kleine Summe auf ein Sparkonto. Wenn sie dann mit der Schule fertig sind, können sie mit dem Geld ein kleines Handwerk starten und müssen nicht in den Steinbruch zurück, was sonst oft passiert. Oder wir heilen Tbc-Kranke und sorgen dafür, dass sie wieder einen Beruf ausüben können. Obwohl ich längst Unternehmer bin, behandele ich heute mehr Kranke als mancher Arzt. Gelernt ist gelernt. Und nichts, was man gelernt hat, ist vergebens.

Auch Indien braucht Christen, und Jesus ist auch für Inder da. Es gibt Christen in Indien seit dem Jahre 50 nach Christus. Wir Christen dürfen das Erbarmen Gottes in Christus erkennen. Ich kann es nicht besser sagen als mein Lehrer Barth und die Heilige Schrift: »Indem uns Jesus Christus zu sich ruft, ist uns ja Gottes Erbarmen in Person bekannt.« Und: »Das Erbarmen Gottes gilt alle Menschen und wahrhaftig nicht nur uns Christen.« »Gott war in Christus und versöhnte die Welt mit sich selbst« (2. Korinther 5) Und: »Also hat Gott die Welt geliebt, dass er seinen eingeborenen Sohn dahingab« (Johannes 3,16).

Das bedeutet: Befreiung von aller Schuld und Todesfurcht. Der Gekreuzigte ist der Auferstandene. Der an ihn glaubende Christ ist wieder geboren zu einer lebendigen Hoffnung, zu einer neuen Seinswirklichkeit. »Ist somit jemand in Christus, so ist er ein neues Geschöpf.

Das Alte ist vergangen, siehe, alles ist neu geworden« (2. Korinther 5,17).

Als Christ folge ich dem, der gesagt hat »Ich bin gekommen, zu dienen und mein Leben hinzugeben für viele.« Und: »Ihr sollt meine Zeugen sein«. – »So sind wir nun Botschafter an Christi Statt: Lasset euch versöhnen mit Gott.« – »Wie jeder eine Gnadengabe empfangen hat, so dienet damit einander als gute Haushalter der mannigfaltigen Gnade Gottes« (1. Petrus 4,10). Wie sagt Karl Barth in seinem Vortrag »Was wir als Christen empfangen, empfangen wir als Ausrüstung zur Beteiligung am Dienst Christi.« Das ist es, was ich versuche.

Beten und lenken

Unternehmer helfen in Indien, besinnen sich im Kloster, reden mit Gott – es gibt sie noch, die Gläubigen in Deutschlands Wirtschaft
Lorenz Wagner in »Financial Times Deutschland« am 22. Dezember 2000

Halleluja! rufen die ehemaligen Tempelhuren – Deichmann ist gekommen. Vom Himmel herab. Im Flugzeug. Das indische Dorf Bethel steht in Lärm und Freude: Trommeln rummeln, Flöten tönen, Greise beten, Kinder singen. Tausend Menschen umdrängen Deichmann.

Er tritt an eine Frau heran. Lepra hat ihre Nase zerfressen, ihre Arme sind Stümpfe. Deichmann umarmt sie. Berührt die Unberührbare. Und sagt: »Auch Jesus umarmte euch – weil er euch liebte. Heilte euch, weil er euch liebte. Heilen und speisen, das tat der Herr; das will auch ich.«

Heinz-Horst Deichmann ist Schuhhändler. Verkauft 150 Millionen Schuhe im Jahr. Verdient Milliarden – mehr als jeder Schuhverkäufer in Europa. »Hurra!«, loben die Branchenkenner. Deichmann aber sagt: »Gott fragt nicht, wie viele Schuhe ich verkaufe. Gott fragt, ob ich sein Wort verkünde und den Armen helfe.«

Geld und Gott, Gewinn und Glaube, Wettbewerb und Nächstenliebe – passt das zusammen? Ja, sagt Papst Johannes Paul II.: »Wir loben die Kraft, den Mut und das Schaffen der Unternehmer.« Zugleich fordert die Kirche aber: Es genügt nicht, vom Glauben erleuchtet zu sein und beseelt vom Wunsch, Gutes zu tun (Enzyklika Pacem in Terris). Der Unternehmer müsse wirken zum Wohle der Gesellschaft, müsse handeln nach dem Wort von Petrus: Jeder soll sehen, dass ihr Gott kennt.

Gerade die Bosse der großen Konzerne missachten dieses Gebot. »Viele Gesellschafter misstrauen Entscheidern, die als rückständige Prediger daherkommen«, sagt Jörg Knoblauch, Mittelständler, Weltmarktführer für Bohrerschachteln und Hobbyprediger in seiner Heimatstadt Giengen.

Und so durchweht der Heilige Geist vor allem den Mittelstand, besucht Textilhersteller Klaus Steilmann, Frau »Magenbitter« Christiane Underberg – und Heinz-Horst Deichmann.

Hilfe für Verstoßene

Jeden November reist Deichmann nach Indien. »Es strengt an, tut weh, dieses Leid zu sehen«, sagt der 74-jährige leise. Er ist gerade aus der Armut heimgekehrt. Sitzt in seinem Essener Büro, vor seinem Wandteppich, in den das Gesicht des Moses gewoben ist.

Gott sieht alles. Blickt er auf Deichmann, sieht er einen Mann mit weißem Haar, aber frischem Gesicht, sieht eine fein geschnittene Nase, volle Lippen und blaue, helle, ruhige Augen. Sie blicken auf Fotos: Da ist der siebenjährige Surya, er bricht in der Grube Granit, das rechte Auge trübe von Steinsplittern. Und da ist Padma, zehn Jahre alt, mit Löchern in der Lunge, weil ihr die eine Mark fehlt, um mit dem Bus in die Tuberkulose-Klinik zu fahren.

8 Mio. DM spendet Deichmann jedes Jahr. Seine Stiftung »Wort & Tat« hilft 80.000 Menschen im »Tal der Liebe«, wie die Verstoßenen das Tal bei der Stadt Vishakapatnam nennen. Deichmann bringt ihnen Milch, Arznei, Linsen; baut Schulen und stellt Rechner hinein. »Wer viel hat, muss viel geben.«

Diesen Winter lohnt Gott es nicht: »Ich tue Gutes in Indien, aber in Deutschland ist es warm, so dass ich keine Winterschuhe verkaufe«, sagt Deichmann lächelnd, wissend, dass es sich nicht ziemt, so mit Gott zu verhandeln.

»Gott fragt nicht, wie viele Schuhe ich verkaufe. Gott fragt, ob ich den Armen helfe« stellt Heinz-Horst Deichmann, Unternehmer, fest.

Auch seine Firma Deichmann sei Dienst am Nächsten. »Der Kunde bekommt den besten Preis, der Mitarbeiter ein Gehalt über Tarif und eine Zusatzrente.«

Mehr als 1000 Angestellte erholten sich bisher mit Deichmanns Segen in einer Schweizer Kurklinik. Kostenlos natürlich. Das freut Gott, das nutzt dem Betriebsklima. »Wir haben einen Chef, der sich um seine Leute kümmert«, sagt Heike Stahlschmidt aus dem Einkauf. Sie wuchs in dem Kinderheim auf, das Deichmann neben seinem Haus bauen ließ.

»Ein Unternehmer fühlt große Verantwortung für seine Mitarbeiter«, erklärt Deichmann. »Mehr als ein Manager, der auch darauf achten muss, dass die Gesellschafter ihm den Vertrag verlängern.

»Unternehmen, die sich für Ethik einsetzen, sind im Kampf um Talente im Vorteil«, so Peter Barrenstein, Unternehmensberater.

Doch auch die Manager rücken an Gott heran. Als DaimlerChrysler

Seminare im Kloster in Münsterschwarzbach anbot, wollten so viele Führungskräfte den Herrn treffen, dass die Patres sich Terminkalender kauften.

Auch ins Benediktinerkloster Andechs pilgern Manager nicht nur, weil dort das Bockbier so gut schmeckt; sie suchen Geleit, Trost, Ruhe. »Diese Einkehr kann nur gut sein. Mal raus aus dem Tagesgeschäft, sich besinnen, nachdenken«, sagt Peter Barrenstein, Direktor bei der Unternehmensberatung McKinsey und Vorstandsmitglied beim Arbeitskreis Evangelischer Unternehmer, einem von 42 Verbänden in Deutschland für Unternehmer und Christen.

Jeden Dezember ziehen Geschäftsführer, Personalleiter und Kostenprüfer für einige Tage ins Kloster Andechs ein. Lesen, fürbitten, beten, basteln Adventskalender, sammeln am Barbaratag Zweige in einem Körbchen.

Abends setzen sie mit den Mönchen ein Bier in Gang und legen ihnen Fragen vor: Hilft ein Gebet auch in der Welt der Zahlen? Welchen Werten soll ich folgen? Wann klappen Mönche eigentlich die Kapuzen hoch?

»Viele Manager haben einen Leidensdruck«, sagt Pater Anselm, ein starker Mann mit Bart, blühendem Gesicht und klugen Augen. Rechnen, leisten, antreiben, hopp, hopp, hopp, immer voran – so sei die Geschäftswelt. Ein Gebet aber schenke Ruhe.

Auch mal Maß halten

Gerechtigkeit, Klugheit, Mäßigkeit heißen die Tugenden der Benediktiner. Dem Ideal nahe komme Siemens-Chef Heinrich von Pierer, ein Vertrauter von Pater Anselm. »Er baut den Konzern behutsam um, ohne die Leute vor den Kopf zu stoßen.«

Von Pierer lebe den Mitarbeitern Ethos und Werte vor, bestätigt Barrenstein. Und sicher ist auch Johannes mit dem Siemens-Chef recht zufrieden – Johannes der Evangelist, der da schreibt: Wie kann Gottes Liebe in einem Menschen bleiben, dem die Not des Bruders gleichgültig ist.

Ganz im Sinne der Bibel spricht von Pierer, wenn Anteilseigner mal wieder fordern, Siemens solle das Hauptgeschäft fördern und »kleine Ruderboote abstoßen«. Er antwortet dann: »In den Booten, die Sie versenken wollen, sitzen kleine Menschen.«

Pater Anselm berät oft Führungskräfte, die Kosten senken müssen. Er mahnt sie dann, aufs Maß zu schauen, nicht allzu hoch über die Schnur zu hauen. Unglaubwürdig sei ein Vorgesetzter, der mittags Angestellten die Büroklammern wegspart und abends mit dem Jaguar ins Häuschen am Starnberger See braust oder vier Vollblütler zugleich sattelt.

Doch die Kirche verdammt Besitz keineswegs: Er spornt an zur Übernahme von Aufgaben und Verantwortung und ist Voraussetzung staatsbürgerlicher Freiheit (Enzyklika Mater et Magistra). Schließlich gehört sie selbst zu den Besitzenden: Die Buchhalter des Papstes bewerten das Vermögen des Heiligen Stuhls mit 2 Mrd. DM, einschließlich 850 Wohnungen in Rom. Und Giorgio Stoppa, Broker des Vatikans, verwaltet 505 Mio. DM.

Trotzdem sprechen gläubige Bosse ungern über ihren Reichtum. »Das muss jeder vor Gott ausmachen«, sagt Friedhelm Loh aus Haiger. Ein Zehntel von seinem Geld spendet er. Denn Moses sagt: Alle Zehnten vom Ertrag des Landes und von den Früchten der Bäume gehören dem Herrn.

2,8 Mrd. DM setzt die Friedhelm Loh-Gruppe um, und sie wächst und wächst und wächst. Keiner auf der Welt verkauft mehr Gehäuse für Steuerungsanlagen. Der Großschaltschrank TS 8 etwa schützt eine Technik, die Druck, Luft und Feuchtigkeit in einem Automuseum regelt.

Loh ist ein stämmiger Mensch von 54 Jahren mit blondem, kurzem Haar und Schnurrbart, einem festen Gesicht und kleinen Augen. Er trägt einen Schlips mit gelben und roten Papageien drauf – sowie das Bundesverdienstkreuz, verliehen für »sein soziales Engagement und der Förderung der Startchancen junger Menschen«.

3000 Arbeitsplätze hat Loh seit 1993 geschaffen. In diesem Jahr spendeten seine Mitarbeiter 200 000 DM für Kinder im Kosovo und Obdachlose in der Türkei. Loh legte für jede Mark eine dazu.

»Zuerst kommt der Glaube, dann das Unternehmen, dann die Familie«, sagt seine Frau. Doch Sanftmut ist Lohs Stärke nicht. Strenge steckt in seiner leisen Stimme. »Ich bin ein Bauchmensch. Das kann auch mal verletzen, aber ich habe kein Problem damit, mich zu entschuldigen, auch bei Gott.«

Glauben statt vorschreiben

Glaube und Ehrlichkeit nutzen nicht immer dem Geschäft. Wenn Lohs Einkäufer verhandeln, dürfen sie nicht vorschützen, sie hätten bessere Angebote. Auch wenn's den Preis drückt – »der Chef will das nicht«.

An schweren Tagen spricht Loh mit Gott übers Geschäft. »Der Unternehmer ist manchmal mutterseelenallein. Es ist gut zu wissen, dass Gott mit mir geht. Er führt mich, gibt mir die Kraft, den Mut, etwas zu wagen.«

Auch wenn einige solche Gottesfurcht belächeln – »Unternehmen, die sich für Ethik und Werte einsetzen, sind im Kampf um Talente im Vorteil«, sagt Berater Barrenstein. »Gute Leute fragen nach mehr als Geld und Karriere.«

Dogma aber schadet. Die Modekette C&A war berüchtigt für ihre mönchische Tugend. Seit 150 Jahren leitet die katholische Familie Brenninkmeyer das Haus. Die Chefs steckten Jungmanager in Firmenwohnungen, behütet von Hausdamen, betreut von Geistlichen. Eine Scheidung stoppte jede Karriere. Stellte die Filiale in Saarbrücken während der Ferien Schüler ein, fragten die Leiter nach der Konfession. »Sie wollten nur Katholiken«, sagt eine Saarbrückerin. Ihr Trumpf beim Einstellungsgespräch: Sie ging in eine katholische Mädchenschule.

Heute gibt sich C&A freizügig: »Religion ist eine persönliche Sache. Da mischt sich das Unternehmen nicht mehr ein.«

Friedhelm Loh würde nie nach dem Gebetbuch einstellen, sagt er. »Bei uns gibt es Leute, die glauben an gar nichts. Doch ich bin sicher: Viele unserer Mitarbeiter beten für die Firma.« Loh lächelt, lehnt sich zurück – und seine Augen sagen: AMEN!

Der große Weiße mit dem preiswerten Schuh

Heinz-Horst Deichmann: »Wort & Tat« für Indien
Andreas Malessa in »dran« Nr. 6/2001

Grün leuchtet er aus fast jeder Fußgängerzone, der Name Deichmann. In Deutschlands größtem Schuh-Einzelhandel verkaufen weltweit rund 20.000 Angestellte mehr als 80 Millionen Paar Schuhe jährlich. Ein Paar davon läuft sich der Patriarch des Familienunternehmens platt, wenn er in Indien die zahlreichen Projekte des Missionswerks »Wort & Tat« besucht: Dr. Heinz-Horst Deichmann. Am 30. September 2001 wird der Millionär mit Herz« 75 Jahre alt.

Mit 13 verlor er seinen Vater, mit 17 wurde er bei einem russischen Angriff verwundet, mit 18 von Hamburger Diakonissen versteckt, um nicht in englische Gefangenschaft zu geraten. Daheim im zerstörten Essen-Borbeck tauschten seine Mutter und seine Schwestern derweil Schuhe gegen Kohlen, Eier oder Brot ein. Doch Heinz-Horst wurde erst mal Arzt. Chirurg und Orthopäde. Weshalb er bis heute gerne predigt. »Indische Predigten« zum Beispiel, wie ein Buch von ihm heißt.

Die Konzernphilosophie

»Gute, modische Qualitätsschuhe zu günstigem Preis!«, sagt der Chef nachdenklich, als fiele ihm die Philosophie seines Konzerns gerade erst ein. Aber dann blickt er an mir herunter: »129 Mark, vielleicht sogar mehr, haben Ihre Schuhe gekostet! Bei Deichmann hätten Sie die für 79 Mark bekommen.« Seine Schätzung ist bis auf zwei Mark exakt. Firma Deichmann erfand schon 1955 den Wühltisch vor dem Laden…

»Seit 25 Jahren hilft Deichmann-Geld in Indien« – diese Zeitungsschlagzeile würde der humorvoll und leise sprechende Unternehmer aus Essen so nicht gelten lassen. »Es sind Christen, die helfen. Menschen wie John David, ein indischer Evangelist, mit dem unsere Arbeit dort begann. Es sind die Lehrerinnen, Therapeuten, Ärzte, Berufsausbilder und Verwalter vor Ort, die das Know-how im Kopf und den Glauben im Herzen haben. Und die wir lediglich unterstützen.«

In sechs Bezirken des südindischen Bundesstaates Andhra Pradesh gibt es seit 25 Jahren Leprakliniken und –kontrollstationen, die als

»Wort & Tat-Lepradörfer« Furore machten, weil sie die Zahl der Neuinfektionen drastisch senkten. An über 1.000 Lepra-Rehabilitanden monatlich werden Lebensmittel verteilt, den Geheilten wird Schulbildung und Berufsausbildung geboten. Neben der medizinischen Nachsorge von Lepra ist die Bekämpfung der Tuberkulose an den täglich über 100 Neuinfizierten eine besondere Herausforderung für die Spezialkliniken in Chilakaluripet und Titlagarh.

Vier große Schulen mit bis zu 1.200 Schülerinnen und Schülern, etliche Kindertagesstätten und Berufsschulen, sieben »New Life Centers« für ausgesetzte Slumkinder und Prostitutionswaisen, Wasserprojekte, Evangelisationsveranstaltungen und die »Häuser der Hoffnung« – Pflegefamilien für Waisen – gehören traditionell zur Arbeit von »Wort & Tat« in Andhra Pradesh. Neu hinzugekommen ist eine Schule für Kinderarbeiter aus den Steinbrüchen von Yeleswaram, die schon jetzt 800 ehemaligen Steinekloppern eine Schulausbildung bietet und eines Tages 1.200 Kinder beherbergen soll. Neu ist auch die Notwendigkeit der schnellen Katastrophenhilfe für Erdbebenopfer, denen möglichst schnell möglichst erschwingliche Häuser gebaut werden sollen.

Rechtgläubige Mildtätigkeit statt gerechter Löhne?

»Natürlich ist das nicht mein Missionswerk«, schüttelt Heinz-Horst Deichmann energisch den Kopf, »Wort & Tat ist ein eingetragener Verein, der die indische Partnerorganisation AMG India unterstützt und für seine Verwendung der Spenden – übrigens von vielen Spendern, nicht nur von mir! – seit Jahren in ununterbrochener Folge das Siegel des Deutschen Zentralinstituts bekommt, die Spenden-TÜV-Plakette, wie man sie nennt, nicht wahr.«

Ja sicher. Und doch: Wenn Deutschlands Schuhkönig sich bei Milchspeisungen in Indien über die Waisenkinder beugt, entstehen Fotos, als sei der legendäre Albert Schweitzer wiederauferstanden. Nur ohne Schnauzbart und Tropenhelm. Was Journalisten daheim in Deichmann-Land immer wieder zu der Frage reizt, ob es nicht paradox ist, in Billiglohnländern wie Indien Schuhe herstellen zu lassen und vom so erzielten Profit dann – steuerlich absetzbar – etwas nach Indien zu spenden. Anders gefragt: Sind gerechte Löhne nicht besser als rechtgläubige Mildtätigkeit?

»Beides muss sein. In den Firmen, die uns beliefern – egal ob Indien oder China oder sonst wo – gibt es keine Kinderarbeit. Darauf drängen wir überall. Die Arbeiter verdienen dort einen guten Lohn, der ihnen – nach örtlichen Maßstäben – meist einen mittelständischen Lebensstil ermöglicht. Im Übrigen lindern wir die Not der Ärmsten der Armen: Waisen, Kranke, Alte, analphabetische Arbeitslose usw. Das hat mit denen, die in Deichmann-Zulieferbetrieben arbeiten, gar nichts zu tun. Und was meinen eigenen so genannten Reichtum betrifft: Wer viel hat, muss viel geben. Je mehr ich als Geschäftsmann hier erwirtschafte, umso mehr kommt für die Menschen in Not dort heraus.«

Das ist zwar die typisch calvinistische Logik aller frommen Konzernlenker, aber weil man weder Vater Heinz-Horst noch Sohn Heinrich auf Luxusyachten in Marbella oder im Spielcasino von Monte Carlo sieht, sondern in den Lepradörfern von Andhra Pradesh, leuchtet sie den meisten ein.

Was wirklich nützt

Ätzender im Wortsinne war da schon der Vorwurf eines Filmbeitrages von »Report Mainz« am 9. April 2001, der südindische Deichmann-Zulieferer K. H. Shoes in Ranipet lasse seine Arbeiter barfuß durch gesundheitsschädliche Gerbbrühe laufen und leite das aquatoxische Chrom-III in den Fluss Palar.

Tatsächlich handelte es sich um einen Zulieferer von K. H. Shoes, tatsächlich hatte Heinz-Horst Deichmann in Zusammenarbeit mit der GTZ, der deutschen »Gesellschaft für technische Zusammenarbeit«, einen ganzen Katalog strenger Öko- und Sozialstandards gefordert und diese bei K. H. Shoes auch durchgesetzt. Noch nicht jedoch bei allen Lieferanten seiner Lieferanten … Aber: Globalisierung, das bedeutet offenbar auch, dass man überall auf der Welt und für jedweden Geschäftspartner – und für dessen etwaige (Un-) Zuverlässigkeit – seine Hand ins Feuer legen muss. Je höher der Anspruch und das Ansehen einer hiesigen Firma ist, umso niedriger wird die Zahl derer, mit denen sie in der Dritten Welt noch kooperieren kann.

Den kastenlosen, verachteten Töchtern der Tempelprostituierten von Tambaram, Chirala oder Anakapalli, die in den »New Life Centers« des Missionswerks »Wort & Tat« Näherinnen oder Sekretärinnen werden, nützt weder das Papiergeraschel hochbürokratischer Kontrollinstitutionen was noch die Genugtuung von Reportern, am Image eines Gutmenschen gekratzt zu haben. Ihnen – und zigtausend Hilfsbedürftigen in all den anderen Einrichtungen – nützt es nur, wenn sich auch in Zukunft Spender finden, die den Fortbestand ihrer Ausbildungsstätte sichern.

Der Schuh-Verkäufer mit dem mildtätigen Herzen

Heinz-Horst Deichmann ist Chef der gleichnamigen Schuhfilialkette. Er gehört zu den Exoten unter den Firmenchefs. Heinz-Horst Deichmann ist Missionar und Unternehmer. Mit Millionenbeträgen unterstützt er Hilfsprojekte in Entwicklungsländern. Das Geld verdient er mit seinem wachsenden Imperium für Billigschuhe.
Georg Weishaupt im »Handelsblatt« am 9. Juli 2001

»Gott liebt diese Welt, Jesus löst den Fluch auf, segnet uns aus der gnädigen Macht der Liebe Gottes, um dessen Segen wir wieder und wieder bitten dürfen.« Diese Worte stammen nicht etwas aus einer Sonntagspredigt. So spricht vielmehr der Chef und Inhaber von Europas größter Schuhkette Deichmann zu seinen Mitarbeitern in der Hauszeitschrift »intern«.

Heinz-Horst Deichmann ist ein Exot in Deutschlands Führungsetagen. Der 74-jährige mit dem weißen, zurückgekämmten Haar ist Missionar und Schuhverkäufer in einer Person. Am liebsten redet der Mann mit der leisen, fast ein wenig schüchternen Stimme über seine Entwicklungshilfeprojekte. »Es geht darum, in der Nachfolge Christi den Armen Brot zu geben und Kranke zu heilen«, erläutert Deichmann seine Mission bei einem Gespräch in der Essener Firmenzentrale und strahlt seinen Besucher an, als wolle er ihn gleich bekehren.

Für seine guten Taten hat Deichmann eine Gesellschaft gegründet, dic Wort & Tat Allgemeine Missions-Gesellschaft e.V., Essen. Sie habe in den vergangenen 25 Jahren »rund 100 Millionen Mark« in Schulen und Krankenhäuser in Indien und Afrika investiert, schätzt der spendable Firmenchef, der mit seiner Gattin Ruth regelmäßig nach Indien reist.

Der Missionar ist die eine Seite von Heinz-Horst Deichmann. Die andere ist der Großunternehmer, der das Geld für seine mildtätigen Projekte mit seinem Schuh-Imperium verdient. Dazu gehören die Billigläden von Deichmann und die Markenschuh-Kette Roland in Deutschland, Ochsner in Österreich, Dosenbach in der Schweiz, Van

Haren in den Niederlanden und Rack Room Shoes in den USA. Die Gruppe machte voriges Jahr mit über 19 000 Mitarbeitern mehr als 3,8 Milliarden Mark Umsatz.

Und der Gewinn? Da hält sich Deichmann bedeckt. »Wir sind ganz gut zufrieden«, merkt er an. »Da ich kein gelernter Kaufmann bin«, kokettiert der Erfolgsunternehmer, »bezeichne ich das Ergebnis als betriebsnotwendigen Gewinn.«

Der ist anscheinend hoch genug, damit das 88 Jahre alte Familienunternehmen aus eigenen Kraft wachsen kann. Denn von großen Krediten hält er nicht viel: »Ich bin da etwas altertümlich.« Im Herbst will er die ersten elf Läden in Großbritannien eröffnen .

Ursprünglich hatte Deichmann mit Schuhen nicht viel im Sinn. Als junger Mann will er Arzt werden. Nach dem Zweiten Weltkrieg studiert er in Bonn und Düsseldorf Medizin und Theologie. Nebenbei hilft er der Mutter, die das vom Vater gegründete Schuhgeschäft in Essen führt, die zwei ersten Filialen in Düsseldorf zu beliefern.

Doch 1956 entscheidet sich der angehende Facharzt für Orthopädie für seine Karriere als Unternehmer. Er macht aus dem kleinen Schuhhändler einen internationalen Konzern, der heute in Deutschland rund 900 Filialen unterhält. Seine Strategie: Billigschuhe für das Massenpublikum. »Ich habe einen fast missionarischen Eifer, möglichst vielen Menschen gute Schuhe zu günstigen Preisen anzubieten«, verrät er. Mit seiner aggressiven Preispolitik macht er den Einzelhändlern das Leben schwer und hat Erfolg. Deichmann hat seinen Umsatz dieses Jahr gesteigert, aber der Gesamtmarkt stagniert.

Immer wieder tauchen Vorwürfe auf, der Aldi der Schuhbranche lasse seine Ware in asiatischen Fabriken unter fragwürdigen Bedingungen fertigen. Deichmann versichert, dass es immer schon Schutzklauseln gegeben habe. Außerdem hat er vor drei Jahren begonnen, mit Partnern Sozial- und Umweltstandards für die Werke in Indien zu formulieren und umzusetzen.

Denkt der Firmenpatriarch noch nicht an den Ruhestand? »Nein, mir macht meine Arbeit immer noch viel Freude«, sagt Deichmann. Er gilt als jemand, der seine Filialen mit harter Hand führt, aber seinen Mitarbeitern viele außertarifliche Sozialleistungen wie einen Gesundheitsurlaub gewährt.

Aber den Großteil des Tagesgeschäfts hat der Senior bereits in die Hände seines 38-jährigen Sohnes Heinrich und von fünf familienfremden Managern gelegt; die anderen drei Kinder sind nicht im Unternehmen tätig.

Heinz-Horst Deichmann, der früher einmal in einem Streichquartett gespielt hat, findet so mehr Zeit zum Bergwandern und Skifahren. Und er hat genug Musse für den Bibelkreis, zu dem er die freikirchlich-evangelische Gemeinde einmal pro Woche in sein Haus nach Velbert bei Düsseldorf einlädt.